2020

CHINA JOURNALISM AND COMMUNICATION JOURNAL

中国新闻传播研究

媒体融合与传播

高晓虹 ◎ 主编

刘宏 赵淑萍 曾祥敏 ◎ 副主编

中国传媒大学出版社

· 北京 ·

目录 >>>>CONTENTS

媒体融合

困知勉行　守正创新*

——我国各级党报融合发展的前沿观察

Face the Difficulty, Keep Working with Innovation

—Frontier Observation on the Integration and Development of Party Newspapers at Different Levels in China

◎ 赵淑萍　吴　昊

Zhao Shuping　Wu Hao

摘要：近年来，由于各级党委政府的大力支持以及“自我革新”，我国党报融合发展初具规模，典型新媒体案例频出。人民日报社“中央厨房”继续前进；南方日报社以“南方＋”为抓手唱响了主流的南方声音；羊城晚报社的“媒体＋创意园”模式不断深化；广州日报社延续其在垂直领域的深耕；太仓日报社以用户思维深化县级党报的多元化经营。然而，整个报纸行业仍在爬坡之中，党报集团内部的内生性体制机制仍待培养，人才流失也成为发展掣肘。放眼未来，我国各级党报应理顺内外部体制机制，并在智库化媒体建设、人工智能等新技术应用上持续探索，从而拓宽报纸行业生态圈，为媒体融合的国家战略贡献“党报智慧”。

关键词：党报；媒介融合

Abstract: In recent years, due to the strong support of the party committees and governments and the “self-innovation”, the development of the party newspapers in China has begun to take shape, typical new media cases appeared frequently. The People's Daily's “Central Kitchen” continued to advance; Nanfang Daily sang the mainstream southern voice with “Southern +”; the “Media + Creative Park” model of Yangcheng Evening News continued to deepen; Guangzhou Daily continued its deep cultivation in the vertical field; Taicang Daily uses the user's thinking to enhance the diversified operation of county-level party newspapers. However, the entire newspaper industry is still climbing, and the endogenous institutional mechanisms within the party

* 本文系国家社会科学基金重大项目“媒体深度融合发展与新时代社会治理模式创新研究”（项目编号：19@ZH043）阶段性成果。

newspaper group are still to be cultivated, and brain drain has become a development constraint. Looking into the future, party newspapers at all levels in China should rationalize internal and external institutional mechanisms, and continue to explore new technologies such as think tank media construction and artificial intelligence, thereby broadening the newspaper industry ecosystem and contributing to the "party intelligence" of the national strategy of media integration.

Keywords: party newspapers, media convergence

党报,即马克思主义政党创办的机关报。党报是宣传政党的纲领、路线和政策的工具,也是沟通政党与民众关系的桥梁。本文所提"党报",特指中国共产党创办的各级委员会机关报。

2019年是我国推进媒体融合发展国家战略的第六年。传统报业与新兴媒体深度融合,从网络时代过渡到多媒体时代,进而发展到当下以大数据为内核并向多产业延伸的全媒体时代。伴随着人工智能、大数据等技术在过去一年内越发快速地落地运用,我国传统报业所遭受的冲击也不断加大。但在制度变革、结构调整等内部作用之下,党报在全媒体时代所受的冲击似乎较小,其融合发展正不断向深度与广度迈进。

一、研究背景与研究方法

据人民网发布的《2019中国媒体融合发展指数报告》显示,中央级媒体融合传播力领跑全国。广东省进入前十的报纸有《广州日报》和《南方日报》两家,上海有6家报纸进入百强,北上广地区的传播格局和实力基本稳定,继续领跑我国报业的融合发展。此外,部分县级党报发展特色鲜明,在融合发展中不断探索,初见成效。

本文主要通过实地调查法、个案研究法与文本研究法相结合的方法对我国各级党报的融合发展进行研究。笔者以当前我国报业的发展格局以及人民网从2017年建立的党报融合传播指数指标体系为主要依据,实地走访北京市、上海市、广东省、江苏省、浙江省等地,对其主要党报媒体进行调研,并针对其他省市的主要党报媒体进行文本分析。

本文将我国各级党报的融合发展置于我国社会发展的大环境中,并结合实际参与者的亲身体验进行综合考察。笔者着重选取我国各级党报中的典型代表人民日报社、南方报业传媒集团、广州日报报业集团、羊城晚报报业集团、太仓日报社,围绕我国各级党报在我国报纸行业中到底处于什么样的特殊地位、各级党报的融合发展具有哪些特色、各级党报的融合发展又该走向何处等问题展开访谈和研究，试图对我国各级党报融合发展的内在机理进行分析，从而为各级党报的融合发展提供最新经验。

二、当前我国各级党报融合发展的整体态势

从 2018 年 6 月至 2019 年 6 月，我国各级党报集团的“自我改革”已初具规模，全媒体平台悉数打造完成，典型新媒体案例频出，成为我国媒体融合发展中不可忽视的力量。整体来看，当前我国各级党报融合发展呈现以下主要特征。

(一)各级党委政府大力扶持党报发展

近年来，我国中央及地方各级党委政府出台的政策、支持举措为我国各级党报的融合发展注入了极大信心。2017 年 9 月，国家新闻出版广电总局出台的《新闻出版广播影视“十三五”发展规划》提出了扶持重点主流媒体的创新思路，坚持传统媒体与新媒体共同发展，内宣与外宣共同发力，不断提高党报党刊、电台电视台等主流媒体的宣传报道水平，着力提升其传播力、引导力、影响力和公信力。

在财政支持方面，从 2017 年 1 月 1 日起，上海市仅为澎湃新闻给予上海报业集团三年的支持就超过了 3 亿元，澎湃新闻的经营能力不断提升；南方日报社 2014 年获财政支持 5000 万元，近几年增长到每年 1 亿元。

在广告投放方面，2018 年在我国报纸的广告普遍继续下滑的趋势下，党报的广告却依然稳定增长。根据 CTR 媒介智讯的数据，2018 年上半年我国报纸广告面积下滑严重，达 33.8%，但《重庆日报》《新华日报》《南方日报》等省级党报，《金华日报》《温州日报》《湖州日报》等地市级党报的广告投放仍保持增长态势。这种增长主要依靠部委办局在专刊专版的广告投放等一些非市场化广告运作模式。

(二)党报主题宣传守正创新、有声有色

党报姓“党”，党报的新媒体发展重点仍然是壮大主流舆论。2018 年，智能化技术的深落地不断推动着党报融合产品服务升级。人工智能与媒体的“联姻”，已不再是单纯的新媒体助力传统报纸，进行简单的功能叠加，而是做到了以技术为驱动进而融合产品内容与形式。在过去的一年里，我国各级党报新媒体在描绘新时代、弘扬主旋律、传播正能量等方面继续发力，优秀作品层出不穷。

2018 年全国“两会”期间，主流媒体融合报道探索有声有色。人民日报社首次将微缩定格动画引入时政报道，推出了动画微视频《政府工作报告怎么读？人民日报为你建了一座城！》。该产品通过制作微缩模型，建造了一座叫作“种花家”的微型城市，在“小区”“花园”等日常生活场景中，以投影字幕特效的方式展示 5 年来中国建设发展取得的成就，描绘政府工作报告提出的新年度奋斗目标。该产品获得总播放量超过 850 万的良好传播效果。

南方报业传媒集团继续提升“唱响南方主旋律”的业务能力，在 2017 年至 2018 年连续推出的反腐脱口秀视频节目《武松来了》，以广东省反腐办案为题材，以短视频脱口秀为呈现形式，成功吸引了互联网用户，全网点击量突破 2 亿。

(三)政务服务成为党报融媒新蓝海

围绕中心，服务大局永远是党媒的重中之重。近年来，政务服务成为各级党报多元化经营的新蓝海。截至 2018 年底，我国经认证的政务微博已经达到 17.6 万个，阅读量达 3800 多亿。我国各级党报承接的政务服务主要包括以下三种：

一是对接政务服务平台。由于一些地区部门还未有实力完成政务服务的提升，地方党报便主动进行对接。如“南方＋”主动响应政务倡导的“数字广东计划”，承接广东省线上交党费、出入境办理等政务服务。二是政务新媒体代理。许多党报主动代运维多家政务新媒体，并通过这些渠道传播新闻，形成良性循环。三是服务政府宣传或政务活动，在提升政府形象的同时也增强了媒体的影响力。

“新闻＋政务＋服务”的模式，成为党媒融合的主要通道，也反映了政府部门以购买服务的方式，对媒体融合的发展提供了直接补贴以外的支持，也为壮大主流舆论，搭建起更加多元化、更具传播力、更有贴近性的融媒体矩阵。

三、人民日报社：解读“中央厨房”的内在融合逻辑

近年来，人民日报社的融合发展在中央媒体中尤为显眼。2012 年，以人民日报社为代表的主流党媒开始进入社交平台，这代表着中国党报传播体系的综合性平台建设水平进一步提升。截至 2019 年 6 月，人民日报社以人民网、人民日报客户端作为媒体融合的旗舰和突破口，形成了综合覆盖受众超 9 亿的全媒体矩阵。

回顾人民日报社的融合发展之路，其搭建的“中央厨房”是支撑整个报社全媒体矩阵的重要后台节点。然而，学界与业界对“中央厨房”一直褒贬不一，有的人认为采编

系统每个媒体都有,“中央厨房”只是一个噱头,还有的人直言“中央厨房”就是“假日厨房”,并没有做到常态化运行。笔者带着这些疑问赴人民日报社调研,人民日报社媒体技术公司给了以下答案。

(一)人民日报社始终坚持业务先导

多年的新闻实践为人民日报社积累了过硬的业务能力。无论处于何种媒体环境,业务上的突破与创新一直是人民日报社的重要坚持。早在 1999 年,人民网便在“两会”期间开设了《本报记者网上谈两会》的视频栏目。澳门回归时,人民网派出记者从澳门发回传统的图文报道以及音视频报道,是我国网络媒体首次派记者参加国家重大政治活动的报道。

2015 年,人民日报“中央厨房”在全国“两会”期间开始试运行。比起行业里许多提供融媒体平台搭建服务的技术公司,“中央厨房”最大的优势是多年积累下来的新闻业务能力。作为一项技术,“中央厨房”服务于整个报社业务流程的创新。2016 年“两会”期间,人民日报客户端用 VR 作品《VR 带你进会场 政协大会这样开幕》,为用户带来了一次 360 度沉浸式体验,这是人民日报社基于“中央厨房”试水新媒体视频直播的一次重要尝试。

2017 年,人民日报社开始对外服务输出,支持各级媒体的融合建设。在针对特定媒体的融媒体平台搭建过程中,人民日报社坚持围绕特定媒体的基本业务情况进行相应的调整,从而保证“中央厨房”系统服务于业务的理念得以贯彻执行。

(二)理顺体制机制 激活记者创新力

人民日报社多年积累的大量新闻人才保证了其在任何媒体时代的转型发展。当媒介融合促使人民日报社开始全方位变革,“中央厨房”便用全新的机制、全新的系统激发采编人员的潜能。

2016 年,人民日报社以“中央厨房”为“孵化器”,正式启动“融媒体工作室”计划。融媒体工作室顺应全媒体生态下信息需求的分众化趋势,以专业化、精细化、垂直化原则进行分类,内容覆盖时政、财经、国际、文化、教育、反腐等,从而形成自己的品牌个性。

“中央厨房”在融媒体工作室中的作用主要表现为:首先,融媒体工作室可以灵活使用“中央厨房”的整套技术体系协助内容生产,如 H5 产品制作工具、移动助手、新媒体内容发布管理系统等。其次,“中央厨房”为融媒体工作室编辑记者的内容创新提供基础资金、推广运营、技术实现等支持。最后，“中央厨房”还为工作室配备专业的技术开发、视觉设计、推广运营等人员，帮助工作室实现内容创意以及内容产品在各个渠道的推广传播，从而促成更多优秀产品的诞生。

以“中央厨房”灵活的体制机制为依托，依靠编辑记者在政策解读、文字功底上的优势，融媒体工作室不断创新新闻报道方式，打造出了多款传播效果显著的新媒体产品，进一步提升了报纸和新媒体的报道质量。

四、南方报业传媒集团：以“南方＋”为龙头唱响主流“南方声音”

南方报业传媒集团是我国首批将纸媒内容数字化的传统媒体集团之一。2018年，南方报业传媒集团持续向“政务＋”领域发力，与广东省政务机构的连接网络进一步拓展，有效提升了“唱响南方主旋律”的业务能力。从2018年4月起，南方报业传媒集团相继与广东省教育厅、广东省文化厅、广东省公安厅、广东省社会科学院、广州市黄埔区政府等建立深度合作关系，达成共建全媒体平台，联合开展调研活动等共识。

手机新闻客户端“南方＋”是南方报业传媒集团移动新媒体端的拳头产品，是广东省权威移动发布平台。从2015年10月上线至今，下载量已突破5000万，在2019年党报App排行榜里居地方党报首位。南方报业传媒集团以“直播广东”和“南方号”等自建平台为依托，拓展“南方＋”的产品生态圈，从而唱响主流党报集团的“南方声音”。

（一）“南方号”：广东省权威的政务服务平台

政务平台“南方号”是广东省权威的新媒体发布平台。“南方号”邀请广东权威机构自媒体入驻，成为“南方＋”的内容提供方。同时，南方报业传媒集团通过“南方号”发布集团内容，从而形成良性双向发布机制。截至2018年底，“南方号”入驻单位超过5000家，这些单位覆盖广东省21个地级市以及医疗、教育、政法、公安等垂直领域。

此外，“南方号”平台已实现内容的双向输出。据“南方＋”内容总监介绍，“南方号”每个月的发稿量已达45,000条。即“南方＋”不用依靠记者，每个月就有45,000条权威发布信息。“南方＋”通过“南方号”渠道也会输送客户端优质内容。如关于港珠澳大桥的短视频等新型产品，通过“广东共青团”“暨南大学”等机构自媒体进行推送，最终成为“10万＋”的爆款。

（二）“直播广东”：全方位还原广东经济社会发展最新现场

2016年3月，“直播广东”平台在“南方＋”App上线，以图文和视频实时直播的形式，全方位还原广东省经济社会发展的最新现场。“直播广东”上线至今，在突发事件和日常的新闻策划中皆表现不俗。

2018 年 9 月“山竹”台风期间，“直播广东”发挥了重要的媒介作用。“直播广东”联动全省 21 个地级市记者站进行了一场 60 小时的移动直播。该直播成为广东省各地三防办了解一线情况的来源，东莞市三防办更是将“直播广东”作为信源，在三防办指挥部滚动播放。除突发事件的直播之外，“直播广东”也在日常报道中对各个领域进行新闻策划，包括邀请各个部门的官员担任主播，用直播走访的形式解读“河长”、海关等部门的政策，为观众提供专业领域的知识。

2018 年，“直播广东”完成了 1500 多场直播，除了南方报业传媒集团内部的大型直播策划之外，主要依靠的是“直播广东”平台上的各入驻单位。“直播广东”通过技术支撑、选题策划等方面的平台服务，支持入驻单位进行直播。平台的完善降低了直播的门槛，强化了与各部委的联系，提升了直播的质量，使得“直播广东”成为公众了解广东经济社会发展的重要窗口。

五、羊城晚报社:“媒体＋创意园”融合发展的现代文化传播集团

同样作为省级党报，《羊城晚报》在创刊之初便树立起与《南方日报》差异化的发展理念。谈起媒介融合，《羊城晚报》编委孙璇认为“两个再造”不可缺，即流程再造与产品再造。流程再造要解决队伍的思维问题，员工的思维要适配最新的技术。产品再造强调的是用户思维和市场导向，产品的好坏不再仅仅依赖部门主任来判定，这是媒体融合能否成功的重要指标。在发展模式上，羊城晚报社依据自身条件，打造了全国独一无二的媒体融合与文化产业聚集的创新驱动平台。

(一)从“房东”到“股东”的转变

2017 年，由羊城晚报社首创的“媒体＋创意园”的全新融合模式正式落地运营。通过经营羊城创意产业园，吸引和服务租客，羊城晚报社获得了一定的资金来源，为集团的整体转型提供了物质基础。目前，羊城创意产业园扩展至四大区域，分别为黄埔大道主园区、东风东园区、广州东园区和南沙园区。黄埔大道主园区被文化部授予“国家级音乐产业基地”称号，是广州首批“互联网＋”小镇的核心区。2017 年黄埔大道主园区入驻企业 145 家，以互联网音乐类产业为主，主要有滚石音乐、荔枝 FM、网易直播、金山游戏等企业，年产值超 100 亿元。2018 年，主园区、东风东园区两个园区的入

驻企业已达260多家，产值超280亿元。

以文化创意园为基础，羊城晚报社正逐渐实现从“房东”到“股东”的转变。通过开展论坛、培训、音乐节等特色活动，羊城晚报社不断深化与园区内外企业的合作，将园区资源与报社的新媒体产品生产、岭南特色文化培养、传媒行业标准制定等方面相互补充，探索与企业形成内容互联互通、线上线下整合的传播连接的新路径。多年的园区日常维护与管理经验使得羊城晚报社得到许多园区的认可并输出了其管理模式。

（二）“文化＋科技＋金融＋双创融合”模式

2019年，羊城创意产业园以文化为核心，以科技为重点，以金融为驱动，大力发展文化创意、移动互联和网络金融三大产业，努力推动创意园进行产业转型升级，助力羊城晚报社逐渐形成“文化＋科技＋金融＋双创融合”的发展与赢利模式。

创意园主园区毗邻广州软件产业园和广州金融城，经过多年培育，已聚合超过100多家信息科技、艺术设计、文化传媒企业的优势资源，初步建立起以羊城晚报报业集团旗下系列报及数字媒体公司为核心，辐射视频直播、音乐移动播放、在线电台、在线游戏制作、实体演艺剧院等的线上线下一体的多元传播生态。此外，从2015年开始，羊城晚报社通过参与广东大学生创新创业基金，着手对特色内容、活力用户等项目进行股权投资，使之逐步形成集团可控、可用的新型传播引导能力的一部分。

羊城晚报社独具特色的“媒体＋创意园”的融合发展模式成效显著，新媒体的传播力与影响力在广东甚至全国都走在前列，正大步向具有岭南特色的新型现代文化传播集团迈进。

六、广州日报社：立足本地垂直深耕的地市级党报发展典范

人民网研究院发布的《2019全国党报融合传播指数报告》显示，广州日报社的融合传播力全国排名第四、报纸传播力全国排名第二、微博传播力全国排名第四、微信传播力全国排名第三。可见，广州日报社近年来的媒介融合实践使其成为全国地市级党报标杆。

2019年，广州日报社继续本着“以传媒为根本，以融合促转型”的基本思路，全面构建一体化融媒生产矩阵。广州日报社以技术为基础，利用大数据持续推动用户“连接”在纵横双向上的扩张，利用自身与政务部门深度合作的优势，不断优化政务服务，同时对基层社区垂直深耕，达成优势关系的价值变现，实现用户量亿级的突破。

（一）“广州＋”：广州市权威政务服务咨询发布平台

“广州＋”是一个专业媒体、政务媒体、机构媒体的聚合平台及开发内容分发平台。入驻“广州＋”的新媒体公众号享有传播优先、服务优先、资源优先三大优势。

2018 年 3 月，来自政府机关，医疗、社会团体的 160 家政务公众号入驻“广州＋”，共同打造全新的广州权威全媒体矩阵。2018 年 10 月，广州市 165 家教育公众号入驻“广州＋”，这些教育公众号的入驻促进了广州教育信息的精准传播，提升了教育部门与市民的良性互动，成为携手打造广州教育系统宣传阵地、准确把握教育事业发展面临的新形势新任务的一次有益探索。

此外，依托广州日报“中央厨房”与人民日报社、新华社以及腾讯、今日头条、新浪微博等建立的战略合作关系，“广州＋”生产推送的内容融入逾亿级的传播生态圈，进一步提升了“广州＋”的辐射力与影响力。

（二）“健康有约”：华南地区最权威的健康资讯和服务平台

“健康有约”是广州日报社联合广州地区所有三甲医院，与数百名顶级名医合作打造的华南地区最权威的健康资讯和服务平台。“健康有约”自成立以来，在线上线下全面发力。截至 2019 年 6 月，该平台推出的“名医大讲堂”和名医微课直播已举行超两百场，场均点击量超 20 万，钟南山、侯凡凡、吴一龙等众多名医先后担任主讲。

此外，“健康有约”举办了多个树立行业标杆的线下活动，其中“广州妙手护士评选”与“广州星级家庭医生评选”两大活动分别创下 100 多万和 60 多万的投票量。“健康有约”在与群众互动、健康知识传播、全民医学素养提升等方面都做了有益的探索，并在 2018 小蛮腰科技大会上荣获 2018 年度最具影响力医药健康媒体奖项。

七、太仓日报社：以价值导向探索“中央厨房”与商业模式的延展性融合

习近平总书记在 2018 年 8 月 21 日召开的全国宣传思想工作会议上指出，要扎实抓好县级融媒体中心建设，更好地引导群众、服务群众。当前，区域传统媒体正受到理念、技术、渠道、内容等诸多限制，融合之路步履蹒跚。对于县级党报来说，新闻是使命是责任，多元化经营是生命线。太仓日报社以“中央厨房”为阵地，以用户思维为导向，以党媒特有的影响力、权威性让多元化经营反哺新闻主业，形成了良性融合发展闭环，也为太仓市的媒介融合探索打下了坚实基础。

笔者通过调研了解到,太仓日报社共有60多名员工,属于差额拨款事业单位。报社一年开支需要2000万元,财政每年拨款431万元,资金缺口1600万元。得益于报社成功的多元化经营,目前报社一年广告营收将近3000万,盈余资金为融合发展事业注入更持久的活力。

(一)开设多种栏目承接政务服务

太仓日报社社长兼总编辑张忠在与笔者交流时说道:“党和政府是党媒最重要的用户。围绕中心,服务大局永远是党媒的重中之重。”近年来太仓日报社主动对接政府部门,开设了多个栏目,政务服务水平显著提升,也给报社带来可观的经营收入。

太仓日报社承接的太仓市政务服务具有领域广、触角深的特点。在宣传层面,报纸和官网都开设了政府部门专版,承接政务内刊与杂志书籍出版、代理政务微信、开设政务直播、拍摄短视频专题片、承办政府活动。此外,太仓日报社还开设了民生平台、太报智库平台等。

(二)盘活社会资源提升经营水平

成功的跨界经营管理是县级媒体持续运转的必要保证。区域媒体由于地域限制无法完成流量变现,这使得价值变现成为出路。

在提升政务服务之外,太仓日报社将触角延伸至太仓市经济社会的各个方面,如承接当地金融服务,建立“太报智屋”房产交易平台、二手车交易平台、家装服务平台、教育资讯平台等。太仓日报社在经营中重视营利性活动和公益性活动并重,不断扩大《太仓日报》的媒体影响力和价值变现能力。

太仓日报社的案例说明,区域县级媒体的融合建设应立足正确的舆论导向、坚守基层舆论阵地、坚守新闻宣传本职工作。此外,县级媒体还应该找准角色和定位,适应地方发展实际,适应群众需求和呼声,适应县级媒体的发展现状,确保融合优势落到实处。

八、我国各级党报融合发展的问题与困境

近年来,党报传播的生态环境面临着从行政主导向专业主导、从单纯价值主导向消费与价值主导交织的转变。在新媒体的持续作用下,党报传播生态呈现以下特征:技术重构了信息接收模式,信息的受众需求和消费性特点日益明显,信息传播的多向

度和强互动性日益显现。综观整个报业,融合进程中的体制机制调整、人才的吸引与培养等问题仍较为严峻。

(一)整个报纸行业仍处于爬坡之中

传统报业仅仅依靠纸质“端口”无法实现增长,媒体融合成为报业的现实选择,但传统报业的融合转型仍处于阵痛期。仅2017年至2018年,全国超百家报刊关停并向移动端转移,但真正转型成功的报刊仍为少数。陕西华商报社与一百多名记者解除了劳动关系,许多优秀记者离职选择创业;重庆报业集团留住了一批调查记者并推出慢新闻客户端,其传播效果仍需观望。

(二)党报融合的内生性机制待培养

我国媒体内部整合不尽到位,在新媒体作品生产方面的内生机制还没有形成。报刊传统单一的生产格局没有发生根本性改变,没有产生新的评价体系下的生产力提升效果。现有的新媒体从业人员的基本结构还非常薄弱,基本素质不高。传统媒体和新媒体“两张皮”现象仍然严重,更不足以支撑媒体融合的充分发展。在考核机制上,许多报业集团的新媒体考核占比越来越重,但新媒体考核的加重似乎并不能很好地体现报业自身的品牌价值,这便形成悖论。

此外,生产流程、部门设置、人员组织、制度设计等一系列的转型问题依旧困扰着众多党报集团。放眼未来,党报融合的体制机制仍然需要进一步的探索。

(三)人才流失掣肘党报融合

报业新媒体人才流动过快,优秀人才队伍建设面临困难。报社新媒体员工的薪酬有限,薪酬标准与市场化媒体相比并无太大竞争力,薪资方面对人才的吸引力不足,人才流失严重。

体制机制对人才资源的流动也有一定的影响。因为关系领导问责问题,党报集团的新媒体不太起用体制外的新媒体人才,但体制内能做好新媒体的人才又时常不足。

此外,传统媒体现有人才与技术基因脱节的现象仍较为严重。新媒体采编制作有自己的规律,传统报业集团对这一套话语方式并不一定有优势。新的媒介环境使得党报的记者必须从“报人”转型为“融媒体人”。

九、我国各级党报融合发展的对策与建议

（一）管理层加强战略引领，助力党报迈上新台阶

党报管理层的战略目光与决心对党报今后的发展至关重要。依托互联网技术拓展渠道、重构关系是各大报业集团都能去探索的，但如何根据自身特点，进行适合自身的转型升级，就需要各大集团各显神通了。

上海报业集团力推“三二四”战略布局。“三”指的是《解放日报》《文汇报》《新民晚报》三大传统报纸及其融媒体平台；“二”指的是集团两大现象级新媒体产品“澎湃新闻”与“界面”；“四”是聚焦国际传播媒体领域，财经服务领域，提供个性化、对象化、定制化信息产品领域以及综合信息服务领域四大细分领域，在新媒体端垂直发力。这些产品围绕新技术运用、新语言空间、新商业模式，以特色为支撑，探索市场化发展之路，目前已进入快速发展期。

深圳报业集团狠抓战略先行，在深入调研的基础上，根据市委要求，制订新一轮深化改革总体方案。这一方案从 2018 年开始实施，推动集团进一步深化发展战略，构建全媒体传播格局，不断提升“四力”。

（二）着眼绩效考核，调动新媒体发展指挥棒

绩效考核是调动媒体内部成员积极性的指挥棒，绩效考核偏向新媒体，新媒体的供稿积极性就会大涨。

浙江报业集团将报网端三个端口的编辑记者集合在一起进行考评考核，并根据各自的工作绩效进行分档，分级发放薪酬和奖金；四川报业集团的人员考核中，30％和新媒体挂钩；贵州报业集团的记者在纸媒发稿只能拿到一半薪酬；《新京报》目前已做到先端后报，记者采写的稿件先在新京报客户端上发布，而后才见报。

南方日报社的记者如果先端后报发稿就会有一定的奖励，如果先报后端发稿，就没有额外的奖励，相当于转载。“南方＋”客户端主要依靠南方日报社的记者队伍，有的记者给客户端提供的稿件占到其收入的 70％至 80％。

此外，除整个绩效考核向新媒体倾斜之外，许多报业集团还针对业务突出的记者进行机制适配，以激发记者生产出更为优质的内容。南方报业传媒集团从 2016 年底开始推进“南方名记者”项目，以报社的骨干组建相对超脱于集团的工作室，集中精力

去做一些大项目。工作室在收入上摆脱了按单条稿件计算工资的制度，推行一人一策，通过“先锋带动整体”，促进整个集团的绩效考核的完善与创新。

(三)智库化媒体建设，开辟行业新通道

党报开启智库化转向是未来发展方向之一。深度对接政府、企业、社会机构与普通用户，注重学术眼光、专业知识、理性思辨，以人文关怀的视角传递新闻讯息、社会关怀与生活态度是未来党报赋能新媒体的健康发展的进路。

2018 年 7 月，南方报业传媒集团十大传媒智库机构正式亮相，涵盖经济、法治、教育、城市、党建等五大领域，此外还成立了南方数字政府研究院、广东乡村振兴服务中心、南方周末研究院、南都大数据研究院与南方舆情研究院五大智库机构，对外实现高品质的内容输出，对内实现产品“自我消化”，为自身发展提供决策依据。同时，各智库不断加快为系列产品植入“南方系智慧”的步伐，全面提升内容质量，取得了较为丰硕的成果。

2018 年以来，澎湃新闻下属编辑部澎湃研究所进一步向新型媒体智库转型，加强内容生产，策划“山河”系列大型报道——《山河 2：穿越海岸线》《山河 3：江南》，出版《中国实验室 2》《改革中国》《漫步魔都》等系列图书，新设《全球城市观察》《街角社会》《口述中国》《城市与社会》《中国家庭》等栏目，力争形成“山河”系列 IP 和澎湃研究所丛书品牌。

(四)人工智能应用升级，助力产品再造

随着 VR(虚拟现实)、AR(增强现实)、大数据、AI(人工智能)技术的快速发展，传统媒体在数字化转型升级中，通过技术赋能、数据赋能，使新闻报道内容的传播价值得到提升，形成新的技术优势。

2017 年 7 月，国务院印发《新一代人工智能发展规划》，提出新一代人工智能发展分三步走的战略目标，到 2030 年使人工智能理论、技术与应用总体上达到世界领先水平，成为世界主要人工智能创新中心。这是我国首个面向 2030 年的人工智能发展规划。2018 年 3 月，全国“两会”再次提及“加强新一代人工智能研发应用，在医疗、养老、教育、文化、体育等多领域推进‘互联网＋’”，人工智能上升到国家战略层面，成为媒体融合发展的新方向。

依托于人工智能技术，2018 年 3 月，人民网联合人民日报全国党媒信息公众平台，进行全国“两会”内容报道，推出直播、微视频、H5 专题、日播视频节目等新媒体产

品,贯彻移动优先的方针,告别过去以报纸为主的"单兵作战",同时立足融媒体发展理念,呈现多维度、多层次的新闻报道。

四川报业集团的封面新闻自主开发的"小封机器人"于2017年问世,成为我国党报集团中首个聊天机器人App。同时,封面新闻"因人而异"的算法推荐更为成熟和优化,AI机器人写稿技术不断完善,加速了我国媒体行业的迭代更新。

(五)推进整体解决方案,拓宽产业生态圈

2018年的报业融合中,智能化技术引领产品服务升级,内容迭代升级推动融媒体产品范式更新,平台聚合互动进一步激发了融合活力,县级媒体融合打通最后一公里。未来,我国党报应尝试更多跨界合作,消弭产业边界,扩大融合的广度,同时在既有融合模式中全面创新、精耕细作,以提升融合的深度。

南方日报佛山记者站只有不到100人,2017年实现营收1亿元。记者站的营收中,报业收入占40%,非报业收入占50%以上。记者站与当地党政部门、公共机构、技术企业等进行合作,以新的传播平台和传播方式为铺垫,编织出了一张"内容+资源+市场"的赢利之网,为报业经营提供了良好的范本。

当广告销售模式令传统报业越来越难以为继之后,为甲方提供整体解决方案的模式成为报业赢利的新模式。通过为甲方提供整体解决方案,将党报集团的所有户外广告、PC端、手机移动端打包成"套餐"供甲方选择,这样的赢利模式比传统媒体时代的单一广告有竞争力得多。

总　结

近几年来,我国各级党报的融合发展可圈可点,已成为我国媒体融合发展不可忽视的力量。在各级党报的融合发展中,层次分明的全媒体格局、对舆论和思想引导的强调、优质原创的内容布局等优点使得党报媒体在新媒体时代既能提供最新、最权威的新闻,又能抓住时代脉搏,服务大众,宣传思想。守正创新,引领内容,各级党报正不断通过自身实践为媒体融合发展的国家战略贡献"党报智慧"。

〔赵淑萍,中国传媒大学新闻传播学部电视学院学术委员会主任、教授;吴昊,中国传媒大学新闻传播学部广播电视学硕士研究生〕

〔特约编辑:顾洁〕

双向融合　殊途同归*

——主流媒体的互联网化与互联网媒体的主流化

Two-way Convergence Leads to the Same Goal

—The Internet of Mainstream Media and the Mainstream of Internet Media

◎ 刘蒙之　刘战伟　李嫒嫒
Liu Mengzhi　Liu Zhanwei　Li Aiai

摘要:媒体融合经过"媒体+互联网"与"互联网+媒体"两个阶段,开始进入两者深度融合的第三阶段。在政治、经济和社会的逻辑指导下,我国媒体纷纷布局媒体融合,一方面是主流媒体的互联网化,另一方面是新兴网络媒体的主流化,两者殊途同归。本文根据媒体融合的战略目标从政治、技术、商业和传播逻辑入手,分析主流媒体的互联网化,然后从政治、内容、资本和人才维度探讨新兴网络媒体的主流化。

关键词:媒介融合;反向融合;主流媒体;网络媒体

Abstract: After two stages of "media+Internet" and "Internet+media", media convergence begins to enter the third stage of deep integration. With the logic of politics, economy and society, China's media have all initiated media convergence. On the one hand, there is a trend in which mainstream media becomes more internet-like. On the other hand, Internet media is more aligned with mainstream ethos. In this paper, the strategic goal of media convergence is analyzed from the perspective of politics, technology, business and communication logic. Then, the mainstream of emerging network media is discussed from the perspective of politics, content, capital and talent.

Keywords: media convergence, reverse convergence, mainstream media, network media

---

* 本文系教育部人文社科规划基金项目"记忆与认同:'中国记忆'的影像建构——基于中国纪实影像生产的研究"(项目编号:19YJA860031)阶段性成果。

一、主流媒体的互联网化与互联网媒体的主流化

媒体融合肇始于传统媒体,延伸至新兴网络媒体,一方面是传统主流媒体的互联网化,通过互联网技术改造传统媒体,使传统媒体在渠道、平台、内容和人才等领域焕发新生。另一方面是新兴互联网媒体的主流化,从政治站位、资本、人才和内容层面上改造网络媒体,为党和政府领导管理,两个方向同时发力,殊途同归,最终实现我国主流媒体的互联网化与互联网媒体的主流化。媒体融合是传媒业发展的大势所趋,但既往的融合主要是传统媒体向互联网和新兴媒体的单向靠拢,无法解决新闻机构的赢利问题。反向融合旨在建立新闻机构与互联网平台之间的新型商业关系,使新闻业得以再中心化。①

(一)第一阶段:媒体+互联网

媒体融合初级阶段的突出特征是"传媒+互联网"。进入新世纪以来,伴随着互联网的发展,以搜狐、新浪、腾讯和网易为代表的门户网站崛起,对传统媒体的信息传播产生了巨大的冲击,传统媒体纷纷自办网站,如中央电视台开设央视网,人民日报社开设人民网,新华社开设新华网等。这一时期传统媒体开办网站的突出特点就是,将网站作为传统媒体附加物,媒体的人力、财力和物力基本上还侧重于原来的传统媒体领域,只有极少数人负责网站的运作。不管是内容还是技术层面,传统媒体的网站在信息传播和用户体验方面都不尽如人意。很多传统媒体的网站名存实亡,点击率和浏览量都非常小,在整个社会层面的传播力和影响力微乎其微。回顾媒体融合的历史路径,大部分媒体已经完成"传统媒体+新媒体"的初级阶段。② 总的来看,这一阶段,我国媒体融合的突出特征就是在传统媒体上进行网络媒体的简单叠加。

(二)第二阶段:互联网+媒体

随着微博、微信和移动客户端的发展,社会化媒体迅速崛起,民众的信息获取方式已经不囿于报纸、广播和电视等传统的大众媒体,这对传统媒体的新闻传播和舆论格局产生了巨大的挑战,大量传统媒体面临受众流失、人才流失、广告流失等致命威胁,

---

① 丁和根.反向融合:传统媒体衰退背景下新闻业的边缘化与未来进路[J].西北工业大学学报(社会科学版),2019(1):48-56.

② 么咏仪.媒体融合再出发[J].新闻与写作,2019(5):4.

很多媒体裁员关停，以都市报为代表的大量报纸媒体尤甚，严重时期一年几十家媒体关停。此时，传统媒体才真正意识到网络媒体和社会化媒体的威胁和挑战，纷纷布局移动化和数字化，全国报纸、广播和电视媒体几乎全部开设微信、微博账号和移动客户端，有些媒体开设的微信账号达到三四百个。以澎湃新闻、芒果TV为代表的新型主流网络媒体不断崛起，在新闻宣传、舆论引导和视听传播领域产生了较大的传播力、影响力。此外，人民日报社等媒体纷纷建设"人民号"等自主可控的平台型媒体，旨在掌握信息传播渠道的主动权。这一时期的一个突出特征就是，传统媒体开始建设自主可控的新型主流媒体平台，并产生了较好的反响。

(三)第三阶段：两者水乳相融

媒体融合的最终目标不是媒体＋互联网，也不是互联网＋媒体，而是融为一体，合而为一。从相"加"阶段迈向相"融"阶段，从"你是你、我是我"变成"你中有我、我中有你"，进而变成"你就是我、我就是你"。① 在政治层面上，不管是传统媒体还是网络媒体，都是以党和国家的基本方针为指导，积极为社会公共利益服务；在内容层面上，不管是传统媒体还是网络媒体，都能够生产相同形式和质量的新闻和视听产品；在平台和渠道层面上，传统媒体和网络媒体均建设各自可控的信息传播平台，实现信息多渠道和跨平台的传播。总之，通过主流媒体的互联网化和互联网媒体的主流化，两者殊途同归，在政治站位、资本运作、平台流通、内容生产、传播渠道、人才建设等层面上基本趋同。

二、媒体融合战略的政治、经济和社会底层逻辑

在政治逻辑层面上，媒体融合强化了新闻宣传与舆论导向任务，是一项政治任务。国家意志在媒介文化建设进程的"在场性"，使得深度融合后的全媒体时代的"文化自信"有了合理性依据。② 移动互联网和社交媒体的发展，使得受众获取信息的主要渠道和来源已经不是传统的主流媒体，大部分信息主要依托互联网和社交媒体进行传播。面对新的时代和社会变化，党中央提出媒体融合战略，其最根本的问题就是要发挥正面宣传的价值与作用。作为国家战略的媒体融合，不仅关系到媒体生存与发展，关系到意识形态安全、文化安全，更关系到国家治理、社会治理、基层执政等现实课题。

---

① 宋建武.媒体深度融合：平台化、移动化、智能化[J].视听界(广播电视技术)，2018(4)：43-48.

② 陈龙.媒体融合背景下媒介文化发展的国家意志和逻辑[J].传媒观察，2019(5)：5-14，2.

此外,随着我国经济硬实力的增强和“一带一路”倡议的提出,当下迫切需要提升我国国家软实力和国际影响力,这也对媒体提出了更高的要求,需要打造一批具备强大传播力的新型主流媒体和外宣型旗舰媒体,对内服务于国家治理和社会建设,对外对接国家战略和形象传播。

在经济逻辑层面上,媒体融合促使媒体行业进行供给侧改革,淘汰落后产能,进行产业升级。时代在发展,社会在进步,产业在升级,随着新兴网络媒体的发展,传统媒体已经远远落后于时代和行业的发展,是时候淘汰一些不符合时代和社会发展要求的传统媒体了。在经济规律主导下,我国大量传统纸媒关停倒闭,短时期存在阵痛和不适,但是长远来看是好事情,有利于传媒产业的升级再造。在当前危机和挑战并存的传播格局下,媒体应该积极借助互联网、人工智能、社交媒体、大数据等新兴信息技术,倒逼内部进行转型和变革,推动产业技术升级,实现传媒产业传播能力和效益的稳步提升,促进大文化产业的高质量发展。

在社会逻辑层面上,媒体融合事关社会民生就业和社会发展问题。面对新技术的冲击,传统媒体遭遇受众流失、广告流失、影响力流失,大量传统媒体面临裁员和关停的威胁,少数能力较强的媒体人主动辞职,跳槽加入具有强大资本实力的新兴网络媒体,而大量能力较弱的媒体人,则面临裁员和失业的威胁。媒体融合战略本质上也是推动媒体人积极转型,避免被行业和时代所淘汰。此外,作为社会公器的媒体,承担着社会守望和引导人们正确认识社会的职责,因此应通过媒体融合,积极弥合两个舆论场的过度撕裂,统一社会思想和行动,维护社会公共利益。

三、正向融合:传统主流媒体的互联网化

(一)政治维度:从舆论宣传到治国平台

2014 年 8 月,中央全面深化改革领导小组第四次会议审议通过了《关于推动传统媒体和新兴媒体融合发展的指导意见》,习近平总书记从顶层设计层面提出并要求全国媒体落实媒体融合战略。我们称之为“一号工程”。此后,每年总书记都会针对媒体发展发表讲话,提出新的要求和战略布局,至今已经有不少于十次的相关讲话和媒体视察,可见总书记对媒体融合的高度关切和重视。为什么总书记在这个时间点提出媒体融合的战略举措,并一次次强调媒体融合的重要性?一个核心的因素在政治层面。我国的新闻媒体是党领导的,新闻媒体要承担的一个重要职能就是党和政府的舆论宣

传任务。

进入新世纪以来，随着互联网、社交媒体和人工智能等新兴技术的发展，网络媒体占据了社会舆论的主战场，对传统媒体的舆论宣传工作产生了巨大的挑战和威胁，也给党和政府的社会治理和管理带来了严峻的挑战。主流媒体作为媒体融合的主力军和先行者，承担着舆论引导和主流价值培育的重要使命。[①] 作为党和政府喉舌的传统媒体，要保持高度的政治站位和党对人民事业的责任感，迫切需要进行媒体融合，充分运用互联网思维来展开新闻、宣传和舆论工作。能否实现媒体融合，不仅仅关系到传媒业的发展，更关乎党和政府能否继续引导社会舆论，统一全党和全国人民的思想，集中力量投入到现代化建设和中华民族伟大复兴战略中。

2018 年全国思想宣传工作会议上，总书记提出建设县级融媒体中心的新举措，旨在打造主流舆论阵地、综合服务平台和社区信息枢纽，全面服务于群众的新闻信息需求。在媒体融合实践方面，湖北广播电视台的“长江云”可谓全国首个将政务信息公开与移动政务平台、舆论引导与意识形态管理平台、社会治理与智慧民生服务平台三者融为一体的“政务＋新闻＋服务”的新型媒体平台。[②] 2019 年伊始，中央政治局开年第一次集体学习将“课堂”开设在人民日报媒体融合的第一线，并提出在全程媒体、全息媒体、全员媒体和全效媒体的全媒体背景下，整个社会的信息和舆论格局发生了巨大的变化，新闻宣传和党的舆论引导工作面临巨大的挑战，因此要加速推进媒体融合进入新阶段，积极运用互联网思维，建设一批新型主流媒体，增强我国主流媒体的传播力、影响力、公信力和引导力。主流媒体要占据宣传和舆论的主阵地，掌握主动权，维护国家政治和意识形态安全。

(二)技术维度：从传统媒体到智能媒体

无传播不技术，无技术不传播。在对新技术的开发与应用方面，传统媒体与互联网公司差距悬殊，缺乏互联网技术创新的基因。一定程度上，现阶段的媒体融合实质上是传统媒体的优质内容与网络公司的先进技术之间的融合。技术赋能成为媒体融合转型的核心推手，从媒体融合伊始，全国“两会”就成为媒体技术创新的试验场。2015 年的 H5 产品，2016 年的 VR 技术，2017 年的微视频，2018 年的人工智能，2019

---

① 詹新惠.媒体融合进入下半场[J].青年记者，2019(12)：107.

② 兰传斌，苗义程.媒体融合的三种驱动方式——从 2019 年全国两会报道看全媒体时代的发力点[J].青年记者，2019(13)：47-48.

年的人工智能、Vlog,技术创新赋能产品创新。[①] 当前传媒业逐渐进入技术主导的时代,技术在信息获取、生产和传播中扮演着越来越重要的角色。

毫无疑问,信息制作与传播技术已经成为新闻媒体的主导生产要素,技术在信息传播的演进中所扮演的角色越来越重要。回顾从报纸的产生,到广播、电视,再到互联网,每一个信息传播形式的变革,无不留下深深的技术升级演化的烙印。自21世纪初以来,移动互联网、大数据、智能手机和区块链等新兴产业的发展,不仅促生了各种新兴媒介内容和形式,而且还改变和重塑了传统媒体。我们甚至可以毫不夸张地说,对于媒体发展而言,技术的重要性和基因在生物系统中扮演的角色相差无几。通过改变基因要素,人类可以改变任何生物,甚至改变整个生态系统。与之相似,人类可以利用技术,改造和重塑传统的信息传播体系,更可以创造出各种新的内容形式和传播方式。

媒体融合的根本动因是新兴传播技术对整个社会的传播格局产生颠覆式冲击,原有的传播格局已经严重落后,传统媒体遭遇前所未有的挑战。这里最根本的原因是技术,新兴互联网公司本身就是技术创新型机构,使用技术重塑整个传播格局。传统媒体面临新兴互联网的冲击,最大的软肋是技术,缺乏懂技术、用技术的技术型人才。在媒体类别方面,报纸、广播和电视台纷纷探索媒体内容形式多元化发展路径,诸多传统纸媒也开始试水短视频、动新闻和网络直播。

在内容生产维度,一个总的方向就是将原来报纸、广播、电视台和网站之间条块分割、各自为政的格局打破。新闻记者在进行新闻生产时,不仅仅是生产文字、音频、视频等某一种新闻产品,而是生产融合了文字、视频和音频等在内的融合产品。在传播渠道维度,媒体融合不是依靠某一原始单一渠道开展内容传播,而是通过报刊、广播、电视台、网站、社交媒体、直播平台、音频平台、短视频平台等全媒体矩阵进行立体式新闻信息传播,业界称之为"单一平台采集、复合平台分发、全面渠道传播"。随着媒体融合的不断深入,当前的新闻媒体从业人员早已不只是记者和编辑,其工作职能也不是传统的文图采写和编辑工作。不管是美国的《纽约时报》,还是我国的《人民日报》都纷纷布局数字化转型。此外,不管是《华盛顿邮报》《中国青年报》这样的传统媒体,还是BuzzFeed和今日头条这样的新型媒体平台,都在不断招聘大量的技术、设计、运营、数据等方面的新型人才。

---

① 鞠靖.技术视角下的媒体融合[J].新闻记者,2019(03):52-55.

(三)商业维度:从广告思维到付费运营

在传统媒体时代,媒体主要依靠广告收入,赢利模式非常单一。媒体融合要求媒体转变赢利模式,除了传统的广告收入之外,还要积极探索生产付费内容和产品。2017年,传统媒体里的标杆——财新传媒实行新闻付费制度,用户要阅读财新报道的新闻或是使用财新提供的服务产品,必须支付至少几百元人民币。实行付费阅读之后,财新的用户数量和收入在短期内受到一定程度的影响,但是经过过渡时期的阵痛之后,财新付费用户和收入稳步增长,目前已获得良好的经济收益和社会效益。作为传统媒体里的佼佼者,《三联生活周刊》基于其庞大的作者专家资源和强大的原创内容生产能力,不断探索各类知识付费产品,收益不菲。以财新传媒和《三联生活周刊》为代表的传统纸媒,在数字化、移动化新兴网络媒体的冲击之下,同样遭遇人才流失、广告流失和和受众流失,但是它们通过积极探索,寻找付费转型,实现了纸媒衰落大势中的逆向生长,为传统媒体转型树立了成功的榜样。

媒体融合时代,传统媒体机构和媒体人要具有创新精神和创新能力,并在此过程中不断创新内容与商业模式。有能力有勇气的媒体和媒体人应该更多地选择付费经营,依托专业的信息生产、加工和传播能力,为社会和受众生产专业知识。我们需要注意的是,与很多技术驱动变革的领域不同,知识付费的产生和发展,与其说是技术的催生,不如将其归功于社会受众的需求。改革开放40多年来,中国人民解决了温饱问题,实现了物质财富的极大丰富,人们转而追求精神世界的富足。在这一大背景之下,依托智能手机和移动互联网技术,知识付费热潮爆发。媒体应该及早树立创新创业思维,敏于察觉社会需求。从经济学角度考量,知识付费的边际成本几乎可以忽略不计,这是一个投入低产出高的行业。一个人、一台电脑,抑或是一部相机和一部手机等,便可以进行文字、音频、视频等知识内容生产和传播。既然社会有知识需求,媒体和从业者就应该去满足这部分需求。

(四)传播维度:从专业媒体到四全媒体

在新闻采集维度上,从采集信息到采集数据。媒体融合要求运用互联网技术对传统媒体的新闻采集、生产、分发、接收和反馈等不同流程进行重塑。大数据时代,数据成为社会运行的“石油”,在信息社会的发展中扮演着举足轻重的角色。传统媒体要从原来只采集新闻信息向采集数据转变。2018年爆发的“马蜂窝”评论数据造假事件,就是计算机专业的自媒体人梓泉利用计算机爬虫获取“马蜂窝”后台的评论数据,然后通过与其他旅游服务 App 应用后台的数据进行比对，发现“马蜂窝”后台的大量评论数据都是从其他竞争对手那里搬运而来的，并非真实的用户评价数据。如果一个媒体人不懂得计算机数据获取和分析技能，就不可能发现这一新闻线索。这一案例，更加强调在互联网和大数据时代，掌握计算机技术和大数据分析技术的记者备受青睐。

在新闻生产维度上，从人工写稿到机器写作。随着 5G 技术和物联网的发展，数据采集技术和能力将获得跨越式发展，也对媒体的数据采集和加工提出了更高的要求。传统媒体主要并且只能依靠记者来采写新闻稿件，随着人工智能技术在传媒业的应用和不断发展，现在包括谷歌、脸书、微软、腾讯、新华社、纽约时报社等传统媒体和网络媒体在内的机构纷纷布局机器人写作。尽管当前机器人写作只局限在财经、体育和灾害等领域，但是随着人工智能技术的不断进化和成熟，机器人在未来的新闻生产中必将扮演越来越重要的角色。传统媒体时代，媒体生产标准化的新闻内容，全国几百万甚至上千万的受众看到的是完全一样的新闻内容。随着算法推荐技术在传媒领域的应用，以今日头条和天天快报为代表的算法推荐型媒体快速崛起，它们通过几百万个标签，依托算法技术，将不同的内容推荐给不同的用户，实现新闻资讯消费的千人千面和万人万面。

在新闻接收维度上，从传统渠道到移动渠道。移动互联网兴起之前，受众主要依靠报纸、广播、电视和门户网站等相对比较传统的内容渠道获取新闻信息，近年来随着移动互联网、智能手机和社交媒体的发展，用户的新闻资讯获取和消费越来越呈现移动化的趋势。人们的信息获取不再受地域的限制，可以实现无时空障碍的信息获取和消费。

在新闻反馈维度上，从延时模糊到快速精确。在传统媒体时代，虽然也能够实现新闻信息的反馈，但是这种反馈主要依托信件和电话，具有反馈迟滞和偶然性的特点；而在媒体融合时代，依托互联网和大数据技术，用户可以通过播放数据、弹幕、评论和转发等数据实时反馈，媒体可以根据用户大数据实现全面快捷的反馈分析。

四、反向融合：新兴互联网媒体的主流化

（一）政治维度：从商业性质到网媒姓党

新媒体具有很大的影响力，因此新媒体人要树立政治意识，坚持党媒姓党，杜绝犯政治错误，自觉践行马克思主义新闻观，坚持党性和人民性的统一，熟悉广电总局和中

央网信办等部门出台的相关法律法规。2016 年,习近平总书记在“2·19”党的新闻舆论工作座谈会的讲话中,明确提出新闻舆论工作的每一个方面和每一个环节都要讲求正确的舆论导向。传统党报党刊、传统广播电台电视台要讲导向,市场类、都市类媒体和网络新媒体也要讲导向;党媒党报时政类新闻资讯要讲导向,社会娱乐新闻资讯也要讲导向。随着移动互联网和社交媒体技术的发展,移动端成为人们获取新闻资讯的主要渠道,因此,党管媒体不仅要贯彻到传统媒体,更要严格落实到新媒体机构。

在新媒体时代,新媒体工作人员应该时刻牢记“党管媒体”,坚持正确的舆论导向。讲政治、讲导向没有任何例外。传统思维模式里,很多人认为讲导向是党报党媒的事情,只有传统媒体才需要讲导向;都市类媒体、自媒体、互联网机构、机构媒体、行业媒体和新媒体应该无所谓,放松点儿。还有人认为只有新闻,尤其是时政新闻才需要讲导向,其他花边新闻、娱乐资讯、媒体副刊、娱乐节目等是不讲导向的。

中宣部、文化部、国家广电总局、国家网信办等政府部门先后出台了一些系列法律法规和规章制度,用以规范乱象丛生的新媒体行业。一大批导向存在问题的违规节目被查封、一些媒体人被通报批评,湖南卫视、凤凰卫视、百度、腾讯、新浪、网易、今日头条等大量新媒体机构被网信办约谈并限期整改,一大批新媒体账号被短时查封或是永久封停。因此新媒体要按照全体媒体一个标准、全体节目一把尺子、全体人员一条底线的标准要求自己。可以预见,伴随着新媒体的影响力不断扩大,发展不断成熟,对新媒体机构和从业人员的管理将不断加强。新媒体机构和从业人员要时刻把握政治动向,坚守党管媒体的原则,在任何时候、任何地点、任何岗位、任何部门、任何环节都要绷紧政治导向这根弦。

(二)内容维度:从网媒把关到专业审核

内容融合是人们最易感知的一个层面。[①] 新时代以来,党中央要求加强互联网内容建设,建立健全互联网资讯和视听内容治理体系,为社会营造风清气朗的网络空间。总书记在多个场合多次提及并关切媒体融合发展战略,要求提升新闻舆论工作的传播力、引导力、影响力和公信力。互联网在社会信息传播和舆论引导方面具有独特的优势和资源,为媒体融合和舆论宣传工作提供条件、创造机遇。但是,互联网等新媒体诞生以来,一直饱受内容质量的诟病。传统媒体时代,新闻资讯内容相对较少,专业媒体依托内部的把关机制,可以对采集和传播的内容质量进行严格把关。

---

① 李海军.5G 时代媒体融合发展对策研究[J].中国广播电视学刊,2019(5):49-52.

在内容形式维度上,网络媒体内容的数量和种类繁多庞杂,包含文字、图片、视频、音频、可视化、数据图表等五花八门的资讯内容。在内容数量维度上,互联网时代人类社会的信息生产呈指数级爆炸式增长,每天生产的数据量是之前几百年生产的数据量之和。在内容主体维度上,内容生产主体不仅仅局限于传统的专业大众媒体,而是包含用户、机构、政府、企业、机器、工作室等在内的各类主体。在内容平台维度,包含传统媒体、社交媒体、门户网站、短视频平台、网络直播平台等。这些平台对互联网媒体的内容审核和把关构成了巨大的挑战。

在政策维度上,为了提升内容把关的质量,中宣部、中央网信办和国家广电总局等政府管理部门加强了对互联网资讯和视听内容的管理,密集出台了各项互联网内容管理政策和法规,将互联网内容审核提升到国家和社会层面上,赋予了互联网内容审核一定的政治内涵。

在技术维度上,大数据、人工智能等为互联网内容审核提供了技术支撑,极大地提升了内容审核效率和效果,但是目前技术的识别和审核概率最高能够达到90%,相对互联网上的巨量内容,剩下的10%可不是一个小数据,仍存在严重的内容管控风险。面对技术上的缺陷,近年来以人民网为代表的传统媒体积极开拓第三方内容审核业务,充分利用传统媒体的权威、专业和公正优势,为互联网企业的内容生产提供审核和把关服务。同时,以腾讯、新浪、网易、凤凰网、今日头条、快手等为代表的互联网内容服务平台,纷纷成立内容审核部门,招聘大批内容审核人员,构建起技术和人工双轮驱动的互联网内容审核机制,对网络资讯和视听内容进行有效、全面的审核和把关,传播符合广大群众利益的高质量内容。

(三)资本维度:从民营资本到国资参股

媒体融合的发展和布局,涉及内容、平台、技术等方面,这都离不开资本的支持。一方面,网络媒体要进行优质内容的创作,必须引进优质人才;另一方面,网络媒体要使用和传播传统媒体生产的优质新闻内容,也需要资本的支持。因此,新兴互联网媒体在向主流媒体靠拢的时候,资本成为一股重要的助推力量。媒体融合有利于参与融合的各种媒体充分享受范围经济性的益处。① 2016年,北京360集团与北京电视台在资本层面开展深度全面合作,借助互联网媒体在资本方面的优势,依托北京电视台的内容生产专长,双方合作成立"北京时间"。360旗下的手机、电脑端应用一律向北京

---

① 韦路.媒体融合的定义、层面与研究议题[J].新闻记者,2019(3):32-38.

时间开放，分发和传播北京时间的报道内容；另一方面，360 自己不再生产内容，而是通过资本和渠道支持北京电视台的内容生产。两者强强联合，资源互补，占据网络媒体舆论引导的主导权，扩大优质内容的传播力和影响力。

阿里巴巴收购《南华早报》等传统媒体，通过资本支持传统媒体的转型和发展，国外亚马逊收购《华盛顿邮报》，帮助传统纸媒走出经营困境。光明日报社与微软开展合作，通过资本入股的方式，有效提升光明网在互联网传播方面的能力。从光明网的实践中我们不难发现，网络媒体开始依托自身的资本优势，与传统主流媒体的内容优势结合，完成资源的有效整合和互补。近年来，以阿里巴巴、腾讯和百度等为代表的新兴互联网媒体，依托自身资本优势，或者收购走向衰落的传统媒体，或者与传统媒体合作，积极向党和政府靠拢，实现新兴互联网媒体的主流化。阿里巴巴先以 2 亿港元控股文化中国，[①]以 65.36 亿美元入股华数传媒。为了拿到互联网新闻服务许可证，上海趣头条向国有资本派发股权，人民网和上海澎湃新闻成为趣头条的投资者。资本层面的“反向融合”对于一些商业媒体来说可能意味着借体制内资源获得稀缺的牌照资源。[②]

（四）人才维度：从散兵游勇到专业人才

新兴网络媒体诞生之初，其核心优势在于传播渠道和分发平台。在内容领域，网络媒体主要依托 UGC（用户生产内容）和国内外内容版权的采购，总体上良莠不齐，其根本原因是新兴网络媒体缺乏优质内容生产人才和团队。但是对于传统电视台而言，这些身经百战的电视人，到哪里都能制作出精品视听节目。近年来，随着新兴网络媒体经济实力的不断增强，传统媒体赢利能力呈断崖式下滑，传统媒体里的优秀人才，从高层次管理人员到基层优秀内容生产人才，纷纷辞职，跳槽到新兴网络媒体机构。这些人一方面具有强大的内容生产方面的资源；另一方面，他们本身也有非常强的内容生产能力。优秀人才和团队的加入，显著提升了我国网络媒体的内容生产能力，以腾讯新闻、腾讯视频、优酷视频、网易新闻、新浪新闻、今日头条等为代表的网络新闻视听企业的内容生产能力在不断追赶传统媒体，甚至在很多领域已经不逊于传统主流媒体。不管在内容质量还是在把关审核方面，网络媒体的水平都有了显著的提升。

竞争越发激烈的传媒业，已经不再是大鱼吃小鱼，而逐渐转变为快鱼吃掉慢鱼的

---

① 文远竹.媒体融合的产业经济学分析——对广州日报报业集团的个案研究[J].编辑之友，2019(4)：62-67，85.

② 周逵.反向融合：中国大陆媒体融合逻辑的另一种诠释[J].新闻记者，2019(3)：45-51.

激烈态势。不管是新兴网络媒体还是传统媒体机构，越来越体会到“适用人才”和“对口人才”的稀缺，传媒人才的供给侧改革是我国媒介变革道路上的“阿喀琉斯之踵”，也是解决当前传媒人才荒的必由之路。一方面，传统主流媒体中大量具备扎实业务能力的媒体人纷纷辞职，或者加入新兴网络媒体公司，或者自己创办新媒体机构，进行自媒体创作。这些具备专业能力的人，可以不断提升网络媒体内容生产质量，也能加强对网络媒体内容和传播的把关。以“疫苗事件”为代表的在社会化媒体领域掀起舆论狂潮的新闻事件的背后都是从传统主流媒体转型的媒体人，他们具备敏锐的新闻发现力和专业的新闻生产能力。另一方面，近年来我国将原来的国家统战部上升为中央统战部，国家领导人在中央统战工作会议上强调，要将新媒体人士纳入统战工作。此后，中央统战部开展新媒体人士统战工作，今日头条、腾讯、新浪等网络媒体的创始人和负责人纷纷参加中央统战部的学习，这强化了党和政府对于新兴网络媒体的管理。

〔刘蒙之，陕西师范大学新闻与传播学院特聘教授，副院长，博士生导师；刘战伟，中国人民大学新闻学院博士研究生；李嫒嫒，中国传媒大学新闻学院新闻学硕士研究生〕

〔特约编辑：顾洁〕

媒体融合时代县区广播电视公共服务标准化的影响因素初探*

A Preliminary Study on the Factors Influencing the Standardization of County Radio and Television Public Service in the Era of Media Convergence

◎段　鹏
Duan Peng

摘要：融媒体时代，社交媒体、网络短视频、网络直播等媒体平台品类频出，在娱乐文化和消费主义充斥人们日常生活空间之时，如何确保蕴含我国主流价值观的广播电视公共服务体系得以高质量、高品质、均衡化地持续性输出值得我们关注。而标准化正是提高广播电视公共服务效能的技术手段，是广播电视公共服务体系系统性和可持续性发展的有力保障。本文基于前期相关研究和实地考察，深入分析了标准化的影响因素。不同县区之间的政府治理、经济发展、文化氛围、信息技术水平以及受众需求与素养等条件差异较大，因此系统性地研究县区广播电视公共服务标准化建设的影响因素成为这一领域当前较为重要的研究议题。

关键词：媒体融合；县区广电；公共服务；标准化；影响因素

Abstract: In the era of media convergence, a variety of media platforms are emerging continuously, like social media, short video, live-streaming, etc. When entertainment culture and consumerism are embedded in people's daily living spaces, it is worthy to focus on how to ensure the constant output of national mainstream radio and television public service with high quality and balance. Standardization is a technical way to heighten the public service efficacy as well as a strong safeguard for the service to develop systematically and sustainably. Based on preliminary explorations and fieldwork, the article

* 本文是国家社科基金重大项目“智能化背景下全媒体传播体系建设的理论与实践路径研究”(项目编号：20ZDA058)、北京市社会科学基金重大项目“习近平总书记关于意识形态与新闻传播工作的重要论述研究”(课题编号：19ZDA07)的阶段性成果。

analyzes influencing factors of standardization in depth. As some conditions, such as governmental governance, economic development, cultural environment, information technology and audience's requirements, in different countries are differentiated with each other, it is relatively important to examine influencing factors of country radio and television public services' standardization systematically.

Keywords: media convergence, country radio and television, public service, standardization, influencing factors

融媒体时代,社交媒体、网络短视频、网络直播等媒体平台品类频出,在娱乐文化和消费主义充斥人们日常生活空间之时,如何确保蕴含我国主流价值观的广播电视公共服务体系得以高质量、高品质、均衡化地持续性输出值得我们关注。而标准化正是提高广播电视公共服务效能的技术手段,是广播电视公共服务体系系统性和可持续性发展的有力保障。我国政府历来对广播电视公共服务工作非常重视,近年来先后发布了《关于加快构建现代公共文化服务体系的意见》《中华人民共和国公共文化服务保障法》《"十三五"推进基本公共服务均等化规划》《关于推进基层综合性文化服务中心建设的指导意见》等文件,在十九大报告和习近平总书记的多次讲话中,也不断强调公共文化服务标准化、均等化的重要作用。

一、广播电视公共服务的界定

对于"广播电视公共服务"的概念界定,不同学者在不同维度和层面给予了阐释。张国涛认为,广义上的广播电视公共服务可以从政府职能、传媒功能以及公众利益角度理解,而在狭义上可以根据服务内容、服务对象以及服务主体进行更具体层面的划分。[①] 还有学者从广播电视公共服务具体内容[②]、服务目标和目的[③]等方面进行诠释,如张春华认为广播电视公共服务是中国特有的概念,包括满足公众信息需求、提高国民素养、推动文化发展等内容,包括三个基本目标:提供均衡化服务、优质信息,以及多

① 张国涛. 广播电视公共服务的基本内涵[J]. 现代传播,2008(1):119-121.

② 杨明品,李江玲. 中国广播电视公共服务理论几个基本命题探析[J]. 中国广播电视学刊,2011(1):75-77.

③ 杨六华,刘玉东,陈建文,杨成东,冯景锋,曹志. 广播电视公共服务均等化一体化建设现状分析[J]. 广播与电视技术,2016(4):118-121.

元供给。[①]

本文对于广播电视公共服务采用广义的概念，即从政府职能、传媒功能以及公众利益的多重视角进行解析。广播电视公共服务是为实现社会公共信息流通、正确舆论引导和满足文化利益需求等目标，在综合传输覆盖网络服务、节目内容服务、公共平台服务等多重体系的基础上，由广播电视主管部门主导、面向社会公众有计划地提供产品和服务活动的统称。[②] 本文基于前期文献整理和实地调查研究认为，由于各县区政府治理、经济发展、文化氛围、信息技术以及受众需求与素养等条件均不一而同，系统性地研究县区广播电视公共服务标准化建设的影响因素是当前较为重要的研究议题。

二、县区广播电视公共服务标准化的影响因素

经过系统的实地调研后，我们发现县区广播电视公共服务标准化建设影响因素至少应该包括以下几个方面：政策法规因素、社会资源因素（信息、人力与物质基础等）、媒介技术因素、市场化因素、社会参与因素和媒体融合因素等。

(一)政策法规因素

我国媒体相关政策的制定和实施既体现了党和国家对媒体发展的关心、指导与规划，也折射出社会与时代发展过程中对与之相配套的媒体系统的现实需求。新中国成立以来，“发展人民广播事业”便作为一项政治任务写在《中国人民政治协商会议共同纲领》中。20 世纪 60 年代，在以第四次全国广播工作会议精神为主的一系列指导思想的带领下，国家讨论广播事业的体制问题，对如何改进广播宣传工作提出了要求，确立了“中央与地方并举”的方针，并明确了广播要更好地为社会主义建设服务的思路，推动我国新闻传播事业从新中国成立前“非连续性发展与非大众化传播的时期”迅速过渡为我国社会的重要组成部分。在第一次全国广播电视工作会议后，全国推行“四级办台”的事业建设方针。此后十余年里，“广播电视紧密围绕各级党和政府的中心工作，比较成功地完成了一系列重大活动、重要事件的宣传报道任务”。广播电视被认为是“教育、鼓舞全党、全军和全国各族人民建设社会主义物质文明和精神文明的最强大的现代化工具，也是党和政府联系群众的最有效的工作之一”[③]。

---

① 张春华. 中国广播电视公共服务体系建设的全新语境研究[J]. 编辑之友，2019(8)：72-76.

② 袁正领，魏蕾. 对广播电视公共服务的几个基本问题的思考[J]. 现代传播，2009(10)：141-142.

③ 彭宝恩. 有线广播在精神文明建设中的作用[J]. 新闻知识，1987(6)：39-40.

近年来,国家越来越重视公共文化服务建设,要求公共文化服务向标准化和均等化方向发展。2015 年 1 月,中共中央办公厅、国务院办公厅印发了《关于加快构建现代公共文化服务体系的意见》(下文简称《意见》),并发出通知,要求各地区各部门结合实际认真贯彻执行。《意见》在总体要求和基本原则层面都明确指出,要大力推动公共服务标准化的实施,切实保障人民群众基本文化权益,促进实现社会公平。党的十九大报告中更是明确提出:"完善公共文化服务体系,深入实施文化惠民工程,丰富群众性文化活动,不断满足人民日益增长的美好生活需要。"2019 年 2 月,多部门印发了《加大力度推动社会领域公共服务补短板强弱项提质量 促进形成强大国内市场的行动方案》。

在我国,县级行政单位介于乡级与地级之间,是社会重要的公共空间。一个自上而下的现代传播体系,不仅是增强社会凝聚力的砥柱中流,更是预防社会走向分散化的、原子式的个人主义道路的把关者。国家推进县区广播电视公共服务标准化发展,是把基层传播作为现代传播体系建设的研究主体,重塑社会主流舆论导向,规范社会信息传播秩序,以达到维护基层公共空间良序的目的。随着物质生活水平的持续提升,群众更呼唤普惠性、共享性的精神食粮,期待能就近方便地享有丰富的公共文化服务。公共服务标准的制定对于广播电视行业而言,是管理科学化的有效途径。

(二)社会资源因素

社会资源包括人力资源、信息资源、劳动创造的各种物质财富等。社会资源的有限性决定了建立和发展广播电视公共服务标准化体系的必要性。社会资源的区域性和差异性决定了广播电视公共服务在发展运行中所表现出的"阶段性""实践性"和"个性化"特征。本文探讨的资源因素既包括广义上的社会资源:人才、资金支持和当地经济发展水平等,也包括狭义上的广播电视资源:频率资源、时间资源、受众资源和节目资源,其中频率资源是广播电视最基本的资源。

首先,人才短缺的问题是县区发展广播电视公共服务事业的通性问题。调研发现,无论是东部发达地区,还是中西部老少边穷地区,广电业都面临不同程度上的人才匮乏问题:吸引不来、留不住、培训不到位、员工老龄化,等等。例如,在乌拉特前旗广电局,若按老中青三个年龄段划分员工构成,那么大多数员工属高龄职工,在管理和技术人员构成上尤为突出。目前,执行技术指导、监督、操作的人员严重不足,年轻力量的缺失等问题极有可能导致思维和技术上的难以为继。

其次,资金不足的问题折射出广播电视媒体产业的市场化层次偏低、结构不合理等缺憾。众所周知,充足的资金能为广播电视公共服务标准化建设在设备覆盖、系统研发、招揽人才、监督运行和维修维护等方面提供保障。然而,解决资金不足的问题不能仅仅依靠财政拨款,转变观念、因地制宜、取长补短地发挥市场功能,从而做强做大产业也十分重要。

最后,妄自菲薄不符合科学发展观的要求。我们应根据当地经济主发展水平和社会发展状况,建立与之相适应、相匹配的县区广播电视公共服务标准化体系。县区广播电视公共服务标准化建设要立足实际发展,因地制宜、长效发展。标准化并不意味着完全统一化,标准化更要讲究差异化:尊重地区之间、行业之间的实际和资源差异。

与此同时,如何合理规划、跨界整合和优化配置有限的频率、时间、受众和节目资源成为发展广播电视公共服务标准化的重中之重,以此来盘活现有资源,整合行业资源,跨界联合相关资源。尤其在面临不断激发出来的数字化媒体生产活力时,传统广播电视媒体更需发挥既有优势,同时充分激发新媒体的优势特点,使传统广播电视资源和新媒体资源优势互补,整体协调发展,形成全新的服务平台和产品。

(三)媒介技术因素

我们知道,技术是制造一种产品的系统知识、所采用的一种工艺或提供的一项服务,广义上知识产权组织把世界上所有能带来经济效益的科学知识都定义为技术。技术建设是一项专业性很强、周期性很长的系统工程,既要考虑技术更新迭代的问题,又要考虑实用性、安全性和先进性的问题。实际上,广播电视行业的技术因素是一个笼统的概念,包括技术政策、技术规划和技术标准等。对于县区广播电视公共服务标准化建设来讲,一方面,提升广电公共服务水平离不开技术支撑;另一方面,“标准化”要求对技术要素进行准确的控制和运用。

谈及媒介技术,人们自然而然地就会联想到麦克卢汉所提及的“媒介即讯息”观点。单纯从语义学角度来看,“媒介”不可能是“讯息”,“讯息”也不可能是“媒介”;但麦克卢汉所提出的“媒介即讯息”“冷热媒介”“地球村”“媒介是人体的延伸”等一系列观点为媒介传播研究带来了一个全新的历史视角。换言之,麦氏认为在信息传播和媒介发展的历史进程中,媒介技术或形式对新尺度的影响比传播内容更加重要,更具意义。

信息技术作为生产性与组织性的社会力量,极大地拓展了多元表达渠道,重塑了人与人交往模式，促进了多种主体话语权的实现。目前，诸如媒体深度融合、全国有线电视网络整合、县级融媒体中心建设、“智慧广电”、超高清电视、大数据应用、电视节目收视综合评价大数据系统等都是广播电视科技发展的重点领域。这些新媒介技术与实践提升、扩大了信息传播、接收、转发与反馈的速度与广度。技术的进步带来了媒介使用与消费行为的改变，并由此引发了受众认知结构的转型。另外，多元的个体心理因素、复杂的社会结构与经济、文化和政治场域的交互影响也营造了一个新型媒体环境。

尤其在当下，诸如移动直播、社交短视频、可视化交互、无人机采集、机器人撰稿与人工智能主播等新兴媒介技术与形态发展十分迅速，这促使人类传播在接收、把关、处理、传递和反馈等各环节的信息秩序继续发生着重要变革，将人类置于跨时空、数字化、互动化和多功能化的媒介生态环境中。其中，“跨时空”指的是信息传播超越了时间和空间的界限，呈现出及时、全时和全球同步的特点；“数字化”是指信息内容可以突破不同媒介的限制，通过二位进制的数据化格式，实现多媒体式的跨媒介平台传播；“互动化”是指传播者与接收者的身份交互，传播模式由单向式变为互动式，人们参与信息传播的主体性日益提高；“多功能化”指传播功能的丰富多样性，由过去单一的传播形态向着多功能一体化趋势转变，日益实现“全效能传播”，即内容、信息、社交、服务融为一体。由此可见，传统媒体服务的融合、转型趋势明显，而探究新思路新方法势在必行。

(四)市场参与因素

市场化因素鼓励广播电视公共服务在标准化发展环节中通过有条件地市场化进行自我调节并产生意义。市场化是在资源有限、科学规划、目标明确的前提下进行协作式发展的手段和方法，为广播电视公共服务标准化建设提供了后续能量和持续动力。在改革开放与全球化的背景下，我国媒体逐渐走上了市场化改革的道路，即由原来完全依靠垄断优势逐渐转变为以服务为核心、以市场为主导的经营模式。整体来看，目前我国广播电视媒体的市场化改革仍是未完成时状态。以市场化为导向的广播电视公共服务建设和以数字化为导向的媒体融合转型并驾齐驱、协作进行。

作为一项复杂艰巨的系统工程，广播电视公共服务标准化建设需要大量资金投入，而县级台自身显然不具备这样的实力和能力。所以，在各地标准化建设过程中，资金从何而来是一个很现实的问题，然而要想从根本上解决资金问题，还应从外部输血、内部造血两端共同发力。解决资金缺口问题，重点是建立起自我造血的良性循环系统。

如何平衡社会效益与经济效益的关系是至关重要的。县级广播电视媒体应在教育、医疗、交通、文旅、就业、治安、环保等垂直场景中，积极开发与人民日常生活息息相关的业务和服务，通过打造“综合服务平台”，进一步践行“引导群众、服务群众”的思想，既要立足“服务”，又要重视效益，从而打造以社会效益为首，社会效益与经济效益统一发展的局面。

通过探索实践事企并轨运作的模式，将广播电视台改造成广播电视集团，更有利于事业、企业两条腿走路，同步发力、破立并举，为体制束缚松绑，让市场的手发挥作用。例如，邳州广电传媒集团的成立，化解了事业单位体制内人员面临的政策风险，打通了企聘员工职业上升的通道，便于开展更为灵活的市场化运作。邳州广电传媒集团在组建完成后，在集团框架基础上，完成了内部的“三定”，推行内部员工双向互选和中层干部竞聘上岗，开始全面实行全员绩效考核机制，在新闻、营销两个一线，绩效考核上不封顶下不保底。邳州广电传媒集团把市场化与员工发展相结合，使得编内人员思想更解放，编外人员更有奔头，市场化运作也能更灵便。随后，根据融媒体中心建设的需要，2018 年邳州广电传媒集团又进行了机构名称和内部设置的微调，并完成银杏融媒集团的挂牌，以此替代了原来的广电传媒集团。

需要明确的是，虽然东部发达县区通过市场化管理部分解决了人员、编制、薪酬、绩效等难题，但仍有很多县区广电媒体缺乏足够的经济体量维持企业化管理，部分县域经济发展水平相对落后，商业规模小、层次低，缺少广告资源，不可能获得持续的经济支持，因而切不可盲目市场化。

(五)社会参与因素

社会参与因素指的是通过调动群众和公益性社会组织的积极性和参与感，为广电公共服务标准化建设贡献力量。从治理层面来讲，县区广播电视公共服务标准化建设是基层社会治理的一个重要环节，基层社会治理是国家治理体系的重要组成部分。加强县区广播电视公共服务标准化建设是坚持和加强党对基层治理的全面领导的体现，也是推进国家治理体系和治理能力现代化的必然要求。在基层社会治理层面，不断提升群众自我教育、自我管理、自我服务能力，调动群众参与的积极性和能动性，才能让问题解决在基层，矛盾化解在基层，让群众有更多的归属感、安全感、幸福感和获得感。

从传播层面来讲，美国学者 J.A.巴伦(J.A.Balen)认为社会参与是关于受众权利的一种理论，受众不仅有获得信息的权利，还有参与传播过程，借助媒介反映情况和意见的权利。但就广播电视公共服务的研究来讲，本文主要从社会治理层面出发界定社会参与模式，主要是指在社会事务的治理中，应当从以往政府或市场为中心的单一参与模式，向以政府、市场、社会、公民等多个群体或组织为中心的多元参与模式转变。例如，利用既有人力资源，与社会力量合作进行电视机顶盒的维修是乌拉特前旗实施广播电视公共服务及标准化建设的一大特色。由于电视机顶盒返厂维修周期长(一次返厂维护至少需要半年时间)，且维修价格高，因此，乌拉特前旗广播电视局与各苏木(相当于“乡”一级)、嘎查(相当于“村”一级)的当地电器维修工建立联系，并发动当地维修工通过微信与村民建立线上联系。这种两级结构促进了“点对点”精准服务的实现，解决了“最后一公里”的问题。并且，维修工在对村民机顶盒进行免费维修服务的过程中，可获得有偿维修其他家用电器的机会，以此增加个人收入。与此同时，乌拉特前旗广电局负责在机顶盒安装、维修、调试等方面对当地维修工进行专业技能培训。

(六)媒体融合因素

2018 年 8 月，在全国宣传思想工作会议上，中共中央总书记、国家主席、中央军委主席习近平发表了重要讲话，指出“要扎实抓好县级融媒体中心建设，更好引导群众、服务群众”。中共中央宣传部响应习主席的号召，于同年 9 月对推进县级融媒体中心建设作出了部署安排，并要求 2018 年先行启动 600 个县级融媒体中心的建设，2020 年底基本实现县级融媒体中心在全国的覆盖。①

2019 年 1 月，中共中央宣传部与国家广播电视总局发布《县级融媒体中心省级技术平台规范要求》和《县级融媒体中心建设规范》。2019 年 4 月 11 日，国家广播电视总局官网发布了《县级融媒体中心网络安全规范》《县级融媒体中心运行维护规范》《县级融媒体中心监测监管规范》，对县级融媒体网络安全建设、运行维护工具、监测系统和监测监管机构监管平台建设提出实质性指导意见。至此，县级融媒体中心 5 项标准规范已全部发布实施，县级融媒体中心的建设大潮正在如火如荼地进行中。

从 2003 年起，全国的县级媒体进行了清理整顿，之后关于县级媒体的生存与发展、价值与空间、事业与产业等问题的讨论不绝于耳。但国家把县级融媒体中心建设提上议程，不仅仅是把它作为解决正渐次浮出水面的陈旧广电体制的各式问题的技术

① 县级融媒体中心建筑全面启动[EB/OL].(2018-09)[2019-09-15].http://www.xinhuanet.com/politics/2018-09/21/c_1123466267.htm.

药方，更是规划了依托媒介来化解沉积于社会深层的种种矛盾的蓝图，因为基层政权的安定，关乎国家的兴衰昌盛。

媒体融合不是简单的新媒体替代旧媒体，而是一个模式进化的持续过程，在不同媒体形式和平台之间发生“技术、内容、消费者、商业模式和管理水平等方面的互动”。简单来讲，媒体融合本质上是一个过程，而不是一个结果。这个过程至少包括技术、产业、渠道（平台）与内容等层面：技术融合是媒体产业跨平台整合的基础，产业融合是媒体融合做大做强的保障，渠道融合是“内容为王”的支撑，而优化提升融合内容链才是真正实现媒体融合纵深发展的灵魂。

首先，技术融合虽然关键但并不鲜见，譬如20世纪20年代末，美国无线电公司（RCA）通过对留声机技术的整合和创新发明了无线电，随后又在广播技术的基础上发明了黑白电视机，但历史证明，真正实现广播电视辉煌的仍是内容与用户。其次，媒体产业的跨平台整合通常涉及将各类媒体资源整合到一个媒体集团的旗下，正如伊契尔·索勒·浦尔（Ithiel de Sola Pool）曾指出：“交叉所有权加强了模式之间的融合，这种融合正彻底改变传统媒体产业的结构和社会地位。”但是，产业融合也极易导致节目内容同质化、娱乐化和过度市场化等问题。再次，多元化渠道是新传播格局呈现出平台全媒体化的前提，这意味着在“内容为王，渠道为后”的基础上，还必须兼顾“匹配为上”，即在满足用户使用偏好和兴趣需求的基础上，完成内容和渠道的匹配统一。最后，“节目内容是受众注意力的根源所在，也是受众资源价值的产生点”，媒介融合早已不再是“机顶盒子式”的电视与网络的简单结合，随着技术、平台和经营模式的深入融合，传统媒体业务流程再造使得媒体融合必然面临“内容桎梏”的终极问题。所以，广播电视媒体融合最关键的创新不在于不同模式之间的竞争和趋同，而在于真正意义上媒体融合资源的整合和传播效果的强化。这与广播电视公共服务标准化建设“异曲同工”。

结　语

媒体融合时代，媒介生态环境、资源调配布局、技术互嵌相融、受众需求和素养等方面都在潜移默化地发生着转变。县区地域具有面积广阔、发展不均衡、差异化治理的特点，县区广播电视公共服务一直是党和国家高度关注的领域，在政策倾斜、市场引导、技术投入和人才配比等方面均有不同程度的扶持。研究县区广播电视公共服务标准化体系建设，除做好基础理论研究外，深入实际进行本土化的考察调研是必不可少的。本文深度剖析了政策法规、社会资源、媒介技术、市场参与、媒介融合等因素对广播电视公共服务标准化的影响,以期为相关研究提供参考。

〔段鹏,中国传媒大学副校长、教授、博士生导师,媒体融合与传播国家重点实验室(中国传媒大学)常务副主任〕

〔特约编辑:顾洁〕

虚拟现实与用户体验：

融媒体背景下电子竞技视听传播探究

Virtual Reality and User Experience:

Investigation on Audio-visual Communication of E-sports under the Background of Media Convergence

◎ 庞　亮　李雅君
Pang Liang　Li Yajun

摘要：如今，媒体融合正迈向纵深化发展阶段，媒体融合进程加速了媒介格局、传播规律的质变，电竞传播格局也面临着转型与重构。电子竞技作为互联网与传统体育运动的产物，具有与生俱来的虚拟现实属性。一方面，电子竞技的虚拟现实性特点符合当下媒体融合环境的传播规律；另一方面，用户的需求与体验也对电子竞技视听传播的方式提出新要求。融媒体背景下，媒介的影响力不断上升，虚拟现实性与用户体验成为电子竞技提升视听传播影响力的关键因素。随着媒体融合触角在电竞领域的不断延伸，电子竞技亟须适应传播与发展的新形势、新环境，未来电子竞技视听传播必须充分拥抱融媒体，走向全媒体。

关键词：融媒体；电子竞技；视听传播；虚拟现实；用户体验

Abstract: Media convergence is moving towards a stage of in-depth development. The process of media convergence has accelerated the qualitative change of the media structure and the laws of communication. The e-sports communication structure is also facing transformation and reconstruction. E-sports, as a product of the Internet and traditional sports, has inherent virtual reality attributes. On the one hand, the characteristics of virtual reality of e-sports are in line with the current propagation law of the media convergence environment. On the other hand, the needs and experience of users also put forward new requirements for the way of e-sports audiovisual communication. In the context of converging media, the influence of media is constantly rising, and virtual reality and user experience have become the key factors for e-sports to enhance the influence of audiovisual communication. With the continuous expansion of media convergence antennas in the field of e-sports, e-sports need to adapt to the new situation and new environment of communication and development. In the future, e-sports audiovisual communication must fully embrace the convergence media and move towards full media.

Keywords: convergence media, e-sports, audiovisual communication, virtual reality,user experience

随着社会信息化发展、人类社会文明不断进步,参与电子竞技运动已经成为大众休闲娱乐的方式之一。电子竞技逐渐融入到人们点滴的日常生活中,电竞游戏不再被冠以“精神毒品”的名号,而是以一种富有娱乐性、竞技性的体育运动形式,日益被大众所喜爱。此外,5G 网络、移动高速互联网等新技术的加速普及,智能技术、移动智能终端的加快应用,为电子竞技的移动化、碎片化传播营造了高带宽、低时延、高传输、高质量的平台和空间。电子竞技正以一种主流的运动形式为公众制造新的关注点。

一、融媒体背景下电子竞技的发展态势

当前,媒体融合已经进入深度融合时期,媒介传播环境不断创新融合。在电竞领域,电子竞技的视听传播方式也在悄然发生变化,游戏和观赏内容的多元化助推了用户群体规模的增长,同时,内容观赏性和娱乐性的提升也增强了电子竞技内容传播的用户黏性。2016 年艾瑞咨询《中国电竞内容生态报告》中的数据显示,88%的电竞用户经常收看游戏直播、电竞比赛、电竞节目等电竞内容①,收看电竞内容已经成为电竞用户日常生活的主要娱乐方式。短视频平台、音视频网站、社交媒体等新媒体的出现与应用,为电子竞技提供了内容生产与传播平台,UGC+PGC 的传播格局已经形成。

(一)UGC+PGC 传播格局

1.UGC:用户自主生产电竞内容

作为参与体验的主体,用户是电竞传播最直接的影响因素,既是电竞生态的直接

① 艾瑞咨询.2016 中国电竞内容生态报告[R].上海:上海艾瑞市场咨询有限公司,2016:63-114.

参与者,也是目标受众群。2017 年,在移动电子竞技的推动下,电竞用户规模呈现阶段性增长;作为国内最大的综合性赛事,2018 年 TGA 大奖赛的直播时长共覆盖 148 个比赛日,总奖金池高达 1,800 万元,观赛用户估计达到 10 亿人次;同年 6 月 14 日,2018 全球电竞运动领袖峰会暨腾讯电竞年度发布会公布了腾讯电竞旗下赛事的最新动态,“全民电竞”的格局越来越清晰。电竞用户的发展潜力逐年增加,艾瑞咨询发布的《2020 年中国电竞行业研究报告》数据显示,2019 年电竞用户数量为 4.7 亿人,2020 年将达到 5.2 亿人,到 2021 年则将增长至 5.5 亿人。用户规模存在明显上升空间,用户的需求也变得更多元。

用户需求的多元化加速了 UGC 传播格局的形成,具体呈现出两大鲜明特点:一是生产传播平台化。短视频平台、音视频网站,以及微博、微信等社交平台的崛起,为电竞用户拓宽了自主生产内容、传播内容的渠道。用户可以根据个人兴趣与传播倾向选择或录制电竞素材,自主生产相关短视频、电竞节目,上传至短视频平台、音视频网站、社交媒体 App,实现电竞内容的平台化生产传播。二是生产传播的智能化、场景化。人工智能、大数据、云计算等新技术也在电竞领域推广使用,使个性化推送内容成为电竞内容传播的主流方式,并能根据用户同类型内容的观看频率、不同时段的收看倾向智能测算用户可能感兴趣的内容,在用户下次登录时为其推送相关内容,实现电竞内容的智能化、场景化传播。

2.PGC:官方电竞赛事的组织传播

随着信息革命成果的不断涌现,VR、AR、全息投影、立体声等新技术为电子竞技视听传播体验开辟了心理与生理协调运作的认知空间,打破了电竞一直以来遵循的电脑屏幕—观众的单向传播方式。

在现场传播方面,随着国内电竞水平的提升,越来越多的世界级电竞赛事在中国举办,现场观看电竞比赛成为电竞用户普遍喜爱的一种接收方式。赛事场景的改建、赛事规模的升级以及赛事数量的逐年增多,将参与电竞运动、现场观看电竞比赛落实到用户的生活实践中,通过大屏互动与沉浸式现场传播等方式,提升用户的观感与体验。

在视觉传播方面,随着电竞赛事的规模化、多元化发展,赛事组织平台注重以技术创新引领赛事内容传播,通过打造全新的内容传播体系,增强电竞传播的沉浸性认知体验。VR、AR 技术搭建仿真游戏场景,全息投影与立体声增强视听体验真实感,技术的革新为电竞视听传播披上了更加真实的“外衣”,打破了游戏内容与客观世界的界限,能够为现场以外的用户和观众呈现逼真还原的视听体验。

2017 年在北京鸟巢举办的英雄联盟 S7 总决赛开幕式现场,在主题曲 *Legends Never Die* 的开场表演环节,主办方制作团队利用 AR 技术,通过摄像头动态捕捉、计算机建模与现场画面叠加,使游戏中的远古龙"降临"现场,大龙在观众席上空盘旋飞跃,惊艳众人;2018 年韩国仁川英雄联盟 S8 总决赛的开幕式舞台上,制作团队再一次利用 AR 技术,将游戏中的热门角色"请"至台前,为主题曲伴舞,栩栩如生的虚拟形象为观众带来了全新的视听体验。

(二)移动电子竞技:电子竞技向移动化、智能化延伸的新形态

移动电子竞技是电子竞技依托移动电子设备发展而来的新形式,是传统电子竞技形态向移动智能终端的转移。艾瑞咨询在 2017 年《中国移动电竞市场研究报告》中将移动电子竞技定义为,利用移动电子设备作为运动器械进行的人与人之间的智力对抗运动。[①] 移动电子竞技的产生和发展,代表电竞运动的移动化,也象征着电竞游戏的移动化。

1.短视频加速内容传播,传播平台向移动端转移

2018 年移动电竞行业发展更加成熟,无论是向传统体育赛事学习先进赛事机制还是海外推广,均获得了优秀的成绩。此外,短视频媒体的出现帮助移动电竞内容加速传播。[②] 短视频平台与移动电竞内容结合,取得了 1+1>2 的传播效果,加速了移动电竞内容的生产与传播,帮助用户了解掌握更多的游戏技巧和赛事内容,完善了电竞内容的传播渠道。随着电竞赛事规模化推广进程的加速,国内众多移动电竞产品、电竞赛事开启了走向海外的传播步伐。《王者荣耀》《决战! 平安京》《绝地求生:刺激战场》(现改名为《和平精英》)等明星产品纷纷涌现,尤其是现象级产品《王者荣耀》的出现,激活了海内外电竞市场的竞争力。

PC 端明星产品的传播重心逐渐向智能手机平台转移。2017 年,Steam 平台热门竞技游戏《绝地求生》(*PUBG*)凭借新颖的游戏方式在众多 FPS 类游戏产品中脱颖而出,一跃成为现象级产品,在世界范围内快速传播。2018 年,腾讯旗下光子工作室群通过自主研发,仿照同样的游戏规则和游戏方式,推出《绝地求生》正版手游《绝地求生:刺激战场》,还原了《绝地求生》端游的大部分大地图、建模和游戏场景,也还原了端

---

① 艾瑞咨询.中国移动电竞市场研究报告[R].上海:上海艾瑞市场咨询有限公司,2017:228-269.

② 艾瑞咨询.中国移动电竞行业研究报告 2018 年[R].上海:上海艾瑞市场咨询有限公司,2018:555-602.

游的经典风格，[①]一经问世便引发了一场“吃鸡”热潮。2019年10月，经典电竞游戏《英雄联盟》也公布了即将发布手机版客户端的消息，引发强烈反响，头部游戏公司的传播重心纷纷向移动平台转移。

2.新技术、新设备为电子竞技的移动化、碎片化创新传播条件

移动高速互联网的普及、智能手机的应用为电子竞技移动化传播提供了平台与技术支持。与依托计算机的传统电子竞技不同，移动电子竞技是以手机为平台，通过手指触摸、控制屏幕的方式，完成对游戏人物的操作与控制。

在空间场景上，移动电子竞技打破了传统电子竞技对固有空间的依赖，用户仅凭一部手机，就能在任何场景，于任何时间参与电子竞技运动。在时间场景上，移动电子竞技占据的是用户碎片化的时间。以热门游戏《王者荣耀》为例，用户进行一次游戏活动的时间长度通常为6至30分钟，平均游戏时长为每局15分钟，时间的灵活性为用户创造了更为便捷的参与环境。

移动电子竞技在内容设置方面也有其独特优势。由于智能手机的屏幕尺寸较小，无法通过大屏沉浸的方式来增强用户的竞技体验，因此设计重心逐渐转变为突出游戏行为的人性化。用户在参与移动电子竞技的过程中，只需动动手指就可以完成对游戏的操作。这种操作方式摆脱了传统电子竞技对鼠标和键盘等输入设备的依赖，将控制方式回归至人体行为本身，为用户带来更加简捷、新颖、便利的互动方式。未来，随着5G的全面应用，移动电子竞技在带宽、时延、画质、数据传输方面将具有更加高效、便捷的传播优势。

二、电子竞技视听传播的“两翼”：虚拟现实与用户体验

（一）电子竞技视听传播与虚拟现实

美国科学家在*Virtual Reality System and Applications*一文中，提出虚拟现实技术具有三个突出特征，分别是Immersion（沉浸性）、Interactivity（交互性）、Imagination（想象性）。[②] 这三种特征又被称为“3I”，下文将这种特征统称为虚拟现实性。笔者认为，虚拟现实性是电子竞技的本体属性，其通过画面、音响交互传递信息的

① 腾讯游戏.正版吃鸡手游《绝地求生：刺激战场》2月9日全平台刺激开测！[EB/OL].(2018-02-09)[2019-12-01].https://games.qq.com/a/20180209/009569.htm? _da0.9077640838060557.

② BURDEA G.Virtual reality system and applications[C].Electro'93 International Conference,1993.

方式，符合视听传播的规律。电子竞技的虚拟现实性主要由三个要素构成：一是内容沉浸性，二是行为交互性，三是元素想象性。

1.内容沉浸性

沉浸性是虚拟现实技术的最主要特征。沉浸性也叫浸入性、临场性，指用户在感知层面产生与生理现实一样的感觉知觉，仿佛完全置身虚拟世界并能参与、感受虚拟世界中的各种活动。沉浸性涵盖了人的感官体验和认知体验，是一种情绪过程。电子竞技视听传播的沉浸性主要表现为感官沉浸和情感沉浸。

感官沉浸程度的高低与技术的革新相关联，技术的创新与进步使感官沉浸无限放大，趋近于真实体验。一方面，显示器尺寸的扩大，曲面显示屏的应用，数字图像技术、计算机图形技术、3D 建模技术、立体声等声像技术的发展，为用户创造了日益完善的虚拟环境，实现了逼真的感官仿真效果；另一方面，情感沉浸与感官沉浸之间存在正比增长关系。情感沉浸随感官沉浸产生，感官沉浸是实现情感沉浸的基础，用户在体验感官沉浸的同时也会伴随产生更多的情感沉浸。

从视听传播层面来说，沉浸性是电子竞技内容传播者提升传播品质的重要手段，为受众接受电子竞技开辟了天然的生理渠道，将传播内容与受众的心理体验直接关联起来。在电子竞技中，用户所做的行为或许是虚拟的，获得的情感体验却是真实的，部分体验甚至是在现实社会中无法获得的。

从主体接受层面来看，沉浸性为电子竞技视听传播构建了生理机制与接受路径。电子竞技是一项视听感知与身体行为相结合的体育运动，具有典型的视觉听觉属性。参与电子竞技的用户以不同生理机制为主导可以分为两类：一是对视网膜、大脑、听觉中枢、手指手腕之间存在直接生理性控制关系的电竞选手或玩家；二是以眼睛、耳朵作为主要信号接收器官，以视听觉机制作为接受路径的用户（特指收看电竞信息的观众）。

2.行为交互性

电子竞技是互动的艺术。“交互”一词最具计算机网络时代特点，交互即交流互动，电子竞技运动本身就是一种交互行为。电子竞技的行为交互性以用户为主体分为四种形态：一是用户（玩家）与设备的交互；二是用户与内容的交互；三是用户与角色的交互；四是观众与屏幕的交互。

用户与设备的交互也叫人机交互，是人与电子设备（通常为计算机）之间通过一定的交流方式、对话语言，传递信息、指令，形成互动的过程。计算机等软硬件电子设备是电子竞技运动得以展开的关键，在电子竞技运动中，用户与电脑、音响、显示器、键盘、鼠标等一整套电子系统进行互动，通过在电脑键盘上输入信息或选择命令性按键对计算机下达操作指令，实现人与计算机之间信息的交流互动，指导用户虚拟行为的进行。

用户与内容的交互是指发生在虚拟网络空间中人与人之间、人与游戏内容之间的交互。其中，人与人之间的交互指不同个体之间，通过语言、行为等表达方式，进行信息交流和情感表达的过程，它的本质是人与人之间关系的直接互动，是个体间的交往行为。与哈贝马斯所阐释的“至少是两个以上的具有语言能力和行动能力”的主体交往行为不同，它不属于社会学层面的交往，而是指用户借助电竞游戏，以不同身份，在虚拟游戏世界中进行的信息、知识、思想、情感之间的自由互动。这种交流互动具有远程性、时空自主性，能够克服时间与空间的限制，拉近不同用户之间的心理距离，使距离因素不再成为交际的阻碍。用户与游戏内容的交互则指用户与游戏内容之间在行为、意识层面的互动，以及在电竞内容的生产、传播、推广、反馈等层面的交互。

用户与角色的交互是用户内心意识与游戏中虚拟角色行为相结合的交互过程，用户可以通过选择、控制游戏中的虚拟角色，操纵角色行为，实现与角色之间的互动。其中，用户与角色的交互主要在于突出用户的个人操作技巧和反应能力。这种交互过程以不同主体的感性经验为根据，具有一定的可训练性。

观众与屏幕的交互，则指在电竞比赛现场、电竞比赛直播间等场景中，电竞用户以观众的身份与电竞游戏画面进行交互的行为和过程。

融媒体时代，单向传播格局被打破，传者与受者之间的界限消失，用户成为传播与接收的主体。电子竞技的行为交互性，一方面提升了用户在电竞内容传播层面的主动性，使用户自主自觉地参与到传播过程中；另一方面，加速了微博、微信等社交平台热点话题的制造与传播，推动电竞传播的规模化、平台化发展。

3.元素想象性

想象性来源于人类审美的自主性，是人类心理活动的放大。电竞元素的想象性可以从两个层面展开分析，分别是宏观元素的想象性和微观元素的想象性。

宏观元素的想象性是指人对虚拟游戏环境的认知与构建。虚拟环境是基于人类想象构建而成的虚拟仿真空间，用户通过发挥个体的主观能动性，依靠自己的知觉在仿真多维空间中获取信息。在参与电子竞技的过程中，用户所有的心理行为和精神活动都被放大，且不再受固有思维的绝对支配。不同用户具有不同的想象主体性，例如，在竞技对抗中，实战经验丰富的用户可以针对敌人的行动习惯，思考、猜想敌人接下来将采取的行动动机、方式、操作和路线，预先做出相应的防御或攻击等判断。微观元素的想象性则是电竞游戏内部构成元素的设定和拓展，如画面风格、招式技巧、角色设定、音效音乐等层面的设计想象。

电竞产品的视听传播也具有想象主体性，是传播者的创作意图在视、听觉层面的直接体现。从游戏设计者角度来看，每一部电竞游戏都有其内容的独立性，即具备各自的世界观、英雄事迹、文明冲突、历史脉络和音乐风格，每个元素背后都再现了设计者的思想与灵感。网易出品的热门手游《楚留香》的画面中处处透露着设计者对宗教与人文历史的重点描绘：武当派灵韵天成的道观、少林寺佛法威严的塔林古刹、边防烽火未消的军机重地……每一个听觉符号、每一处视觉元素背后，都蕴含着设计者所要体现的东方文明色彩。

而在第一人称射击类(FPS)游戏中，游戏元素的设置就变得截然不同，甚至同一类型游戏产品的视、听觉设计风格都各不相同。人气电竞产品《绝地求生》与《守望先锋》虽然同属 FPS 游戏，却有着迥异的视觉画面和人物风格，前者的场景画面与人物风格侧重描绘现实世界，角色类型单一；后者则大胆采用充满未来科技感的科幻元素，并注重塑造和展现不同背景特色、不同设计风格的游戏人物。

(二)电子竞技视听传播与用户体验

2017 年，中国电竞用户规模已达到 2.5 亿人次，首次出现了观赛人次突破 100 亿的赛事；①2018 年被称为“电竞元年”，移动电子竞技用户规模达到 3.02 亿人；②艾瑞咨询《2019 年中国电子竞技行业研究报告》指出，电竞用户在 2020 年预计将达到 4.3 亿人次。

电竞用户是指玩家、观众、职业选手等所有参与电竞运动和电竞传播的主体。用户数量的大规模增长，在为电竞市场赋能的同时也对电竞传播生态提出新挑战。在这一背景下，用户体验成为衡量电竞传播效果、推动电竞产业发展的主导因素。

电竞用户体验即用户在参与电子竞技过程中所获得的满足感，主要体现为用户需

① 企鹅智酷.2018 年中国电竞运动行业发展报告[R/OL].(2018-06-14)[2019-12-01].http://www.199it.com/archives/738097.html.

② iiMedia Research.2018—2019 中国移动电竞市场监测报告[R/OL].(2018-12-29)[2019-12-01].https://www.iimedia.cn/c400/63318.html.

求的满足程度。使用与满足理论认为,受众与媒介之间存在接触动机,受众接触媒介是基于个人需求而进行的。观看电竞比赛、电竞游戏直播、电竞短视频,以及生产传播电竞内容,是受众参与电子竞技、满足个人需求的主要媒介使用形式。由此可知,电子竞技的用户需求是用户参与电子竞技运动的最大动机,用户基于个体的需求动机去接触媒介,也就是选择不同种类的电竞游戏,了解、接触电竞内容,参与电竞传播,获得个体满足。

用户需求是用户参与电子竞技运动的最大动机,满足用户多样化的需求是当前电竞内容生产与传播的重心。美国心理学家亚伯拉罕·马斯洛在《人类激励理论》一文中提出,人类的需求呈金字塔状,自下而上分为生理需求、安全需求、社交需求、尊重需求和自我实现五个层次。电竞用户体验是用户需求不断得到满足的过程,其需求特点也具有自下而上的层次属性。从这一学理层面可以将电子竞技的用户需求归纳为四种需求层次:物质需求、社交需求、娱乐需求、心理需求。

1.电竞用户的物质需求

电子竞技能够适度放松用户心情,在满足用户娱乐目的的同时,将作用于感官的刺激感、兴奋感传递给用户,满足用户的视听需求。但在感官体验背后,还存在用户对物质的需求。物质需求反映了电竞用户对于经济条件和物质获得的追求。随着电竞直播的商业化、规范化,观看游戏直播成为最受欢迎的网络娱乐形式之一。直播网站频出,直播群体的扩大、主播人气的提升,使得从事电竞主播行业所能获得的经济收益逐渐增多。物质条件的诱惑吸引越来越多的电竞用户试水主播行业,并逐渐形成运营团队,呈现出专业化、职业化的运营发展趋势,为互联网平台电竞内容的持续传播创建了新空间。

2.电竞用户的社交需求

社交需求是建立在生理和安全需求之上的较高层次需求。马斯洛需求层次理论金字塔模型中将社交需求归纳为对友谊、爱情和隶属关系的需求。《王者荣耀》《和平精英》等现象级移动电竞产品的出现,以碎片化、移动化的电竞参与方式,重新定义了移动电竞的传播目的,即用户共同参与电子竞技,不仅能够实现竞技娱乐的目的,还能通过思想的交流沟通,满足社交需求,拉近社交距离。电竞用户的社交需求符合互联网时代网络化的社交特点,作为互联网+竞技体育的产物,电子竞技创造了前所未有的市场价值,凭借电竞短视频、电竞赛事、电竞商业等形态融入用户生活娱乐的方方面面,为用户社交开辟新渠道。

3.电竞用户的娱乐需求

作为一项以视听元素为传播主体的新型体育项目,娱乐性是电子竞技的显著特点。电子竞技的用户群体中,大部分人的参与初衷是消磨时间、娱乐身心。在马斯洛需求层次理论金字塔模型中,人类的需求是由低到高转变发展的,位于底端的生理需求、安全需求和社交需求属于低级需求,尊重需求和自我实现属于高级需求。虽然在马斯洛需求层次模型中难以定位娱乐需求的准确位置,但通过分析电子竞技用户心理的普遍定式可以看出,娱乐需求是情感需求的一个重要分支,是生理需求与安全需求均获得满足后产生的一种更高级需求。用户的娱乐需求不仅体现在参与电子竞技的行为中,也体现在收听、收看电竞短视频、电竞资讯、电竞直播、电竞赛事等方面。电竞用户的娱乐需求是加速电竞内容生产与传播,实现电竞产业化、生态化、可持续发展的主要推动力。

4.电竞用户的心理需求

用户在参与电子竞技的过程中,会产生多样化的个人需要,除最基本的娱乐目的之外,心理需求是影响用户参与电子竞技最直接的心理动因,属于最高需求层次。与现实的社会环境一样,虚拟世界具有高度发达的社会关系和鲜明的社会属性。希望在虚拟游戏世界中实现对个人的认可、对他人的尊重和自我价值,是用户普遍想要满足的心理需求。在竞技游戏中,随着自信心提高、个人尊重得到满足,用户能够充分认识自身价值,甚至将游戏中获得的自豪感与满足感代入现实社会,成为一种激励自身成长的心理条件。受这一激励影响,用户可以不断挖掘自身潜力,并对自身发展提出更高要求,通过不断实践,将个人能力、个人理想发挥到最大限度,将自己塑造成所期望的人物或性格。

总而言之,虚拟现实性与用户体验是推动电竞传播与发展的相辅相成、相互作用的核心内容。从外部特征来看,电子竞技的虚拟现实特点能够通过屏幕、音响、画面等因素为用户和观众传递信息、制造体验。VR、AR 等技术的应用能够使画面、动作、声效等更直接地作用于用户的视听感官,增强电竞传播过程中用户的沉浸感,让用户获得更高层次的体验。从内部特征来看,用户体验也推动着电竞领域虚拟现实技术的创新发展,为提升电子竞技视听传播效果提供内在推动力。

三、融媒体背景下电子竞技视听传播的未来走向

电子竞技得以从小众走向主流，离不开媒体人的努力和支持。电子竞技作为一项体育运动，具有一定的行为封闭性，媒体的介入打破了这种封闭性，将局部范围内的竞技活动呈现在观众眼前。电子竞技本身的虚拟现实性优势，能够放大电竞内容的视听传播效果，新技术、新设备的应用也为其进行视听传播提供了根本性保障。当前，媒体融合正在走向纵深化发展阶段，媒介格局不断转型，新的时代环境下，做好电子竞技的视听传播工作，必须使电子竞技充分拥抱融媒体。

（一）依托主流媒体，紧跟政策导向

随着传统媒体与新兴媒体的深度融合，主流媒体越来越成为巩固文化传播与壮大主流思想舆论的重要阵地。我国的主流媒体肩负着传达党的宣传思想和引导舆论的职责和使命，电子竞技必须积极借势主流媒体，通过主流媒体提升电竞内容的传播力度，将主流媒体作为电子竞技内容传播的主力军、主阵地、主信源。

与此同时，必须紧跟政策导向，紧密结合国家政策和战略部署，引领电子竞技主流化发展。电竞产业发展日益蓬勃，体育部、文化部、教育部等国家有关部门相继出台了一系列政策以表重视，引导电竞产业规范化发展。

2003 年国家体育总局将电子竞技确定为第 99 个体育项目，2008 年修改为第 78 个体育项目，电子竞技被纳入国家体育发展的战略范畴；2016 年，教育部宣布在高等职业学校增设电子竞技运动与管理专业，此项政策的提出助力了电竞人才的培养；2017 年，文化部发布《文化部“十三五”时期文化产业发展规划》，提出将支持发展体育竞技表演、电子竞技等新业态；2018 年，电子竞技被国际奥委会认证为正式体育项目；同年，电子竞技正式成为雅加达亚运会的电子体育表演项目。

15 年风雨兼程，在国际国内政策的扶持下，电子竞技最终取得了与传统体育项目相一致的战略地位，迎来高速发展时期。未来，电子竞技将与国家战略紧密结合，积极借势主流媒体，以国家政策为导向，实现可持续传播与良性健康发展。

（二）加强舆论引导，构建向上向善的电竞舆论格局

习近平总书记在全国宣传思想工作会议上强调，要坚持营造风清气正的网络空间。电子竞技作为依托互联网诞生、生存与发展的信息化产物，具有典型的互联网属

性。现阶段,电子竞技产业生态已经颇具规模,但行业内部还存在管理不完善、制度不健全、传播不规范、人才不完备等问题,尤其在舆论传播层面缺乏主流声音的出现,导致了浮躁的行业风气。

构建向上向善的电竞舆论格局,需要加强舆论引导,加强舆论空间治理。电竞行业发展不是一蹴而就的,电竞舆论格局也不是一日就能建成的,电竞媒体人应努力做到以下三点:一是坚持内容报道的科学公正,广泛传播和推送符合受众心理的资讯,实现电竞内容的有效传播。二是建立舆论监督与引导机制,实现舆论的有效引导,强化电竞正面宣传,确保舆论的健康性、先进性,传播主流电竞声音。三是规范舆论传播,确保电竞传播的正效应,弘扬积极进取的电竞人文精神,营造风清气正的电竞网络空间,构建向上向善的舆论传播格局。

(三)坚持先进技术为引领,实现传播效果最大化

进入21世纪以来,我国重大科技成果频出,并广泛应用至各行各业。大数据、云计算、人工智能、8K超高清视频技术,乃至即将应用的5G网络,科技革新为电子竞技的传播提供了不竭的技术支持。电子竞技作为依托计算机软硬件设备进行的体育运动,与科学技术之间存在天然的联系,每一次技术的创新,都会推动电子竞技的发展。

媒体融合时期,技术的革新推动媒介形态多元发展,伴随产生的媒体影响力也大大提升。因此,电子竞技视听传播要坚持以先进技术为引领,创新电竞产品的内容生产;运用VR、AR、MR(混合现实)技术提升电竞内容传播效果;利用大数据、云计算分析用户舆论,对用户心理做有针对性的测算分析,制定相应的传播对策;充分了解和掌握新技术、新设备的使用特点,利用其优势实现传播效果的最大化。

(四)强化职业素养,培育全媒体电竞人才

习近平总书记强调,媒体竞争的关键是人才竞争,媒体优势的核心是人才优势。在媒体融合时期,媒介形式的革新以及媒介格局的转型,势必会对电竞行业的人才资源培养提出新要求。在既有优势的前提下,培养符合融媒体时代电竞传播规律的复合型人才,将单一的电竞内容生产者向全媒体电竞内容生产者转化,是电子竞技实现高效传播、走长走远的关键抉择。

全媒体电竞人才要突破固有思维的局限,以新思维新视角切入海量电竞内容,既要懂得现代传播技能,自主采编制作,又要具备扎实的理论基础。培育全媒体电

竞传播优秀人才，要加强从业人员的职业素养，完善媒介素养教育；准确把握媒体竞争形势，运用全媒体思维，创新制播手段，增强电竞直播的互动性、沉浸性；同时注重受众信息的分析与整合，建立受众信息反馈机制，根据受众的思维意向调整生产流程。

(五)加强智能化应用，推动产业内容变现

目前中国的电子竞技产业正呈现高速发展态势，2017 年中国电子竞技市场规模达到 770 亿元，[①]2018 年整体市场规模达到 940 亿元[②]。其中，电竞市场的主要收入分别来自电竞游戏、赛事门票、用户付费、广告投放、直播、俱乐部、赞助商等渠道，以及电竞场馆、电竞教育、政府扶持等方面的收益。电竞产业虽然已取得一定的商业效益和市场规模，但其覆盖人群仍然以年轻人为主，用户规模占总体人口规模的比重不高。想要维持长久的发展动力，必须拓宽电竞内容传播的规模和范围，加强电子竞技产业的智能化应用，在技术应用层面为电子竞技产业创造新的赢利点，同时注重内容传播的商业化，推动产业内容直接变现。

首先，充分运用 5G 技术高速率、高画质、低时延的传输优势，实现终端设备的更新升级，推动 VR 技术产品化、VR 设备轻量化发展；其次，将内容传播与商业推广相结合，扩大电竞赛事的商业化规模，完善以内容付费、产业链消费为主的赢利模式，加强对电竞原创内容的版权保护，推动产业内容变现；再者，加快转变用户的电竞消费观念，推动电竞产业生活化、电竞消费生活化；最后，结合地方商业优势打造内容传播体系，形成地方特色电竞生态圈，以地方优势带动产业的整体优势，实现产业价值最大化。

综上所述，在互联网信息化、媒介全球化的现实环境下，电子竞技视听传播应紧跟新形式新规律，凭借自身的虚拟现实性特点走出一条适应当下的转型发展之路。站在新的起点，电子竞技必须遵循虚拟现实与视听传播相结合的发展规律，注重用户体验对内容生产与传播的影响，以用户需求为主导创新传播形式、丰富传播内容、构建传播格局。同时，应充分拥抱融媒体，积极借势主流媒体，紧跟国家政策和战略导向；加强舆论引导，营造风清气正的网络空间，构建向上向善的电竞舆论格

---

① 伽马数据.2018 电子竞技产业报告(赛事篇)[R/OL].(2018-07-10)[2019-12-01].http://www.199it.com/archives/765208.html.

② 艾瑞咨询.2019 年中国电子竞技行业研究报告[R/OL].(2019-04-04)[2019-12-01].http://report.iresearch.cn/wx/report.aspx? id=3352.

局;坚持以先进技术为引领,实现传播效果最大化;要强化职业素养,培育面向全媒体的优秀电竞人才;加强智能化应用,推动产业内容直接变现,为电子竞技的未来发展开创新空间。

〔庞亮,中国传媒大学学科建设与发展规划处处长,教授;李雅君,中国传媒大学电视学院博士研究生〕

〔特约编辑:顾洁〕

主流媒体价值重塑

中央广播电视总台的媒体品牌和价值开发研究*

Research on the Development of Media Brand and Value of China Media Group

◎ 曾祥敏　刘思琦　唐　雯　唐诗凝

Zeng Xiangmin　Liu Siqi　Tang Wen　Tang Shining

摘要：主流媒体代表着国家的价值导向，肩负着治国理政、舆论引导的责任。中央广播电视总台作为我国主要的国家级主流媒体之一，顺应媒体融合发展的大趋势，在发挥主流媒体示范者、开拓者和引领者等共性优势的同时，也在积极探索特殊性。总台作为传统主流媒体相较于新媒体更具资源优势，但运作模式、资本市场和用户市场与新媒体有很大不同。对总台品牌和价值的再认识和再开发是非常必要的，本文从总台独特优势的现实探索、总台品牌价值的再认识和总台传播功能再开发三个方面进行探讨，不仅能重塑新型主流媒体观念，更能坚定认识到总台作为国家宣传平台的历史使命和责任。

关键词：中央广播电视总台；品牌价值；媒体融合

Abstract: The mainstream media represent the country's value orientation and shoulder the responsibility of governing the country and guiding public opinion. As one of the main mainstream media at the national level in China, China Media Group follows the trend of media convergence, and actively explores its innovation while exploiting the advantages of mainstream media as a model, pioneer and leader to the full. Compared with new media, as a traditional mainstream media, China Media Group has more resource advantages, but its operation mode, capital market and user market are still distinct from new media. It is necessary to recognize and redevelop the brand and value of China Media Group. This paper discusses from three aspects about China Media

* 本文系国家社科基金2018年度重点项目“移动互联网背景下主流媒体新闻视听传播变革研究”（项目编号：18AXW003）的阶段性成果。

Group: the realistic exploration of the unique advantages, the re-recognition of the brand value and the re-development of the communication function. The paper tries to not only comprehensively reshape the new mainstream media concept, but also firmly realize the historical mission and responsibility of China Media Group as a national propaganda platform.

Keywords: China Media Group, brand value, media convergence

以开放、共享、融通为主要特征的信息革命,不断消解着传媒行业固有的生存样态,也带来更加多元的受众和更加开放的舆论传播环境。中央广播电视总台(下简称总台)作为我国国家级主流媒体之一,在政治导向、舆论引导、公共服务、文化传播、对外宣传等方面都发挥着极其重要的作用。进入媒体融合转型发展的时代,总台适应最新媒体环境变革,聚焦打造独特的品牌优势,探索深挖并创造新的价值。

一、权威独家、全媒深融:总台独特优势的现实探索

在中央的全媒体战略部署下,主流媒体发挥自身优势,积极拓展全媒体渠道,打造主流舆论阵地。总台作为我国最具影响力的主流媒体之一,基于自身的用户规模和频道、频率等传播渠道资源,在“5G＋4K＋AI”的战略布局之下,深耕节目和产品内容,充分发挥视听传播方面的独特优势,形成品牌效应,在主流媒体方阵中脱颖而出,并以此为突破口不断提升自身的传播力、引导力、影响力与公信力。

(一)资源整合传播,覆盖多层次用户

随着技术革命的到来,传媒领域也发生了巨大变革,从微观的传媒产品到宏观的传媒组织机构,都进行了创新变革。传媒机构更是组织整合新闻生产资源,变革生产模式和生产流程,实现资源的最大化利用和传播。三台合一后,总台整合了原中央电视台、中央人民广播电台、中国国际广播电台的传播渠道资源,以视频、音频、图文、VR等多种传播形态全方位、多渠道、多终端共同发力,扩大声量,实现跨平台、跨频道和跨频率的融合传播。

从整体资源来看,中央电视台拥有42个电视频道,包括公共频道29个、数字付费频道13个,年播出总量32.8万小时,电视端全球覆盖人群超过12.71亿,共开办500余档电视栏目;中国国际电视台拥有6个电视频道、3个海外分台、1个视频通讯社,是

全球唯一使用6种联合国工作语言不间断对外传播的电视媒体;[①]中央人民广播电台拥有以中国之声、经济之声为代表的17套广播节目,全天累计播音354.5小时;中国国际广播电台在全球拥有101家海外整频率播出电台,每天播出近3000小时节目。总体而言,总台已经涵盖多种传播介质和业务形态,同时还拥有丰富的新媒体资源,已初步构建起“一云多屏”的传播体系,并建设了全球最大的中文正版视频数据库。

表1 总台整体资源分析

名称	整体资源
中央电视台	42个电视频道,包括公共频道29个、数字付费频道13个,年播出总量32.8万小时,电视端全球覆盖人群超过12.71亿,共开办500余档电视栏目;构建新媒体传播矩阵,建设PC网站、手机央视网、央视影音客户端、4G手机电视、IPTV、互联网电视、户外电视、两微矩阵、海外社交媒体账号等
中国国际电视台	6个电视频道、3个海外分台、1个视频通讯社、1个以移动新闻网为主的新媒体集群
中央人民广播电台	17套广播节目,全天累计播音354.5小时;4套数字广播节目、2套数字电视频道,以及以央广网为主的新媒体集群
中国国际广播电台	在全球拥有101家海外整频率播出电台,每天播出近3000小时节目;以中国国际广播电视网络台为主的新媒体集群

从用户层次来看,互联网时代线性传播的“受众”概念逐渐向非线性、社会化的“用户”概念转变,更加突出用户主体的多元化、个性化。总台用户数量庞大,覆盖全球各国家和地区,触达传统视听媒体和新媒体各个层次。在媒体融合的转型过程中,总台探索用户迁移,开拓新兴用户,成为全球范围内为数不多的用户体量达到10亿级的媒体之一。

截至2018年底,中央电视台的电视端全球覆盖人群超过12.71亿人,国内电视覆盖用户数量超过10亿人,新媒体平台用户规模突破10.4亿人,其中央视新闻新媒体平台累计用户近4亿,央广网在海内外拥有数以亿计的听众;中国国际电视台在2018年新增海外频道用户3300万户,用户总数达到2.8亿人。[②] 同时,总台还拥有超过100个覆盖中国各省市、自治区和世界重要国家、地区的记者站。就体量规模、覆盖规模等指标综合而言,总台的基础优势突出,2019年上半年,总台频道组全国网份额为30.6%,较卫视组高出9.33个百分点;中心城市份额为26.03%,较卫视组高出近2个百分点。

---

①② 中国记协.中央广播电视总台中央电视台媒体社会责任报告(2018年度)[R/OL].(2019-5-28)[2019-12-28].http://www.xinhuanet.com//zgjx/2019-05/28/c_138093127_2.htm.

表2　总台基础优势分析

名称	基础优势
中央电视台	电视端全球覆盖人群超过12.71亿人,国内电视覆盖用户数量超过10亿人;新媒体平台用户规模突破10.4亿人
中国国际电视台	电视频道在全球170多个国家和地区实现了整频道或者部分节目落地,2018年新增海外整频道用户3300万户,用户总数达到2.8亿人
中央人民广播电台	拥有听众超过7亿人,是唯一覆盖全国的广播电台,也是世界上拥有国内听众最多的广播电台
中国国际广播电台	移动客户端集群累计下载量3.4亿次;社交媒体账号总粉丝量超过1.2亿人,其中境外社交媒体账号粉丝量达5100余万人

在打造新型主流媒体进程中,总台高度重视用户迁移和开拓新兴用户群,依据用户大数据,实现分众、小众的产品与服务的精准推送与触达。

(二)时政信息矩阵传播,打造权威品牌

新媒体环境下,视频已经成为受众获取新闻信息的主要渠道,短视频的全面覆盖、中长视频的稳步发力,能够满足受众不同场景的需求。时政新闻报道是人们了解国家大政方针、参与政治的重要窗口,总台作为国家级视听传播媒体,拥有独家的时政视听资源,围绕中心、服务大局,在重大时政活动的直播以及现场报道等方面,能充分发挥现场、及时、直观的优势,做到先人一步、先声夺人,为公众提供独家、权威的时政视频信息,提升自身的影响力和公信力。同时,在鱼龙混杂的网络声音中,总台仍然具有强大的舆论引导力和影响力,尤其是出现社会争议事件的时候,总台具有公信力和权威性的发声,往往象征着争议事件的真相和最终解决。

总台注重打造时政品牌,对党和国家重大事件、活动、政策进行权威发声、及时发声。权威栏目《新闻联播》、新媒体产品“央视V观”、新锐产品“主播说联播”成为传统主流平台和新媒体平台同声共振的品牌产品。央视还凭借自身独家的时政视频优势以及成熟的视音频直播技术,统筹内宣外宣、网上网下,整合各平台及频道资源,圆满完成了全国“两会”、庆祝改革开放40周年、新中国成立70周年、“一带一路”国际合作高峰论坛等重大时政活动、主题直播任务。同时,总台还把创制的一系列视频精品作为重要突破口,放大独家资源,把握融合传播趋势,在重大时政活动期间,利用其视音频优势,推出相关内容产品,扩大活动影响力。如在“一带一路”国际合作高峰论坛期间,推出《我与“一带一路”》系列节目;2019年“两会”期间推出了《上新了·两会》。此外,在报道习近平新时代中国特色社会主义思想时,总台精心制作,推出《总书记的牵挂——一枝一叶总关情》《习近平和母亲》《习近平彝家火塘话脱贫》等时政微视频和时政特稿，取得了良好的传播效果。

（三）创新视听传播场景，深化技术战略布局

科学技术推动社会的整体发展，最新的技术也运用到传媒的生产和分发领域，给传媒领域带来新的变革，给受众带来新的体验。总台深化“5G＋4K＋AI”的全新战略布局，运用人工智能、4K 超高清、5G 网络、VR 全景等新技术，通过前沿探索，谋求跨越式发展。总台成立技术局，全面整合技术力量，加快融合步伐，实现三台信息内容、技术应用、平台终端、管理服务等共享融通，以技术赋能优化内容呈现，提升用户视听体验。

2018 年 1 月，总台联合中国电信、中国移动、中国联通、华为公司，建设了我国第一个基于 5G 技术的国家级新媒体平台。2018 年 10 月，总台开设了国内首个超高清上星频道 CCTV-4K，为观众带来 4K 超高清的画面效果。截至 2018 年底，CCTV-4 覆盖人群已达到 1.68 亿。在 2019 年的春晚直播以及“两会”直播中，央视充分利用“5G＋4K”技术进行现场直播，获得了良好的播出效果。目前，总台 5G 新媒体平台已达到多点多地、全流程全功能 4K 超高清集成制作和应用水平，可满足集成多路新闻直播信号和多类型节目制作形态的要求。

2019 年 5 月，总台注册成立了央视频融媒体发展有限公司，发挥总台视音频优势，主打短视频，兼顾长视频，同时支持 4K 超高清视频节目，探索移动端接收超高清视频新模式。全方位的新技术运用，使总台始终保持在主流媒体中的引领地位，为其他媒体树立了顺应变革、技术赋能的典范。

（四）公共服务传播，关注民生和社会效益

我国的主流媒体要始终坚持以主流价值为导向，遵循以社会效益为先的原则。总台对准时代的焦点、报道社会热点、回应民众的痛点，在信息传播、社会教育、文化娱乐、民生服务等方面功能突出，是全国公众获取信息的重要渠道。

总台注重服务民生，提供实用高效的信息服务，在全媒体平台发布民生资讯类新闻，在春节、国庆等节假日期间进行民俗、美食、交通服务资讯等多类直播，为民众提供假日交通出行、天气预报、旅游景点情况等信息，解决实际问题；积极维护消费者权益，对虚假诈骗信息和现象等进行曝光，促进社会公平正义，其中央视“3·15”晚会是最具影响力的节目之一，连续播出 29 年来一直受到社会的高度关注，极具公信力；坚持重

大科技成就宣传和科普宣传相结合,借助新闻报道、综艺节目等普及科学知识,倡导科学文明生活方式;坚持普法宣传与服务指向,弘扬法治理念,相关政法报道凸显专业性和国家媒体权威性,专题报道具备普法宣传的贴近性和感染力。

总台成立以来,高举公益传播旗帜,始终把社会效益放在首位,引领广播电视宣传导向。近年来,总台持续加大公益传播投入。2018 年,央视围绕中华优秀传统文化、生态文明建设、纪念改革开放 40 周年等重大主题,共制作播出 45 条公益广告,大力弘扬社会主义核心价值观,传播效果好,受到广泛赞誉,已逐渐形成公益广告品牌传播优势。

在抓好日常公益广告制播工作的同时,央视"CCTV 国家品牌计划"下设的"广告精准扶贫"项目和"国家重大工程公益传播"项目在总台新平台上得到空前强化,前者以品牌传播撬动地方产业发展,助力更多贫困地区打赢精准脱贫攻坚战;后者聚焦我国重点领域取得的重大成就和最新成果,塑造、传播大国重器的品牌形象。公益广告的感召力被持续放大,直接参与国家发展战略。

(五)深化国际传播,讲好中国故事

国际传播的信源复杂多样,带有浓厚的政治色彩,有时也存在一定的传播噪音,容易造成对原本信息的歪曲和误读。总台贯彻落实党中央关于加强国际传播能力建设的重要部署,主动承担国际传播的外宣工作,坚持国际传播紧跟新时代中国发展大势,因势而谋、主动发声,放眼世界舞台,传递中国声音,锐评国际风云,有信心、有能力更好地向世界展示真实、立体、全面的中国。

总台始终把内容建设作为加强国际传播能力建设的核心环节,打造具有较强影响力的拳头产品和现象级节目。英、西、法、阿、俄多个国际频道已在全球 150 余个国家和地区落地播出,整频道海外用户数近 2.5 亿。自成立以来,"国际锐评"通过 6 种语言文字,以及视频版、音频版等广泛推送,传播覆盖五大洲 100 多个国家和地区的 580 多家主流媒体和社交平台,在主要西方国家实现突破。总台努力推进中国话语与国际话语对接,主动宣介习近平新时代中国特色社会主义思想,讲好中国故事,传播好中国声音。

深化海外传播布局,抢占国际舆论高地。基于对国际舆论场变化的充分研判,总台成立国际传播规划局、欧洲拉美地区语言节目中心,重新规划海外记者站(分台)、英语频道/率、小语种频道/率、传统媒体与新媒体职能定位,优化战略布局,加快推进各驻外机构、人员、业务等资源深度融合、优势互补。特别是加快探索建立对外宣传报道

快速反应机制，尽快提高重大国际新闻自采率，与西方主流媒体同台对标，力求与中国相关的重要新闻首发率保持全球首位，抢占国际舆论制高点。

加强国际合作，拓展海外传播。总台充分利用国际视频通讯社（国际视通）品牌，主动加强与国外媒体的合作，利用外国主流媒体平台阐释我国立场主张，影响对象国主流社会。以人文类纪录片、优秀电视剧为对外传播的突破口，利用覆盖全球的用户网络和无缝对接的内容传输渠道，将更多中华文化精品节目推向世界，在交流合作中彰显中华优秀文化的强大魅力，彰显新时代中国人的精神气象。

二、品牌升级、多元助力：总台品牌价值的再认识

随着我国的消费升级，消费群体层级多元，消费呈现出个性化、多样化、高端化的特点，复杂的市场环境对产品和服务的消费提出更高要求。总台作为国家最重要的舆论传播阵地，贯彻落实习近平总书记在十九大报告中所提出的新要求，将“5G＋4K＋AI”战略布局作为总台创新发展的新引擎，着力提高新闻舆论的传播力、引导力、影响力、公信力，在全国主流媒体中发挥政治引领、舆论引导、融合引路的标杆示范作用。

总台以中国市场品牌传播的“1＋N”模式为基础，即由一个国家主流媒体与无数各具特色和多元用户的媒介平台构成。总台是引领企业在市场做品牌建设和提升品牌价值的“1”；依托总台独特的资源优势，企业媒介平台作为“N”能够持续而有力地输出品牌信息，提升企业的品牌形象、品牌好感、品牌信任、品牌记忆。在新媒体营销环境中，在总台大方向的带领下，多种媒介平台相加促融合、合力谋发展，促进一大批中国品牌的成长，助力中国经济的高质量发展。

（一）品牌资产的增值者，权威形象为品牌赋能

总台凭借独有的国家地位和资源优势，能够帮助品牌获得经济效益和社会效益。总台在媒体融合转型以及全面提升传播力、引导力、影响力、公信力的过程中，积极融合创新发展，探索独有的广告经营范式。在与企业品牌合作的过程中，总台根据热点跟进、整合营销、品牌服务等理念设计产品推广思路，最大化地发挥品牌价值，为合作品牌提供贴身打造的传播渠道和资源，借助新媒体矩阵，实现品牌的二次推广。总台能够实现最广泛人群的覆盖，帮助品牌快速提升知名度和渗透率，增加品牌资产，为品牌带来更广阔的市场。

总台正面、权威的形象能够为品牌赋能，提高品牌可信度和美誉度。企业在长效

发展中应注重打造自己的品牌价值，而不仅仅局限于“现象型品牌”，企业品牌资产的累积也来自市场信任、企业形象、社会认可等多个方面。品牌登陆总台在提升企业品牌价值方面效果显著，以汽车行业为例，总台调查结果显示，80.3%的消费者认为“CCTV上的广告更能吸引我的注意”，远高于其他媒体平台。消费者也认为总台平台上推广的商品品质更好，让人更放心购买。

（二）精准扶贫的推行者，助力打赢脱贫攻坚战

2020年是国家实现农村贫困人口脱贫，全面建成小康社会目标之年。总台积极响应国家政策，大力推动广告精准扶贫。“CCTV国家品牌计划”下设的“广告精准扶贫”是总台针对全国脱贫攻坚任务较重地区推出的扶贫项目，通过在总台免费播出公益广告片的形式，展示贫困地区自然环境和风土人情，帮助贫困地区名优农产品免费登陆央视，以品牌传播带动地方经济发展，推动地区脱贫，打赢脱贫攻坚战。项目自实施以来，截至2018年底，已经惠及8个省市区的贫困农户45.77万户，170余万人。2019年初又新增5个签约省份，预计免费播出公益广告的农副产品将超过70种，已经播出的有宁夏枸杞、青海高原菜籽油、汉中仙毫茶叶、吉林龙井延黄牛、福建屏南茶树菇等，通过屏幕资源助推贫困地区经济发展。“广告精准扶贫”项目借助总台这一平台，实现了城市和乡村、中央和地方的合作共联，项目因地制宜，各级政府发挥各自的优势，在媒体和产品之间搭建起展示的桥梁，运用数字化融媒体技术，保证传播效果惠及更多人群。

同时，总台还助力优势品牌的培育和发展。2019年，总台持续深入贯彻落实党的十九大精神，践行区域协调发展战略，依托国家级平台优势，推出“品牌升级项目”。与“精准扶贫项目”不同的是，此项目还关注山东、广西等区域经济特色明显地区的优秀产品品牌，重在培育优势产业和特色经济，在注重精准扶贫的同时，也助力区域经济协调发展。

（三）公益服务的践行者，彰显社会主义核心价值观

总台将社会效益放在首位，使公益广告与国家战略相契合，围绕中心，服务大局。总台对准国家重点领域取得的重大成就和创新，树立“广告宣传也要讲导向”标杆，充分体现了国家主流媒体的使命和担当。

聚焦重大主题。总台制作播出的广播电视公益广告聚焦新时代，始终坚持以习近平新时代中国特色社会主义思想为指导，聚焦“改革开放40周年”“新中国成立70周

年”“全面建成小康社会”“中国共产党成立100周年”等一系列重大主题；同时也关注国家重大战略部署，弘扬中华传统文化，关注生态文明建设等，不断推出讴歌祖国和人民的精品公益广告。如《看过世界，更爱中国》《时光逆行》《时代楷模》等，把握正确的政治方向和价值取向，创新了公益广告的内容和样态。

聚焦典型个体。公益广告将视角对准百姓生活与道德颂扬，《关爱老人——打包饺子篇》《器官捐献——妈妈的心跳篇》等一系列感人的公益广告在社会上引起了广泛的好评。很多脍炙人口的公益广告词，如诉说梦想的“心有多宽，舞台就有多大”，关注公民义务献血的“生命因你而奔流不息”，聚焦个体的“再一次为平凡人喝彩”，给观众留下了深刻印象，更传达了孝顺、诚信、友善、和谐等社会主义核心价值观。总台还积极开展与网络视频网站、铁路交通部门等的合作，拓展公益广告播放渠道，扩大公益广告的受众范围，弘扬正确价值观，传播社会正能量，为构建和谐新社会作出贡献。

（四）融合创新的引路者，搭建多维媒体宣发矩阵

打造品牌传播全媒体矩阵。在“台网并重、先网后台、三台三网”战略引领下，总台整合媒体资源，以自身的头部资源为核心，着力打造全媒体矩阵，形成了强有力的媒体传播矩阵。微博、微信和其他新媒体平台拓展了总台内容传播的渠道，由大屏延伸到小屏，线上线下立体的广告传播和品牌推广，能够覆盖更广阔多元的人群。总台2018年推出的“中国品牌升级服务”项目，以中央电视台全媒体传播平台为矩阵，聚合49家入选企业，制作了51部独具匠心的品牌宣传片、50部量身打造的品牌故事片、221部精心制作的品牌行动片，进行了129,661次精准而高频的硬广播放以及2,036,505秒品牌形象的深度传播，[①]全方位展现了我国农业、科技、生活等领域发展状况，实现了企业品牌的全方位立体展示和推广，对主流媒体和电视广告经营作出了有益探索。

构建信息与用户的大数据平台。总台与大型电商平台搭建链接，人们从“观众”转变为“用户”，实现了场景化互动服务。总台重视数据的作用，形成了“贯通多终端、统一管理”的数据处理体系，实现了总台媒体矩阵对用户覆盖情况和效果的全方面监测、评估和分析，为企业提供更加科学的品牌服务支持，帮助企业做出有效决策。

（五）强强联合的联盟者，助力中国品牌走向世界

除了企业品牌的媒体形象打造，总台还举办了众多行业高端论坛、国家品牌高峰

---

① CCTV国家品牌计划：推动中国经济发展，守望百姓美好生活[EB/OL].(2018-10-12)[2019-12-28].http://1118.cctv.com/2018/10/12/ARTIOt5MPLE5WU9tPoreNQRf181012.shtml.

论坛、国际顶尖品牌专家开设的品牌课堂等线下活动,助力企业与企业、品牌与品牌之间的互动互促。

整合强强品牌。2019 年 5 月,总台成立了“品牌强国战略联盟”,成员包括中央部委、地方政府、品牌企业、高等院校、科研机构、行业协会、业内专家等,首期成员单位约 1,200 家。联盟将企业强强联合,汇聚社会力量,搭建国家平台,也为中国自主品牌走向世界创造更多机会和可能。

联合优势平台。在媒体资源方面,总台整合传统媒体平台和互联网平台,发挥其各自优势,将不同品牌的文化内涵和价值表达进行融合创新。总台还打造了国家品牌课堂,除了促进国家品牌在国内的交流外,也将交流延伸到戛纳国际广告节、世界 500 强总部等国际舞台,推动中国品牌和全球品牌的融合学习,塑造中国品牌新价值,提升中国品牌的核心竞争力,将中国优势品牌推向全球市场,争创中国的世界级品牌。

品牌是企业形象的标志,是参与市场竞争的重要资源,更是国家经济实力的体现。习近平总书记曾指出,“推动中国制造向中国创造转变,中国速度向中国质量转变,中国产品向中国品牌转变”。① 总台在实现品牌强国战略方面搭建了良好的平台,着力讲好中国品牌故事,弘扬中国品牌正能量,增强文化自信力和民族自信心,促进社会主义市场经济健康发展,推动中国品牌走向世界。

三、传承突破,融合创新:总台媒体价值和传播功能再开发

在新形势下,总台负载的媒体价值及承担的新闻宣传功能,需要根据新的媒体环境和时代要求重新定位、再思考、再创新。一方面,作为党、政府和人民的耳目喉舌,总台担负着新闻传播、社会教育、文化娱乐、舆论引导、信息服务等功能,这是历史的传承与使命;另一方面,在互联网时代,作为新型主流媒体,总台也要成为服务国计民生、传播信息的主流平台,成为中国与世界相互沟通了解的重要窗口,这是媒体价值再开发的现实依据。

① 2014 年 5 月,习近平在河南考察时提出:推动中国制造向中国创造转变,中国速度向中国质量转变,中国产品向中国品牌转变[EB/OL].(2015-8-17)[2020-01-21]. http://www.moa.gov.cn/ztzl/nyppzt/zyjs/201508/t20150817_4791745.htm.

(一)传承与突破:深耕自身媒体价值与功能

1.内容引领价值:坚持舆论导向,打造精品力作

总台旗帜鲜明,坚决做到“两个维护”,牢牢把“九个坚持”作为根本遵循,坚持正确政治方向和舆论导向,宣传党的主张,反映人民心声,在内容引领上实现媒体价值。

聚力实施“头条工程”。总台坚持宣传报道的高标准,把《新闻联播》“头条工程”拓展为总台“头条工程”,推动习近平新时代中国特色社会主义思想和总书记风采报道“天天见、天天新、天天深”。如抓取习近平总书记重要讲话中的金句、妙语娓娓道来,丰富镜头语言,捕捉细节故事,寻找共鸣点,增强感染力,在上天入地、润物无声上下功夫,让习近平新时代中国特色社会主义思想“飞入寻常百姓家”。总台把视频精品作为重要突破口,举全台之力精心制作时政微视频、时政纪录片等,如《从深圳到雄安》《家国天下》《构建人类命运共同体》《习近平彝家火塘话脱贫》《时代之问,博鳌作答》等,播放量都在5000万以上。

精心培育评论品牌。评论是媒体的标杆,集中体现媒体的态度与价值取向。2019年以来,以新媒体为依托,总台推出时政评论“央视快评”和国际问题评论“国际锐评”各百余篇,做到了重要讲话、重大活动、重大事件必发声、快发声、稳发声,被称为时政评论的“轻骑兵”。这些时政评论稳妥把握时、度、效,突出“真、短、快、活、强”的特点,做到了台网并重,广泛传播。同时,总台还创新推出新媒体产品“主播说联播”,注重长话短说、官话民说、硬话软说,迅速成为新媒体品牌刷屏之作。

集群打造精品节目。总台坚持深入生活、扎根人民,精准发力、有效传播,用情、用功、用心书写伟大时代,不断推出讴歌党和祖国、礼赞人民和英雄的精品力作。近年来,总台制作的《国家宝藏》《不朽的马克思》《经典咏流传》《挑战不可能》《中国诗词大会》等一大批精品节目广受欢迎。在中宣部的领导下,紧紧围绕庆祝改革开放40周年、新中国成立70周年等重大事件,总台努力打造了一批具有中国气派、中国水准、世界影响的广播电视精品和新媒体内容产品。

2.融合示范价值:三台联手,台网融合

总台以传统广电媒体转型为抓手,将三台之功能与力量合而为一,注重一体化推进和顶层设计,在国家级媒体中率先打造融合全媒体,真正实现传统媒体与网络平台融为一体、合而为一,增强总台实力、内力、活力和竞争力,推动互联网这个最大变量成为最大增量。

在资源整合方面,做到三台一体,提炼传统优势,优化系统,整合原有资源,发挥各自特色。基于三台一体思路,总台统一部署、共同策划、资源共享、同步发声、集体发力,进一步由大做强,探索广播与电视、传统媒体与新兴媒体、对内宣传与对外宣传、产业与事业融合发展的新路径、新机制,稳步推进组织架构、平台渠道、业务流程和管理机制的改革重塑,实现“1+1+1>3”的整合传播效果。如央广播音员为《新闻联播》配音,三台文艺部门联手打造品牌,在博鳌亚洲论坛等重大活动中统一品牌、一体策划、融合报道,等等。

在媒体融合方面,坚持台网并重。总台认真贯彻落实中央关于推进媒体融合发展的部署要求,坚持“台网并重、先网后台”,推进内容生产供给侧结构性改革,努力打造自主可控、在舆论场上具有强大影响力的新型主流媒体;拓展新媒体舆论阵地和传播方式,进一步优化用户体验,打造一批让网民“爱不释手”的新媒体内容和产品,如《习近平和母亲》《习近平的足球缘》《重温〈共产党宣言〉》《主播说联播》等,用户反响热烈。

3.品牌提升价值:平台优化,品牌升级

总台运用产业思维,推动文化产业创新发展,突出项目带动,优化资源配置,实现品牌价值升级。总台开展多元经营,不断壮大、提升平台自身生产力与中国品牌影响力,以中央媒体助力中国智造,以国家平台成就国家品牌。

平台生产力提升。媒体生产的信息作为生产要素,直接介入社会资料的生产和分配过程。总台下属的中国国际电视总公司发挥企业优势,强化市场化、本土化运作,创新升级“走出去”模式,对外贸易规模飞速增长,海外节目年度发行不断突破,实现了由卖节目向开时段、建频道的新飞跃,成为促进对外影视文化贸易的新平台。

品牌影响力塑造。作为中国品牌最重要的一个载体平台和展示窗口,总台是具有强大公信力、影响力的品牌传播者和塑造者。总台立足国家战略,发挥自身优势,服务国家品牌战略,强化全民品牌意识,打造中国知名品牌,塑造中国品牌文化,建设品牌强国,由此提升中国品牌实力、国际影响力,形成中国品牌传播的强大舆论场。

(二)融合与创新:媒体价值与功能的开掘

在传承与坚持固有媒体价值和传播功能的基础上,总台自觉承担新的使命任务,锐意改革创新,具体从四个方面展开媒体价值功能的再探索:生态链接价值、智慧媒体价值、青春愿景价值、IP衍生价值。

1.生态链接价值:矩阵赋能,精准聚力

在全媒体时代,媒体可链接社会生态,配置社会资源,实现社会资源的再生产和充分利用。依托强大的传播覆盖力、平台整合力和品牌影响力，总台在不断开拓创新中履行中央媒体的社会责任。

矩阵赋能："互联网＋"公共服务。当前，总台积极推动媒体融合发展迈向深层次、纵向化发展。总台上线"全国县级融媒体智慧平台"暨央视网新版全终端，就是连通国家传播与基层传播的有益尝试。"央视新闻"客户端开设"最前沿县级融媒体"入口，目前已有近千家县级融媒体中心矩阵号入驻，实现了信息内容、技术应用、平台终端、管理手段的共融互通，助力建成主流舆论阵地、综合服务平台和社区信息枢纽。未来应促使"互联网＋"公共服务治理以更有机的连通性、更必要的灵活性、更深层的改革性，适应网络生态环境的复杂变化，实现创新的最大化和市场的自由开放。

精准聚力：把脉经济社会需求。当媒体活动场域从自身扩展到社会，生态链接的影响也从单一走向复合，精准聚力着眼于媒体之于经济社会生态的价值。"广告精准扶贫"正是体现总台社会生态链接价值的重要创举。作为贯彻落实习近平总书记精准扶贫重要战略思想以及"广告宣传也要讲导向"等重要指示的一次成功探索，广告精准扶贫把信息传播的一次性消费转化为社会资源的可持续循环，创造出更多新机会和新价值。实施以来，广告精准扶贫项目惠及贫困户 140 万户，贫困人口 500 多万人，累计资源价值超 30 亿元，受到十余省（区/市）各级党委和政府的高度重视，成为脱贫攻坚战的重要抓手和生态链接价值的生动印证。

2.智慧媒体价值：双屏驱动，长短相接

网络空间已经成为凝聚共识的新空间，移动互联网成为信息传播的主渠道。总台应深化移动优先与智能大屏等融合举措，持续推动三台三网加速融合，彰显智慧媒体价值。

双屏驱动：智能大屏与移动小屏。总台致力于探索智能大屏与移动小屏之间的联动效应，力图建立不同场景下双屏联通、融合传播的新样态，将网络用户与电视观众联系起来。以智能大屏为代表的新电视，已成为主流价值传播的重要渠道，为电视传媒产业提供了巨大的价值想象空间。下一步，应发挥总台在 IPTV、互联网电视上的政策牌照和平台优势，进一步提升公共平台服务能力以及总台特色互联网内容的运营和聚合能力，利用 5G 超低延时和大规模用户连接能力，精简用户互动体验路径，依托视频构建以智慧家庭为核心的产业生态系统。

长短相接：长视频与短视频。长视频是存量，是基础；短视频是增量，是机遇。总台 60 年来积累了权威的品牌资源、海量的多类型垂直内容制作资源，以及电视大屏的入口资源。在长视频方面，重大时政报道、春晚、奥运会、世界杯等总台独家的长视频资源构成头部流量担当。2019 年 10 月 1 日是新中国成立 70 周年，总台通过多种渠道为庆祝活动提供直播服务，电视端共 11 个频道并机直播上午的庆祝活动和晚上的联欢活动，且各频道收视率一直保持较高水平。国庆当天央视全国总体收视份额高达 52.44%，综合频道收视份额达 20.53%，为 2019 年度最高，两场庆祝活动直播在电视端的总收视规模达 7.99 亿人次；总台自有新媒体平台和第三方合作平台总阅读量达 45.98 亿次，视频点播收看超过 36.93 亿次。[①] 视频化传播已经成为媒体融合创新的主要发力点，总台在积极适应视频时代方面走在前列。在短视频方面，总台成立了微视频工作室，强化流量思维、用户思维、数据思维。2019 年 11 月，"央视频"重磅上线。"央视频"是总台整合全台视听资源，着力打造的视听新媒体旗舰平台，以打造有品质的视频社交媒体为定位，形态上以短视频为主，兼顾长视频和移动直播，内容上聚焦泛文体、泛资讯、泛知识。"央视频"凭借其公共性服务和聚合性资源的优势，正在努力成为不同于商业视频平台的国家级新媒体平台，实现服务更多元用户、占有更大市场份额的双赢目标，其推出的多个原创微视频播放量超过亿次。下一步，"央视频"应更加注重差异互补，在形态上主打短视频、兼顾长视频，逐步形成长短结合、优势共享的多样态产品矩阵，发挥规模效应和品牌效应。

3.青春愿景价值：信息"破圈"，布局未来

在技术革命的助推下，青年群体成为网络环境巨变的见证者、亲历者和参与者，对新媒体技术具有天然的接近性，是未来媒体内容制作和消费的主力。

瞄准年轻力量："破圈"增黏。青年用户是分众市场的重要组成，偏好符合群体特征的特定内容。总台正在打造越来越多叫得响、传得开、立得住的精品力作，实现艺术水准和群众满意度"两个有所提高"，尤其注重提高年轻用户的覆盖率、接受度和好评率。下一步，总台应继续走近青年、倾听青年，尊重青年天性，分析青年特点，瞄准年轻用户提供优质内容，创新表达形式，致力于成为青年愿接触、真信任、常互动的首选媒体和知心朋友，让信息传播在不同青年群体的圈层中扩散开来，实现"破圈"效应，增强用户黏性。

塑造青春愿景：激发青年群体传播潜能。从价值层面来看，当代青年具有善于思考、勇于担当的责任感和使命感，这也充分反映了新一代年轻人对新时代的生动理解。

---

① 你在哪里看阅兵？——庆祝中华人民共和国成立 70 周年系列庆典活动传播效果[EB/OL].(2019-10-9)[2019-12-28]. http://1118.cctv.com/2019/10/09/ARTIF4Pn1apsfBoLkpftm5un191009.shtml.

总台举办“你好！新时代”青年创意微视频大赛，邀请广大年轻人用自己喜欢的方式，以创意的手法，捕捉新时代的变化，记录新时代的成就，展现新时代年轻人的青春风采。下一步，总台应评估青春潜能，塑造青春愿景，创造接触机会，激发青年的热情、斗志和干劲，为其带来全新视听体验和正向的身心鼓舞。

4.IP 衍生开发价值：守正创新，传承文化

在互联网时代，传统的文学、动漫、新闻节目等均被赋予更丰富的内涵、更强大的生命力，实现了原创文化产品的 IP（Intellectual Property）价值。历经 60 余年发展历程和三台合并的融合机遇，总台积累储备了大量优质 IP 资源，孵化条件好，创作能力强，开发 IP 衍生价值成为总台媒体功能再开发的题中应有之义。

打造守正创新、具有网感的主持人 IP。创新、坚守、梦想、态度、专注是总台主持人的标签。如在新媒体产品《主播说联播》《央视热评》中，康辉、海霞、李梓萌、朱广权等主持人网感浓郁，或结合国内外时事新闻频发金句，该高大上绝不低姿态，该接地气也绝不端架子。主持人不仅个性鲜明、魅力突出、颇有“网缘”，而且常与节目一起登“热搜”、频被“转发”、迅猛“涨粉”，成为总台改革文风语态、增强好感认同、获得喜爱支持的 IP 担当。下一阶段，从大屏到小屏、从长视频到短视频，打造具备浓厚网感的主持人，可以对内传播展现个人亲和力、感染力和接近性，对外传播彰显中国立场、中国态度和中国气派。

打造文化领航、体现时代特色的“现象级”节目 IP。在文化领域，总台掀起的“现象级”风潮此起彼伏。以《朗读者》《经典咏流传》《国家宝藏》《中国诗词大会》为代表的一大批精品节目，成为传承中华传统文化、引领社会文化潮流的重要 IP。总台力图创制时代化表达、创新性产品、文化力典范，让古老和年轻握手，让经典与流行结合，让庙堂与江湖互动，让过去与现在对话，让文化活起来、潮起来、燃起来。下一步，总台应继续守正创新，秉承国家媒体平台的初心，肩负文化领航的重任，充分运用新的方式、手段、技术，提升节目品质，强化节目内涵，加大“现象级”节目、响当当精品的创作力度，以更多更好的优秀作品展现中华优秀传统文化的深厚底蕴与时代魅力。

结　语

中央广播电视总台的品牌和价值是无形的影响力，对品牌价值的探讨，不仅有利于重塑对总台的认识，更有益于创新改革国家主流媒体，增强国家舆论引导最强音。总台顺应传媒变革大趋势，响应国家战略布局，满足多元受众需求，打造全方位、立体

化、融合型的国家新型主流媒体,为其他媒体发展提供了范例导向,但转型之路仍然曲折不定,更需要以开放的思维、坚定的指向,创新路径,深入探索。

〔曾祥敏,中国传媒大学电视学院教授、博士生导师;刘思琦,中国传媒大学电视学院广播电视学(互联网与社会方向)2018 级硕士研究生;唐雯,中国传媒大学电视学院广播电视学(电视学方向)2018 级硕士研究生;唐诗凝,中国传媒大学电视学院国际新闻学(国际新闻传播方向)2018 级硕士研究生〕

〔特约编辑:崔林〕

文化自信、中国故事与国际影响*

——新型主流媒体传播生态治理的总台范本

Culture Confidence, Chinese Story, and International Influence

—China Media Group's Pattern of the Communication Ecological Governance of the New Mainstream Media

◎ 吴炜华　吴菲菲　张守信

Wu Weihua　Wu Feifei　Zhang Shouxin

摘要:数字信息传播技术快速发展,形塑着日新月异、动态更迭的媒介生态,同时也推动着传统主流媒体思索转型升级、推陈出新,全力向新型主流媒体的目标迈进。这其中,一方面是技术、渠道、平台等基础设施的更新换代,另一方面则是内容生产、融合思维、产品样态等产制系统的流程再造。从简单相加到纵向相融,主流价值将如何传递、优秀文化会如何传播、对外宣传该如何开展,是新型主流媒体面临的全新课题。本研究以中央广播电视总台的创新实践为范本,发现以文化自信为动力引擎、以中国故事为叙事内核、以国际影响为效能指向的传播生态治理新模式,以期为新型主流媒体建设的现实思考与实践提供有益参照。

关键词:新型主流媒体;文化自信;中国故事;国际影响;传播生态治理

Abstract: The rapid development of digital information and communication technology has shaped a rapidly changing and dynamic media ecosystem. At the same time, it has urged the traditional mainstream media to encounter with the transforming and upgrading to achieve the goal of new mainstream media. On the one hand, it highlights the needs for upgrading of infrastructures such as technology, broadcasting channels, and platforms. On the other hand, it constructs the reengineering of production systems such as content creation, convergence ideology, and product. This study takes the innovative practice of China Media Group's as a pattern to examine and to review how the cultural confidence as the driving force, the Chinese stories as the narrative core, and

---

* 本研究得到媒体融合与传播国家重点实验室支持,是 2019 年度国家社科基金艺术学重大项目"网络文化安全研究"(项目批准号:19ZD12)的阶段性成果。

the international influence as the efficiency direction have been engaged with each other, supporting the re-construction of the communication and ecological governance of the regenerated new mainstream media in China.

Keywords: new mainstream media, culture confidence, Chinese story, International impact, communication ecological governance

在移动互联网、大数据、人工智能、区块链、媒体融合的助力下，新闻信息无所不在，全媒体应势而生，以其强渗透与场景附着、社交增能及传受时空关系重构等传播特点，深刻改变了我国的媒体生态与传播格局。① 大批传统媒体用户向新兴媒体和新兴平台转移，网络空间成为媒介生态的重要组成部分，主流媒体的边界也从传统的报刊、通讯社、广播、电视等延伸到以互联网为信息传播渠道的新兴媒体或网络平台。2019年1月25日，习近平总书记在中共中央政治局第十二次集体学习时特别强调"要抓紧做好顶层设计，打造新型传播平台，建成新型主流媒体"，同时"在信息生产领域，也要进行供给侧结构性改革，通过理念、内容、形式、方法、手段等创新，使正面宣传质量和水平有一个明显提高"。② 传统媒体与新兴媒体在从相加向相融的媒体发展实践中，由三网融合到媒体融合，由发布《关于推动传统媒体和新兴媒体融合发展的指导意见》到中央广播电视总台成立、县级融媒体中心建设工作全面推进，国家在不断强化主流媒体的传播力、引导力、影响力和公信力，加快推进媒体融合进程以及国际传播能力建设，致力于在媒体融合纵深发展阶段打造顺应时代趋势和潮流的新型主流媒体。

在媒体融合走向纵深发展的进程中，对于我国主流媒体的考验，一方面来自新技术应用、平台建设、生产与传播流程再造，而另一方面则来自在一个新的传播环境中如何重构传播生态、推进主流价值观建设、增强舆论宣传与引导力、提升中华优秀传统文化的创新能力。

在此过程中，以下三个层面的问题尤为重要：(1)如何把握主流价值、舆论引导、文化传播的实质与根基，打造高质量、新形态的优质内容；(2)在一种融合媒体的操作环境下，新形态的内容如何真实、有效、有力地反映时代特色、传递时代声音；(3)如何调用新技术、新平台，做好新兴主流媒体的国内传播和对外传播，不断提高中国主流传播的国际声量和影响力。基于这些思考，本研究以中央广播电视总台的创新实践为范本，针对新型主流媒体如何有效推动信息生产的供给侧结构性改革，进而推进传播生

---

① 赵淑萍，吴炜华，王靖雯. 构建中国全媒体传播体系的三个重心[N]. 光明日报，2019-12-03(06).

② 习近平. 加快推动媒体融合发展 构建全媒体传播格局[J]. 中国报业，2019(7)：5-7.

态治理能力的提升，从文化自信的动力引擎、中国故事的叙事内核、国际影响的效能指向三个维度展开分析。

一、文化自信：新型主流媒体传播生态治理的动力引擎

（一）媒介生态新机遇与文化自信新动力

新兴信息传播技术的发展以及融入国际传播生态、参与国际市场竞争，在带来诸多挑战和困境的同时，也给我们主流媒体的国内外传播与影响力的提升提供了前所未有的新机遇。

第一，互联网以及移动互联网的广泛覆盖力、无限连接力，使原有的国际传播格局与秩序发生动摇。随着中国综合国力提升并成为世界第二大经济体，在内部大力推进媒体融合、打造新型主流媒体的过程中，"推动中华文明创造性转化、创新性发展，激活其生命力""围绕我国和世界发展面临的重大问题，着力提出能够体现中国立场、中国智慧、中国价值的理念、主张、方案"[①]成为主流媒体在新时代、新环境中的新使命与新机遇。

第二，这是提升全球影响力的有利时机。有学者称之为"媒体融合的外部效益"[②]，具体解释为通过融合型媒体及产品的打造，将民族文化内容有效融入，不仅满足国内用户对于信息的需求，而且也要适应基于新技术、新舆论生态的国际传播环境，精准、有效、广泛地传递国内社会各个方面的发展信息和高品质文化内容，与国际舆论场中固有的印象偏见、虚假信息、极化言论正面交锋，搭建跨文化沟通的平台，扩大讲好中国故事的参与主体，全面提升国际传播能力和中国主流媒体在全球的影响力，自觉承担传播中华民族优秀文化的重要责任，不断坚定文化自信，提高文化自觉。

习近平总书记曾多次强调文化自信的重要性——"增强文化自信和文化自觉，是坚定道路自信、理论自信、制度自信的题中应有之义"，并从历史发展、现实实践角度，赋予"文化自信"以基础性地位和根本性作用。在推进我国政治、经济、社会发展方面，文化自信也凸显了内源性的驱动作用：首先，从文化大国走向文化强国、提升文化创新与国际传播影响力的过程需要"文化自信"的有力支撑；其次，实现中华民族伟大复兴

① 习近平. 坚定文化自信，建设社会主义文化强国[EB/OL].(2019-06-15)[2019-12-02].http://www.qstheory.cn/dukan/qs/2019-06/15/c_1124626824.htm.

② 姬德强，杜学志. 平台化时代的国际传播——兼论媒体融合的外部效应[J]. 对外传播，2019(5):13-15,44.

的中国梦，“文化自信”为物质基础建设和文化软实力建设提供内源性的精神动力；最后，“文化自信”为中华民族文化的传承与发展、不同价值与思想观念的交流和借鉴提供了最基本的准则、最有力的工具。

“中华文明延续着我们国家和民族的精神血脉，既需要薪火相传、代代守护，也需要与时俱进、推陈出新。要加强对中华优秀传统文化的挖掘和阐发，使中华民族最基本的文化基因与当代文化相适应、与现代社会相协调，把跨越时空、超越国界、富有永恒魅力、具有当代价值的文化精神弘扬起来。”①主流媒体无论在技术基础、生产实力方面，还是在优质内容把控标准、传播力与影响力方面，都有着基础强、覆盖广、专业化的鲜明特征，因而其也必然是中华民族传统文化内容创新与传播创新的重要载体和传输渠道，在与国际接轨的进程中，面对全球不同媒体集团、不同利益主体的媒体代表，在不同价值观的传播博弈和舆论话语主导权争夺中，中国的主流媒体更应该坚定文化自信，自觉承担起对内和对外传播中华优秀传统文化的重大社会责任与时代使命。

（二）维度与融合：文化自信奠基主流媒体宏观治理框架

新型主流媒体在面对多元传播主体、多元价值观念、多元文化形态的传播生态现状时，应当从主流意识形态宣传、社会舆论引导、内容产制、表达形式、传播手段等方面，坚持培育和践行社会主义核心价值观的根本理念，利用其持续性的引导力和公信力引导社会主义文化的发展方向，坚定文化自信，提升文化自觉。反映在信息产制与传播方面，就呈现为立意、叙事、文化互动和连接三个维度。

第一，内容立意与策划唯有坚持社会主义核心价值观、秉持中华优秀传统文化之魂，摒弃毫无底线、无病呻吟的泛娱乐化选题倾向才能长久发展。中华民族传统文化源远流长，中国特色社会主义建设进程中新风貌、新故事源源不断、层出不穷，这为新时代主流媒体内容的策划与生产实践提供了取之不尽、用之不竭的海量素材库，比如中央《关于实施中华优秀传统文化传承发展工程的意见》下发后，总台通过新闻报道、综艺节目、专题片、纪录片等形式，推进优秀传统文化的“创造性转化、创新性发展”。2019 年春节期间，各新闻栏目围绕“人间真情”，连续推出《相约在零点 37 分》《从快递小哥到机长，人生有梦才精彩》《五世同堂的别样春节》《黑龙江兴十四村：写在农民脸

① 习近平. 坚定文化自信，建设社会主义文化强国[EB/OL].(2019-06-15)[2019-12-02]. http://www.qstheory.cn/dukan/qs/2019-06/15/c_1124626824.htm.

上的幸福感》《湖州洛舍：乡村振兴“钢琴曲”》《你在哪里，便是值得》等系列报道，实现了“新春走基层”的创新升级，推出了一大批有故事、有温度、有情怀的新闻报道，阐释了中华儿女劳动智慧、优良品德、优秀文化在新时代的传承和发展。此外，中央广播电视总台自组建以来，集中全台优势资源，聚力打造优质内容，紧紧围绕习近平新时代中国特色社会主义思想的宣传与报道，深度开展“头条工程”，不仅在内容上深耕细作，有深度、有新意，而且在镜头语言的使用上更加考究，更接地气，也更容易产生情感共鸣。在“头条工程”的带动下，中央广播电视总台宣传精品频出，真正实现了党的理论和思想“飞入寻常百姓家”。

第二，在叙事话语、表达风格上，文化追求与贴近群众并行不悖，以坚定的文化自信打造有品格的民族文化传播。如总台文化类节目的大众口碑与传播影响力不断提升，《一堂好课》《赢在博物馆》《开讲啦》《机智过人》《我有传家宝》《中国诗词大会》《中国成语大会》《中国民歌大会》《朗读者》《经典咏流传》《等着我》《中国舆论场》等已成为国民文化品牌；另如综艺节目对社会文化的关注与对真实情感的观照，也使得《天天把歌唱》《黄金 100 秒》《中国好歌曲》《挑战不可能》《加油！ 向未来》等节目，超越了传统的娱乐蓝本，成为注重人文关怀和民族文化的新型节目。

第三，在与用户的连接方面，不再拘囿于形式与应用，而是以优质的文化内容为依托，将互动上升到社会服务与文化认同的维度，并不断寻求融入人情、温情、家国情的新型互动模式，让文化缓缓流入内心，实现文化共鸣和民族认同，形成主流价值的文化沟通语境，打造社会主义核心价值观认知和传播的媒介环境。一方面，这一努力体现在对特别节目的打造上，形成了有话题、有互动、有影响、有温度的“国家-社会-媒介-用户”的有效连接，如“奋斗吧中华儿女”“礼赞最美奋斗者”“2019 点赞中国”“中国梦・劳动美 2019 五一特别节目”“今天是你的生日”等大型活动；另一方面，也体现在传统节目的新媒体互动与传播方面，如 2019 年《中国诗词大会(第四季)》相关新媒体产品的全网触达量已达 41.6 亿次，“看诗词大会、品诗词文化”成为春节期间网络热点话题。此外，节目开通的摇一摇同步答题、擂主冠军竞猜等跨屏互动参与人数超过 3998 万人次，同比增长 98.5%。[①]《中国诗词大会》以电视端传统节目样态为依托，融合新媒体内容的生产与跨媒体的传播，形成了“现象级”的传播效果和社会影响。另外，基于新媒体技术打造的一些融合类节目《中国舆论场》《数说“十三五”》《数说命运

---

① 第四季《中国诗词大会》全媒体传播收效显著[EB/OL].(2019-02-19)[2019-12-06].https://new.qq.com/omn/20190219/20190219C1AGBH.html.

共同体》等使主题主线宣传报道更直观生动,①更具有可读性和接近性。另一方面,这一努力还体现为通过转变传播思路,大力推动内容的供给侧改革,由原来的"先台后网"观念转换为"网台并重、先网后台"的先进传播理念,并依据互联网的传播规律、用户使用习惯,推出适合网络平台用户观看的精品优质内容,如总台持续推出的《习近平和母亲》《致父亲——习近平与父亲的家国情》《习近平的足球缘》《窑洞里的读书人》等一大批新媒体"爆款"产品,在网络平台上产生热烈反响。

习近平总书记强调:"坚定中国特色社会主义道路自信、理论自信、制度自信,说到底是要坚定文化自信。文化自信是更基本、更深沉、更持久的力量。"②文化自信是实现中国梦的"加速器",也是弘扬中国精神、讲好中国故事的、构建新型主流媒体传播生态的"原动力"。

二、中国故事:新型主流媒体传播生态治理的内容核心

(一)"讲好中国故事"的新模式探寻

从21世纪初提出的中国文化"走出去",到2004年中国媒体"走出去",再到2008年提升"国际传播能力",从国家层面到主流媒体层面,都在不断探索拓展国际市场的方式和方略,形成以讲好中国故事、促进文化交流为主要任务的国际传播媒体阵营。2014年以来,在全面推进媒体融合的大环境中,如何提升我国主流媒体在国际传播生态中的影响力和话语权成为一个崭新的课题,以中央广播电视总台成立为标志,开启了我国主流媒体以新思路、新技术、新内容、新传播方式等拓展国际市场、全面介入全球传播生态、大幅提升中国媒体在国际舆论舞台话语权和影响力的全新阶段。习近平总书记认为,"现在,国际上理性客观看待中国的人越来越多,为中国点赞的人也越来越多。我们走的是正路、行的是大道,这是主流媒体的历史机遇,必须增强底气、鼓起士气,坚持不懈讲好中国故事,形成同我国综合国力相适应的国际话语权"③。"讲故事"已经上升为一种国家战略,是一种让世界深刻了解中国的有效媒介,是建构国家形象、打造中国精神的重要技巧,也是对境外敌对媒体塑造虚假中国的一种有效矫正;讲

① 魏地春.坚定文化自信 坚守品格品位——做好社会文化建设相关报道的思考[J].电视研究,2017(09):4-7.

② 习近平.坚定文化自信,建设社会主义文化强国[EB/OL].(2019-06-15)[2019-12-02].http://www.qstheory.cn/dukan/qs/2019-06/15/c_1124626824.htm.

③ 习近平.加快推动媒体融合发展,构建全媒体传播格局[J].中国报业,2019(7):5-7.

好中国故事也已然成为策略传播的研究领域。研究发现，讲好中国故事，第一，要因地制宜，不能一厢情愿地讲故事，要具有针对性；第二，故事叙述的对象要平衡兼顾，既要讲好中国政府的故事，也要讲好中国人民勤劳奋斗的故事；第三，要努力讲好现在的故事，更要回望过去，公正、客观、辩证地讲好历史故事，在故事中体现大国责任与大国担当。①

（二）总台范本："中国故事"是宏大叙事之内核

讲好中国故事，首先体现在优质"内容生产"方面；其次，好的、优质的"故事内容"也需要切合时代脉搏的传播方式。中央广播电视总台在中国故事的生产、传播、产制体系建造方面的经验探索如下：

对外传播的叙事性重构。我国主流媒体的国际传播能力经过十余年的发展，在硬件建设方面已经基本形成规模：海外记者站不断扩编、海外传播人才队伍壮大、内容生产与传播技术迭代更新；通过大力推进硬件基础设施的建设，中国媒体的声音在国际传播环境中的覆盖率、传播力获得较大提升。但前期基本集中于硬件条件的铺设，在关键问题上，我们的传播者还没有把自身发展模式的"中国特色"与"世界意义"讲清楚，②声音还不够响亮，影响力还略显薄弱。

在我国全面推进媒体融合进程的当下，主流媒体不仅要看发行量、收视收听率，更要看影响力，"要能在舆论场上具备定义事件、引导舆论、凝聚共识的设置议程能力"③，要把中国道路、中国力量、中国精神、中国智慧等中国故事内核立体生动地呈现出来，"故事化思维是以核心价值为话语来解读每一个事件的"④。这就需要从硬件建设转向软性的话语和内容等方面的建设，由自说自话转向在国际舞台寻求共鸣。比如总台以"一带一路"倡议为题材，策划制作《领航"一带一路"》，通过微视频的形式，以习近平总书记在不同场合的讲话为主线，将时间、地域、效果汇聚融合，凸显了"一带一路"倡议的伟大成就和习近平总书记大国领袖的形象与风范，内容深刻，且具有历史感、时代感，同时也以生动、适应融合传播规律的形式来结构这一宏大题材的展现和表

---

① 程曼丽．讲好中国故事的传播战略[J]．对外传播，2017(08)：12-13.

② 程曼丽．国际传播能力建设的实践研究与意义——兼评《新媒体跨文化传播的中国实践研究》[J]．新闻与传播评论，2019，72(1)：123-128.

③ 卢新宁.主流媒体如何巩固主流地位——关于人民日报媒体融合实践的思考[J].新闻战线，2018(13)：6-8.

④ 陈先红，宋发枝．讲好中国故事的融合叙事策略[J]．新闻与写作，2019(05)：43-47.

达，从视频超过1亿次的总播放量的传播效果上看①，这样对于"中国故事"的内容表达和传播形态创新是非常成功的。2019年4月第二届"一带一路"国际合作高峰论坛期间，总台陆续推出原创微视频《"一带一路"：普惠之路》以及系列专题《携手奔向互利共赢的康庄大道》《"一带一路"上的智者》《嗨！东盟——"一带一路"之东盟行》等，均取得了良好的传播效果。

跨文化叙事的新内容挖掘。如何使国外用户具备同理心，如何与国外用户进行换位思考，这不仅需要考虑国际舆论环境的复杂性，而且还需要具备分析不同国家、平台、用户群体需求的能力，需要"主动跟踪、监测、分析和对接不同平台上国际传播的用户行为分散化、文化表达多样化，以及群集或社交的地方化等特征"②。只有这样，才能把握规律，创作出国外用户喜闻乐见、易于接受、听得懂的中国故事，才能触发中国声音在国际舆论场的响亮发声。总台俄语国际频道联合俄罗斯和中亚7家国家电视台共同播出系列报道《欧亚共议丝路合作》、西语国际频道联合阿根廷美洲集团制作播出纪录片《跨越》、阿语国际频道联合突尼斯电视台制作播出《突尼斯人眼中的中国》等，都在中国故事的海外联合制作与传播方面做出有益的尝试和探索。借力国外媒体机构，能够更有效地贴合当地观众的接受习惯，更能使当地观众听得懂、听得进、听得明白，在国际媒体合作、中国故事海外传播效果提升方面积累了诸多经验。

探寻社交化、可视化的全球化叙事新策略。当今媒体总体发展态势是技术手段融合化、信息入口移动化、内容传播社交化、新闻产品视频化、机构媒体平台化。数据显示，2013—2016年，全球移动端的视频播放量实现233%的增长，到2021年全球的互联网流量将有82%来自视频产品。③ 总台在建设四全媒体、打造自有平台的过程中，紧跟国际信息传播趋势，使内容的生产与传播能够融入国际传播潮流，既充满正能量、唱响主旋律，又贴近用户口味、使用习惯，展现真实、立体、全面的中国。正如习近平总书记所说："主流媒体要敢于引导、善于疏导，原则问题要旗帜鲜明、立场坚定，一点都不能含糊。"④而要做到这些，有效把握融合化、移动化、社交化、可视化的传播规律是基础。学者陈先红等认为"把握融合化的规律，首先需求的挖掘要来自于国际社会，有效了解国际社会想了解中国哪些故事，其次是以其中有价值的选题或问题将故事要

---

① 魏地春．坚定文化自信 坚守品格品位——做好社会文化建设相关报道的思考[J]．电视研究，2017(9)：4-7.

② 姬德强，杜学志．平台化时代的国际传播——兼论媒体融合的外部效应[J]．对外传播，2019(5)：13-15，44.

③ 高伟，姜飞．全球传播生态发展报告(2018)[M]．北京：社会科学文献出版社，2018：73.

④ 习近平．加快推动媒体融合发展，构建全媒体传播格局[J]．中国报业，2019(7)：5-7.

素、技术要素、媒介要素、用户要素、推广要素有机融合，共同完成一个一致的、立体的中国故事的传播，并在这其中提供极具中国观点的、中国创意和智慧的、可交流对话的、充满情感能量的故事体系，形成持续的'中国故事流'"[①]。目前，总台在 Facebook、YouTube、Twitter、Instagram 等海外主流互联网平台注册并运营了 CCTV 系列、熊猫频道系列共计 31 个账号。同时，在一个融合化的传播场景之中，除了传统的平面报纸、杂志、广播、电视、网站网页等载体外，还需要结合全新的传播手段和传播方式，如 H5、小程序、VR、大数据、可视化等，拓展中国故事的讲述方式，以传统媒体和新兴媒体相结合的手段，结构故事要素，形成持续的"中国故事流"，在一种"信息流—文化流—情感流"的递进中完成中国故事的表达和传播。此外，结合当前信息传播技术发展趋势，总台守正创新，开启多项融媒体传播实验，为自有平台的建设提供理论与实践支撑。总台通过 5G 新媒体实验平台，探索 5G＋4K 超高清实时传输、4K 集成制作、5G 环境下的移动内容制作、VR 制作、新一代智能终端传输试验，整体产制、传播以及收视环境基本成型。2019 年 5 月，总台"5G＋4K＋AI"媒体应用实验室落户上海国际传媒港，开启"5G＋4K/8K＋AI"总体战略的平台建造与现实应用实验，也开启了总台对外传播探索、提升国际影响力的新尝试。

三、国际影响：新型主流媒体传播生态治理的效能指向

（一）主体、开放性、效能：提升国际影响着力点的再思考

主流媒体的国际传播力是媒体传播能力的重要体现，更是掌控国际舆论主动权、宣传和塑造国家形象的重要平台。十九大报告中，明确提出要"推进国际传播能力建设，讲好中国故事，展现真实、立体、全面的中国，提高国家文化软实力"[②]。十九届中央政治局第十二次集体学习时，习近平总书记强调，"准确、权威的信息不及时传播，虚假、歪曲的信息就会搞乱人心；积极、正确的思想舆论不发展壮大，消极、错误的言论观点就会肆虐泛滥"。国际形势纷繁复杂，国际舆论环境亦是如此，各种不同的意识形态、舆论话语鱼龙混杂，这更加凸显了提升主流媒体国际传播力与影响力的重要性和

---

① 陈先红，宋发枝. 讲好中国故事的融合叙事策略[J]. 新闻与写作，2019(05)：43-47.

② 习近平：决胜全面建成小康社会 夺取新时代中国特色社会主义伟大胜利——在中国共产党第十九次全国代表大会上的报告[EB/OL].(2017-10-27)[2019-07-26]. http://www.qstheory.cn/yaowen/2017-10/27/c_1121868447.htm.

紧迫感。“主流媒体守土有责,更要守土尽责,及时提供更多真实客观、观点鲜明的信息内容,牢牢掌握舆论场主动权和主导权”①,这对主流媒体增强国际舆论话题设置能力、舆论趋势把控能力、发声能力提出了根本性的要求。在坚定文化自信、坚持讲好中国故事的基础上,如何结合已有平台和资源的优势,借力新传播技术、新媒体平台,扩大主流媒体的国际影响力,向世界主动讲好中国共产党治国理政的故事、中国人民奋斗圆梦的故事、中国坚持和平发展合作共赢的故事,这对主流媒体的国际传播力提出了更高的要求。

在新技术、新媒介结构的全新的融合传播环境中,国际传播的形势也发生了深刻的变化,用户的媒介接触与信息选择也呈现了与过去相比较大的变化和新的规律。主流媒体无论在通过打造四全媒体进行转型方面,还是在讲好中国故事的能力提升方面,都需要把握全新的、融合语境下的国际媒体环境的传播规律,一方面在生产与传播技术、平台、人员能力等方面加快提升的速度和强度,另一方面也要在提升主流媒体国际影响力的传播观念上加快转变的步伐。只有思想和观念的转变,才能更好地引导和使用新技术、新设备产生前所未有的效能和影响,使之能够适应新技术条件下的传播环境,同时也能够准确把握国际传播环境中的关键规律,这在提升国际传播影响力的过程中,起到非常关键的作用。与传统的国际传播观念相比,主流媒体在继承其优秀传统与实践经验之外,更要结合新的技术、新的信息传播模式、新的用户习惯等,做好传播观念、方式的探索和创新,具体可以从以下三个着力点进行再思考:

第一,主体问题。毫无疑问,主流媒体的对外传播,一定要坚持“以我为主”的底线和原则,那么随之而来的就是对外传播“为谁所用”的问题。从策略和战术来看,对外传播在“以我为主”的基础上必然是“为我所用”,但从信息传播的流程与规律来看,问题的答案应该是“为用户所用”。对外传播的用户是谁?这是一个不言自明的问题。但从根本上来看,“为我所用”和“为用户所用”这两个对外传播的目的指向之间并不矛盾,在一种恰切的、适应传播规律的传播实践中,二者是可以做到高效融合的。因此在传播观念上,要转向一种“去中心化”的传播观念,切实围绕传播所在国家、地区用户真正想要了解的问题进行信息生产与传播,而不是围绕我们自己想传播的内容进行单向的生产与传播,这是解决问题的基础。只有这样,才能实现信息传播方面的“互利共赢”。有研究提倡探索“离岸传播”模式,通过在全球主要经济中心城市设立离岸传播

① 习近平.加快推动媒体融合发展,构建全媒体传播格局[J].中国报业,2019(07):5-7.

中心，借助当地华人华侨群体、海外中国企业等推进中国文化的融入和认同，使海外传播中的中国形象更加真实、可信、权威。①

第二，信息的开放性问题。无论对内还是对外传播，信息传播过程涉及复杂的利益相关者体系，我们不能将自身的利益诉求、观念等打包在一个封闭的信息文本之中。这种封闭文本的传播将走向两个极端：对于利益关联较大的群体，传播效果非常明显；对于利益不相关，或对信息内容不感兴趣的群体，其传播效果可以忽略不计甚至是无效传播。这就需要我们将新的融合语境中的对外传播，转变为一种开放的信息产制模式，结构一个开放的信息文本空间，在以我们主体利益为根本的基础上，全面考虑信息传播各方的利益，不能空泛地谈论、传播甚至是灌输有关中国形象的信息，而要形成开放的对话和交流空间，在这其中利用传播技巧、传播规律促使信息传播正面意义、积极效果的形成。

第三，信息影响力与传播效能的问题。如果我们将“传播”一词分开来看，“传”指信息的传递，可描述为一种信息向外发送的行为；“播”则强调信息的扩散、信息影响力的延续。我们以往的对外传播实践，整体存在“传而不播”的特点。也就是说，在线性、单向的传播思维和观念的指引下，信息单向传递出去后，即完成了对外传播任务，而从实际效果来看，这种模式的对外传播存在一定的不足。尤其在数字技术高度发达的今天，互联网无远弗届，社交媒体中各种观点、看法、态度杂合，但同时也展现出前所未有的信息扩散力量和影响力。在今天融合的语境下，对外传播除了“传递”的一环外，“扩散”的一环更为重要。一方面，在对外传播的信息产制环节中，新型主流媒体需要做的不仅是传递信息，更要传播观点和意见，表达自己的立场和态度，拥有我们自己的分析问题、形成观点、解释和表达的框架；另一方面，除了自有平台，新型主流媒体更需迅速掌握国际传播市场上的商业化运营逻辑与资本化的新闻运营模式，来推动适应世界市场的信息传播渠道的形成。

（二）复合型、开放型平台矩阵：提升国际影响效能的总台经验

在总台成立前，中央电视台、中央人民广播电台、中国国际广播电台均有着丰富的国际传播实践和经验。总台中文国际、西班牙语、法语、阿拉伯语、俄语、英语新闻频道以及英语纪录片频道共同构成了开展海外传播、拓展全球影响的电视频道矩阵，并于2016 年底整合升级为中国国际电视台 CGTN，拥有北美、非洲以及在建的欧洲 3 个区

① 刘秀峰，李文明. 主流媒体国际影响力提升的理念创新及路径拓展[J]. 电视研究，2018(11)：12-14.

域制作中心。2018 年,CGTN 新增海外整频道用户 3300 万户,用户总数达到 2.8 亿人,在 162 个国家和地区实现整频道落地;中国国际广播电台在过去不到十年的时间里,建设起 8 家海外地区总站、32 家海外记者站、97 家境外整频率电台,可触及世界上 50 个国家的近 3 亿人口。成绩凸显的同时,问题也非常明显。中国的海外传播整体影响力偏弱,话语引导能力在国际的影响力不及西方主流媒体强势,并且在内容方面存在自说自话的问题,缺少站在国外观众角度进行换位思考与观察的内容创作能力。中国传媒行业正在经历管理体制、政策、技术、资本、市场等方面的变革,每一轮新技术革命,都会对新闻业带来冲击,5G、VR、智能传播必然会给主流媒体的信息生产方式、传播效率带来深刻变化。在此背景下,总台成立后形成的矩阵式的全新融合模式,将进一步推动中国新型主流媒体在全球影响力的提升,更好地传播"中国之声"。在新形势下,总台在全面介入国际传播生态、开拓国际市场、拓展主流媒体国际影响力方面,呈现出以下三个趋势:

首先是全力打造自有国际传播媒体平台。总台此前对其传播资源进行了全面整合与升级,成立了全新的中国国际电视台(CGTN)。目前 CGTN 包括英语、西班牙语、法语、阿拉伯语、俄语、纪录等 6 个电视频道,1 个视频通讯社,1 个以移动新闻网为主的新媒体集群。2019 年 7—8 月,总台亚洲非洲地区语言节目中心、欧洲拉美地区语言节目中心、英语环球节目中心陆续成立,开启了基于频道、频率、新媒体等多种自有资源和平台,融合对外生产与传播的崭新阶段。一方面,总台确定了涉华报道自采、首发、落地、现场达到、移动直播等多个融合传播指标与工作体系,及时、快速、有效引导国际舆论风向,营造正向积极的国际舆论空间;另一方面,围绕国际重点事件,总台通过对外传播的自有平台集纳资源,形成产制优势,针对海外用户群体的口味和欣赏习惯,策划推出具有国际影响力的精品力作,诸多节目受到国际媒体和国外用户的关注、报道和热议,显示了我国主流媒体自建平台在国际市场中显著提升的影响力和国际用户认可度。

其次,重视国内媒体平台中深刻反映国内社会发展变化,能够表达中国立场、中国态度,讲好中国故事的优质内容的深度再加工与国际传播问题。如总台"国际锐评"通过 6 种语言文字,以视频或音频的方式广泛推送,传播覆盖五大洲 100 多个国家和地区的 580 多家主流媒体和社交平台,在主要西方国家实现突破。特别是在近期中美经贸摩擦报道中,"国际锐评"敢设话题、敢于发声,对于热点问题迅速发声、科学回应,有效传播了中国声音、中国主张、中国立场。再如总台中文国际频道《世界听我说》节目在融合传播、对外传播等方面取得双突破,该节目播出后受到《欧洲联合时报》《星岛日报》《联合早报》《星洲日报》《中国报》等超过200家海外媒体的报道。

最后，在强化自有平台建设的同时，亦结合国际媒体发展潮流，积极深化与国际主流媒体平台在传播方面的合作。如总台通过国际视频通讯社这一平台，积极加强与国外媒体的合作。目前总台国际视频通讯社签约用户覆盖全球131个国家和地区的336个媒体机构，包括1839个电视频道和1060个新媒体平台。此外，总台已将《朗读者》的节目模式推广到海外。在2018年10月的法兰克福书展上，《朗读者》同名图书的精选版签署了6个国家8个语种的外文版权。开展类似合作的还有《国家宝藏》与恩德莫尚集团合作推出节目国际版，与BBC世界新闻频道合作推出《中国的宝藏》纪录片等。2019年12月，CGTN与微软新闻展开合作，并入驻其平台。微软新闻在欧美地区拥有广泛影响力和覆盖面，月活跃用户超过5亿，月浏览量超过240亿，CGTN将精选双语原创内容，授权微软新闻平台进行合作分发。这些都为中国主流媒体开拓国际市场、在世界舞台讲好中国故事、提升我国主流媒体国际影响力提供了参考范例。

结　语

十九届四中全会对新时代、新环境下主流媒体的舆论引导工作提出了新的要求和前进方向：在坚持党管媒体、唱响主旋律、弘扬正能量的基础上，新型主流媒体要深度思考和全力构建网上网下一体、内宣外宣联动的主流舆论格局，[①]重塑传播生态建设的新思路、新模式与新方法。国家广电总局2019年11月召开的“2020年全国广播电视对外工作会议”中，对十九届四中全会的精神和舆论引导工作的要求从定位、效度、观念、路径等方面进行了解读和工作部署，一是在传播定位方面，突出强调以政治建设为统领，提高政治站位，严格落实意识形态工作责任制，做到守土有责、守土负责、守土尽责；二是在传播效度方向，要求在提高针对性和时效性的基础上，努力扩大覆盖面与影响力，在推动文明互鉴、构建人类命运共同体方面发挥积极的宣传作用；三是在传播观念与实践路径方面，提出将内宣与外宣有机结合，要具有世界眼光和国际视野，同时加强与外媒平台的合作，使更多优质的中国内容以“经济实惠”的方式得到高效传播。本文以总台的新型主流媒体创新实践为研究对象，在研究过程中发现并总结了其在媒

① 中共中央关于坚持和完善中国特色社会主义制度 推进国家治理体系和治理能力现代化若干重大问题的决定[EB/OL].(2019-12-02)[2019-12-07]. http://www.qstheory.cn/yaowen/2019-11/07/c_1125202003.htm.

体信息生产与传播生态建设方面的现实经验，即文化自信的动力引擎、中国故事的叙事内核、国际影响的效能指向，这为实现十九届四中全会对主流媒体舆论引导工作更高的工作要求和2020年全国广播电视内宣外宣的工作目标，做了积极的前期探索、经验积累和典型示范，也为新型主流媒体的打造提供了极具现实意义的媒体范本和经验参照。

〔吴炜华，中国传媒大学电视学院教授、博士生导师；吴菲菲，中央广播电视总台总经理室市场部公关传播科高级经理；张守信，中国传媒大学电视学院互联网信息专业博士研究生〕

〔特约编辑：崔林〕

媒介生态学视角下中央级融媒体构建媒体生态圈的路径探析*

Approach Analysis of China Central Level Integration Media to Build Media Ecosphere from the Perspective of Media Ecology

◎ 曹晚红　程素琴　牛文杰

Cao Wanhong　Cheng Suqin　Niu Wenjie

摘要:面对日新月异的媒介技术和剧烈变革的传媒生态,如何在媒体深度融合过程中建立传播主导地位,如何在众声喧哗中提升舆论引导能力,是中央级主流媒体必须面对的重大现实问题。本文立足媒介生态学视角,分析当前媒体内容生态、传播生态和产业生态发生的深刻变化,用生态学思维梳理中央级媒体的融合历程,并提出中央级融媒体构建传播生态圈、发挥生态链接力的若干路径。

关键词:传媒生态;媒体融合;主流价值

Abstract: Confronted with the developing media technology and the changing media ecology, how to establish the dominant communication position in the process of media deep integration and how to strengthen the public opinion guidance ability are the major practical problems that the China central mainstream media must be faced. Based on the perspective of media ecology, this paper analyzes the profound changes in content ecology, communication ecology and industrial ecology of the current media, combs the integration process of the central level media with the ecological thinking, and proposes ways for the central level media to build the communication ecosystem.

Keywords: media ecology, media integration, mainstream value

全媒体时代,日新月异的数字媒体和人工智能技术应用于传媒行业的各个环节,

---

* 本文系国家社会科学基金重大项目“媒体深度融合发展与新时代社会治理模式创新研究”(项目编号:19@ZH043)的阶段性成果。

深刻改变了媒体赖以生存、发展、竞争的生态环境，促使传媒生态发生重大变革。因此，如何从媒介生态角度认识和把握当下传媒生态的变革和传播格局的变化，如何用生态化思维分析媒体的发展，是当下主流媒体能否真正实现深度融合的关键。当前中央级主流媒体的深度融合进程到达了一个新的临界点，亟须在传媒生态剧烈变革的环境中融通媒体内外资源，加快构建动态、开放和良性发展的媒体生态圈并发挥生态链接力，占领传播高地，实现全媒体环境下中央级融媒体影响力、传播力和公信力的全面提升，实现主流价值传播的最大化和最优化。

一、技术赋能推动传媒生态剧烈变革

1943 年，技术哲学家刘易斯·芒福德出版《技术与文明》后，媒介生态学进入学术研究的视野，尼尔·波兹曼在 1968 年正式提出媒介生态的概念，并将媒介生态学定义为把媒介当作环境的研究。媒介内部各系统之间及媒介内部与外部之间密切互动、竞争共生，最终达到良性循环发展的目标是媒介生态学的一大研究重点。

随着 5G、物联网、大数据、传感器、VR（虚拟现实）、AR（增强现实）、云计算、人工智能、区块链等技术的广泛应用，个人传播者、商业自媒体等传媒竞争者层出不穷，不断挤压主流媒体的生存空间。从媒介生态学的视角看，媒介内部种群增多，生态位资源竞争日益激烈，传媒生态圈平衡被打破。同时，在新媒体时代技术驱动下，传受关系发生变化，媒体的内容生产、传播、分发流程已被颠覆，传媒产业生态更趋多元。

（一）智能技术重塑内容新生态

回顾媒介发展史，我们不难发现，技术是媒介发展变革的第一驱动器和助推力，技术不断打破传媒的生态平衡，促使各个媒介系统由低维空间向高维空间发展，最后形成迭代更新的高维空间媒介系统的良性共生。

科学技术是第一生产力，新兴技术的出现重塑了媒体的内容生产方式，人工智能技术则推动媒体内容生产制作向智能化阶段发展。2014 年，美联社开始使用机器人记者撰写财经新闻，美国苹果科技公司发出 2015 Q1 财报几分钟后，美联社就发布了一篇名为《苹果 Q1 收入超华尔街预测》的报道。机器人新闻是人工智能结合大数据技术应用于新闻内容生产的产物，机器人写作将传统媒体的“采、写、编、排”等环节整合为“信息采集”和“自动生成”两个环节，大大简化了媒体的生产流程，解放了新闻从业者的劳动力。

2015年，新华社也推出写作机器人“快笔小新”。2017年由新华社和阿里巴巴打造的媒体人工智能平台——“媒体大脑”问世，“媒体大脑”融合了云计算、物联网、大数据、人工智能等多项技术，可为各类媒体机构提供线索发现、素材采集、编辑生产、分发传播、反馈监测、智能化新闻报道等服务。2018年俄罗斯足球世界杯期间，媒体大脑·MAGIC短视频智能生产平台生产世界杯短视频35,511条，“最快一条《俄罗斯2∶0领先埃及》的生产仅耗时6秒”[①]。5G技术使个人、家庭、组织的海量智能终端以数字化、智能化的方式连接起来，物联网技术使一切皆有可能成为智能终端，无时无处不互联的智能终端每时每刻都在生产海量内容。

“以大数据、人工智能、VR/AR为代表的‘生产型’技术集群直接构成传媒组织的生产资料和生产工具，它们的广泛应用形成了传媒运作的全新理念和方式，推动传媒纵向价值链的全面升级。”[②]“生产型”技术已经渗透到内容生产制作的各个环节，使内容生产更加智能化、精准化。竞争激烈的生态位抢夺战中，拥有先进技术的种群必然占据领先地位。主流媒体利用内外部资源，加快技术融合更新，打造具有强大生产力的生产工具和生产资料，创新内容生态是大势所趋。

（二）“用户”转向建构传播新生态

由专业媒体生产并分发、传播新闻信息给受众是大众传播时代的典型传播模式。信息呈直线式流动，对受众传播的内容无差别，传受双方被割裂开来、罕有互动是这一传播模式的显著特征。移动互联网的应用使得大众传播模式发生转变，催生了新的传播模式。传播模式、结构的变化带来了从受众到用户的全新传播生态，用户成为融媒体传播中的重要节点。

互联网技术的发展使每一个拥有智能终端的人都可以参与信息传播的各个环节。互联网搭建了四通八达的信息传播通道，在这样的环境中，专业媒体不再是单一的传播主体，呈现出去中心化趋势，大众传播模式中的受众逐渐转变成新传播模式中的用户。传统媒体的受众只能被动地接收信息，而新媒体用户则具有相当大的能动性，他们既可以主动选择信息，也可以即时传播信息，在互联网通讯技术的不断发展下，他们还可以和信息传播者实现实时互动，“形成以传播关系平等化、传播形式交互化、传播

---

① 沈南，陈毅华.“MAGIC”对新闻智能生产的探索[EB/OL].(2018-12-21)[2019-12-18].http://media.people.com.cn/n1/2018/1221/c423025-30480872.html.

② 卜彦芳，董紫薇.智媒时代主流媒体如何构建自己的生态圈[J].中国广播，2019(1):10-16.

时空流动化为基本特征的新传播形态”①。随着5G技术、物联网的发展，媒介系统将从媒介融合阶段走向万物皆媒阶段。在万物皆媒阶段，传播主体将更加多元化，被连入物联网的各种智能终端可以实现人与物、物与物的交流，将和人一起成为传播主体，打破人作为传播主体在传播模式中的唯一性地位。

随着传播模式的改变，用户的自主选择性使得用户的注意力资源成为媒体激烈争夺的稀缺生态资源。为了抢夺用户的注意力资源，各媒体种群在技术的支持下改变了粗放式的大众传播，迈向精耕细作的精准传播。例如，以今日头条、抖音为代表的计算机算法分发方式，通过对用户点击、浏览、使用习惯等用户行为数据的提取，推测用户的使用偏好、内容喜好，加大迎合用户喜好的信息的传播，刺激用户一览必点。在流量变现的新媒体环境里，通过精准传播获取越多用户注意力资源，就越容易在媒介融合的激烈竞争中取得胜利。

（三）跨界合作激发产业新生态

“不同媒体形态从独立到融合的进程是在诸多要素的驱动下完成的，资本、政策、技术等在这一过程中均发挥了不可或缺的作用。”②在媒体走向深度融合的过程中，传媒业的产业属性也得到了深化，产业的整合和重组成为改变传媒生态结构的重要力量。媒体间的区域和行业壁垒被打破，“传统媒体与新媒体之间的边界，传媒公司和科技公司之间的边界，以及媒体和消费者之间的边界都在不断消失”③，“互联网＋”链接与融通的本质，使得传媒产业与其他产业之间的边界不断消失，生态圈随之扩大，并通过资本、技术的融合不断推动传媒产业转型与升级，重塑传媒产业生态。例如，互联网巨头凭借其资金、技术、用户等优势，纷纷布局传媒产业，在网络视频、动漫、音乐、游戏等方面发力，构建或者扩大产业链，使得传媒生态不再是封闭的生态圈，形成开放、融通的生态系统。各种类型和形态的媒体最终将逐渐建立起跨平台、跨领域的新型竞合关系，传媒产业生态逐渐走向有序和稳定。

从传媒产业的营收来看，我国传媒产业总体保持着良好的增长态势。“根据清华大学2019年发布的传媒产业蓝皮书数据显示，2018年中国传媒产业营收增速大概为10.5％，与GDP增长速率相比，也高出40％左右。”④

---

① 张华.5G技术引发的传媒生态变革[J].中国报业，2019(7)：25-27.

② 严三九.技术、生态、规范：媒体融合的关键要素[J].人民论坛·学术前沿，2019(3)：22-29.

③④ 杭敏.传媒生态变革与创新的思考[J].传媒，2019(15)：17-18.

在产业发展拥有巨大潜力的情况下，媒介种群通过内部资源整合和跨界合作探索创新产业模式，变革产业生态。媒体和科技的整合和融合是未来信息与传媒行业的发展趋势。顺势而为，主流媒体从内容生产、传播到产业发展，都开始与商业媒体巨头、通讯行业跨界合作，构建全媒体生态。如“2015 年阿里巴巴集团以 12 亿元入股第一财经传媒，展现了主流媒体与大企业资本的联合”①。传统媒体的媒体优势与互联网巨头阿里巴巴、百度、腾讯、字节跳动的资本、平台、技术及创新优势结合是打造全新的产业生态链、构建媒体融合产业新生态的一大风向。

相比新媒体技术先行突飞猛进的势头，传统媒体的融合进程要艰难得多，但在国家战略的引导下和传统媒体的锐意进取中，我国的媒体融合事业整体已由简单的“横向相加”阶段走向了“纵深相融”阶段。在媒体融合进程中，即使生存资源已被新媒体大大侵占，传统媒体的生产要素依然十分丰富，所以在资源竞争激烈的新媒介环境中，传媒管理组织者亟须通过梳理生产要素，优化资源配置，促进内部整合探索新业态。例如，上海报业集团在合并组建之初，关停并转 91 家企业，休刊 1/3 报刊，分流 2404 人，优化媒体结构布局，改革管理体制机制。之后上海报业集团着力完成“三二四”战略布局，即推进“上观新闻”“文汇”和“新民”三大融媒体平台建设，打造澎湃和界面两大现象级新媒体，聚焦四大细分领域，打造特色新媒体产品。“2018 年，上海报业集团报刊业务‘断崖式’下滑现象出现减缓，新媒体业务增幅预算目标比上年增长 114%，继续保持翻番增长的势头，集团媒体业务总收入预算目标比上年实际完成数同比增长 38%。”②

二、中央级媒体融合现状与生态资源分析

传媒生态的深刻变革与当下轰轰烈烈的媒体融合进程交织在一起。媒体融合这一概念最早由麻省理工学院的尼古拉斯·尼葛洛庞蒂提出，它在狭义层面上指的是各种媒介形态融合在一起，最终产生质变；在广义层面上指一切媒介及生产要素的融合，包括媒介生产要素、传播手段、组织机构等的融合。随着依托于互联网的新兴媒体蓬勃发展，媒体内部生态平衡逐渐被打破，新媒体不断挤压传统媒体的生存空间，传统媒

---

① 闫鹏飞.阿里巴巴 12 亿元入股第一财经，黎瑞刚释疑为何联手马云[EB/OL].(2015-06-04)[2019-12-18].https://www.thepaper.cn/newsDetail_forward_1338463_1.

② 传媒内参.上海报业集团关停并转 91 家企业，1/3 报刊休刊，分流 2404 人[EB/OL].(2018-03-01)[2019-12-18].http://www.sohu.com/a/224684373_351788.

体在生态资源位的竞争中逐渐居于劣势,为了在竞争中不被淘汰,传统媒体不得不走上融合之路。实际上,媒体融合从“横向相加”到“纵深相融”的过程也是媒体由狭义融合走向广义融合的过程。

其中,中央级媒体作为党和政府、人民的喉舌,一方面,其融合思路和融合历程对未来传媒业生态系统的平衡和良性发展有着重要影响;另一方面,能否构建主流媒体生态圈、发挥生态链接力,是关乎提升主流媒体的传播力、影响力、公信力,关乎新闻舆论工作顺利开展,关乎国际传播能力提升的大事。

(一)中央级媒体的融合模式迭代

2014 年被称为“中国媒体融合发展元年”。这一年,中央全面深化改革领导小组审议通过了《关于推动传统媒体和新兴媒体融合发展的指导意见》,媒体融合发展战略正式上升至国家层面。[①] 五年来,随着媒体融合战略的推进与深化,全媒体传播宏观布局持续发力,主流媒体的融合转型引领创新,舆论引导新格局正在加快构建。

2019 年 1 月 25 日,中共中央政治局在人民日报社举行第十二次集体学习,习近平总书记在讲话中强调,要全面把握媒体融合发展的趋势和规律,推动媒体融合向纵深发展,做大做强主流舆论。这意味着我国的媒体融合发展由前期的“+互联网”阶段、“互联网+”阶段发展到了“深度融合”的攻坚阶段。

媒介生态系统每时每刻都在变化,媒体融合是一个动态平衡的过程。纵向观察,在我国的媒体融合由低阶走向高阶的过程中,以中央级媒体为代表出现过两种典型的媒体融合模式,即媒介形态浅融合模式和一切媒介要素深融合模式。在媒体融合的直线型动态进程中,媒介形态浅融合模式最终会被一切媒介要素深融合模式所取代,打造无处不连接、无处不存在的“四全”媒体。

媒介形态浅融合模式指的是各媒介形态的相加,是一种浅层次的结构性融合。这种融合是外力作用下的被动性行为,往往出现在媒体融合的起始阶段。如广播、电视、报纸+新媒体,这是传统媒体转型中开拓新渠道的一种典型模式。但这种模式在媒体融合进程中逐渐产生诸多弊端,不能完全释放媒体融合的效能。中央级媒体在早期受到新媒体冲击的时候立即行动,纷纷开通“两微一端”,拓宽传播渠道,引流受众。例如,这一时期央视各栏目“两微”遍地开花,但大部分都是简单地把节目内容原样放上再进行分发,而不会过多考虑媒介形态不同带来的用户使用习惯差异,造成传播声音

---

① 周宏伟,王庆.媒体融合向纵深发展的模式分析——海南与宁夏的对比研究[J].新闻论坛,2019(2):15-18.

分散、传播效率低下。各传统媒体在这种融合模式中越来越力不从心，横向相加的媒介形态浅融合模式逐渐被一切媒介要素深融合模式取代。

一切媒介要素深融合模式指一切媒介及生产要素、传播手段、组织结构等的融合，是一种深层次的分子性融合，是从媒体内部打破藩篱的主动性行为，往往出现在媒介融合的高阶阶段。习总书记在"1·25"讲话中对主流媒体提出要求："推动媒体融合发展，要坚持一体化发展方向，通过流程优化、平台再造，实现各种媒介资源、生产要素有效整合，实现信息内容、技术应用、平台终端、管理手段共融互通，催化融合质变，放大一体效能，打造一批具有强大影响力、竞争力的新型主流媒体。"①中央级媒体正在一切媒介要素深融合模式下打破僵局，重新梳理生产要素，重组组织结构，运用技术支持打造媒体融合的全新生态。例如 2018 年 3 月 21 日，中央电视台、中央人民广播电台、中国国际广播电台三台合一，对内保留称号，对外统称"中国之声"。面对新媒体对生态资源位的疯狂侵占，媒介浅层次融合已经无法抵御，只有中央三台合并，集中全部力量，优化配置内部资源，实现内外互融共通才能应对这场竞争。三台合并后，对内资源流通共享，对外统一发声，有利于中央广播电视总台占领传播高地，形成舆论合力，打造具有传播力、影响力、公信力的国家级现代传播航母。

(二)中央级媒体融合的生态资源分析

如前所述，新型主流媒体通过对用户的争夺，在内容、资源、流量等方面形成自己的生态圈，从而对传统媒体的生态位形成挤压，使传统媒体的生态环境迅速恶化、生态价值迅速消解，传统主流媒体自成一体的生态系统被打破甚至颠覆。在一个急速变迁的生态环境中，中央级主流媒体必须找到自己理想的生态位，对传媒生态场域进行重塑。因此，首先需要对当前中央级主流媒体的生态资源进行分析。

1.资源优势

中央级主流媒体自诞生之日起便担负起党、政府和人民喉舌的重任，因此在我国长期的新闻舆论工作中集聚了政治优势、内容优势、品牌优势和用户优势。

(1)政治优势

党的新闻舆论工作是党的工作的重要组成部分，是治国理政、定国安邦的大事。

① 习近平.加快推动媒体融合发展 构建全媒体传播格局[EB/OL].(2019-03-15)[2019-12-18].http://www.gov.cn/xinwen/2019-03/15/content_5374027.htm.

伟大的时代需要牢固的意识形态凝心聚力,崇高的事业需要强大的主流舆论一锤定音。[①] 中央级主流媒体作为党、政府和人民的耳目喉舌和舆论工具,传播新时代政策主张,记录时代风云,守望公平正义,推动社会进步,政治优势明显。近年来,国家出台一系列指导性文件和相关政策,大力扶持、推进中央级主流媒体的融合发展,期望中央级主流媒体能在纷繁复杂的媒介生态环境中占据舆论高地,发挥主流价值。

(2)内容优势

中央级主流媒体长期为国家新闻舆论事业和覆盖全国的受众服务,其人才积累和生产能力都是其他媒体无可比拟的,因而形成了内容生产的权威性、专业性优势。这种强大的内容生产优势即使在传统主流媒体生态环境急剧恶化的今天也十分突出并更加重要。后真相时代,信息去中心化和碎片化传播致使网络媒体空间中的情绪传播容易掩盖事实本身,造成谣言四起、假新闻泛滥,中央级主流媒体因其政治属性和传播特质成为最权威的信源,更能够激浊扬清,营造风清气正的舆论环境。因此在技术的加持下发挥内容优势,中央级主流媒体依旧能够在新媒体时代生产出既权威、有深度又能吸引受众注意力的内容。如“2019 年‘两会’期间,新华社推出 3 分钟融媒创意动画短片《‘萌’婶代表记——全国人大代表赵会杰和小庙子村的新故事》,在短短两天时间内,全网总流量突破了两亿”[②]。

(3)品牌优势

长期以来,中央级主流媒体依托其优质内容生产能力和强大的传播力、公信力、影响力,形成强大的品牌矩阵和独特的品牌优势。中央广播电视总台坚持一体化进程,品牌效应明显,通过较高的广告触达率为企业品牌赋能。例如,“CCTV 国家品牌计划——广告精准扶贫”助力 2020 年国家实现农村贫困人口脱贫,全面建成小康社会的目标,通过“品牌升级项目”扶植区域经济特色明显地区的优秀产品品牌,取得了良好的社会效益,从而更好地树立了中央级主流媒体的品牌形象。

(4)用户优势

传统媒体时代,信息源单一,受众被动接收信息,中央级主流媒体依托优质内容和强大的覆盖能力,集聚了数量庞大、层次丰富的受众。如中央广播电视总台的用户广泛分布在各国家和地区,覆盖传统媒体和新媒体各个层次,成为全球范围内为数不多的用户

---

① 高晓虹,王婧雯.激浊扬清做好主流舆论压舱石 守正创新构建舆论引导新格局[J].电视研究,2019(2):4-7.

② 曹晚红,武梦瑶.重构生产模式:融媒时代时政报道创新路径探析——以 2019 年“两会”报道为例[M]//中国新闻传播研究.北京:中国传媒大学出版社,2019:79-88.

体量达到10亿级的媒体之一。新媒体时代，用户生态资源位争夺激烈，如何将受众转化为自有平台的用户，并深度挖掘用户价值是中央级融媒体面临的重要课题。

2.资源劣势

通过对新华社、中央电视台、人民日报社等中央级媒体融合历程的分析，可以看到技术短板、体制机制藩篱、赢利模式单一是中央级媒体的资源劣势和亟待解决的核心问题。

(1)技术短板

“短期内，主流媒体面临的主要生存危机，来自智能技术短板造成的生产力滞后与用户关系断裂。”①技术发展给用户带来更逼真的感官享受，培养了用户行为和用户习惯，但同时，技术发展赋予用户的选择权成为制约媒体融合发展的一大障碍。当前助推媒体融合的技术主要有5G、VR/AR、物联网、区块链、人工智能、大数据、机器人等，在这些技术的作用下，媒体融合趋向智能化，万物皆媒成为常态。目前来看，这些技术大部分掌握在资本雄厚、技术先进的阿里巴巴、腾讯、百度、字节跳动这样的互联网商业巨头手里，中央级媒体还无法自主拥有，因此跨界合作、技术共通将是暂时解决技术短板的途径，长期来看，若想解决技术短板问题，中央级媒体还需要花费大量的人力物力财力。

(2)体制机制藩篱

中央级媒体的事业单位属性使其体制机制相对呆板，不能适应当前灵活多变的媒体竞争环境。目前中央级媒体在体制机制方面存在的主要问题有两个：一方面，体制僵化阻碍了高级技术人才的进入，致使中央级媒体不能聚合高级技术人才力量，打造出可以与商业媒体抗衡的主流媒体平台。另一方面，由于缺乏有效的考评机制、奖励机制，先进的组织架构和富有竞争力的薪酬体系，员工的内容生产力和创新能力没有得到有效激发，部分员工生产效能低下。针对这两点问题，中央级媒体的体制机制建设要以促进内部共生外部合作、提高内容生产力为抓手，以聚拢自有平台用户、创新生产多样态内容、实现多元赢利为目标，着眼于发展问题合理布局，着重解决体制机制与融合发展之间的矛盾，大力建设新时代主流媒体融合创新发展模板。

(3)赢利模式单一

传统媒体的赢利模式主要是广告二次售卖模式，即通过将信息提供给受众实现一次售卖，然后再把受众的注意力资源销售给广告商实现二次售卖。但是随着新媒体的发展，用户注意力已被大大分散，广告生态资源位竞争日益激烈，因此以“二次售卖”为

① 卜彦芳，董紫薇.智媒时代主流媒体如何构建自己的生态圈[J].中国广播，2019(1)：10-16.

主的产业模式难以为继。近年来,中央级媒体着眼于开拓创新广告模式、打造下游产业链,但若想在媒体融合深度发展阶段立于不败之地,还需研究现实场景与虚拟场景边界消融情况下的用户消费行为新变化,找到新的赢利突破点,着力打造多元赢利模式。

三、中央级融媒体变革之道:构建媒体生态圈

技术赋能,万物皆媒,“未来社会将改变以人为主导的媒体状态,任何媒体都有媒体化、自我进化的可能”①,媒介生态将继续处于开放的、动态的变革中。这一巨大变革,使得越来越多的学者着力于媒介生态的相关研究。有学者提出,生态思维是智能媒介技术时期的媒体发展思维,生态思维是建立在生态学和生态哲学理论基础之上的一种思维方式,“其核心价值取向便是在合作竞争中实现各生态主体的协同进化”②,因此,“建设生态媒体和媒体生态,构筑完整的产业链和生态圈,设计一个全媒体的生态系统,这将是媒体未来无法回避的发展方向”③。对中央级主流媒体来说,更是如此。

中央级融媒体作为国家级主流媒体,具有无可比拟的权威性、专业性、公信力和影响力。在媒体融合纵深发展阶段,通过加强资源整合,探索促进其协同创新发展、深度融合的新路径、新机制,推动形成资源集约、结构合理、差异发展、协同高效的全媒体传播体系,加快主流价值开发,占领传播高地,提升融媒影响力是中央级融媒体的重要任务。

构建良性的媒体生态圈应从传播内容入手打造优质内容,建设全媒体聚合传播平台,在对用户的价值开发中激发产业活力,从用户的传播效果反馈中优化内容生产和渠道平台建设,着力打造“优质内容入口+渠道传播全平台+用户价值开发+效果反馈引领内容生产、分发与传播”的全新传播生态。

(一)媒体生态圈入口:技术引领打造优质内容

优质内容依然是中央级主流媒体的资源优势,用优质内容去引导人心、鼓舞人心、凝聚人心,扩大主流价值影响力的版图,依然是中央级主流媒体的使命。

---

① 彭兰.智媒化:未来媒体浪潮——新媒体发展趋势报告(2016)[J].国际新闻界,2016(11):6-24.

② 强月新,陈星.线性思维、互联网思维与生态思维——新时期我国媒体发展思维的嬗变路径[J].新闻大学,2019(2):1-11.

③ 胡正荣.媒体的未来发展方向:建构一个全媒体的生态系统[J].中国广播,2016(11):48-52.

移动互联网、物联网和5G技术的大范围、全方位应用使“泛媒介化”现象愈演愈烈，当下，微博、微信公众号、头条号、百家号等自媒体平台使内容生产分散化，知乎、分答等公共知识平台使知识传播公共化，在全方位信息采集者和内容算法带来信息爆炸的时代，优质内容成了媒介争夺生态资源位、构建传播生态圈的入口。

从内容的核心价值、权威性、独家性来看，优质内容一直是中央级媒体的优势，也是在打造媒体生态圈中需融合内外资源着力保持的入口型优势。优化资源配置，重塑内部生产流程，借助技术支持，是打造优质内容、实现内容生产“多、快、好”的必要举措。如人民日报“中央厨房”在数据化、智能化、移动化的融合云技术支撑下做“内容＋”，“不仅打通报社内部，实现内容策采编发一体高效高产，而且与河南日报、湖南日报、四川日报等地方媒体建立战略合作，进行资源共享，协同生产”①。

（二）媒体生态圈基础：建设全媒体聚合传播平台

移动互联时代，平台是聚合用户、分发传播内容的主要渠道，谁拥有用户数量庞大的平台，谁就能在媒介生态资源竞争中占据上风。建设全媒体聚合平台是构建传播生态圈的必行路径，中央级媒体渠道传播全平台建设应从内部和外部两方面着手，内部打造“老牌平台引领＋三大移动平台＋全媒体平台”的自有性平台，②外部跨界打造“中央级媒体＋商业社交媒体平台”的链接性平台。能否将原有的覆盖面极广的受众转化为自有平台的用户，开发用户价值，是衡量平台是否成功的重要指标。

2019年3月，中央广播电视总台台长慎海雄提出，要把“奋力打造国际一流的国家级现代传媒航母”作为总目标，“充分发挥三台集合优势，加快融合发展，形成全方位、多层次、多声部传播党的主张的舆论矩阵，切实提升新闻舆论的传播力、引导力、影响力、公信力”③。得益于“三台三网”的平台、技术、内容、渠道等优势，总台能够聚力提升平台辐射力、影响力，打造融合传播矩阵，畅通信息传播网络，使主流价值内容突破“圈层”，广泛触达用户。

打造新的媒体生态链需要充分发挥媒体融合发展的整体优势，就目前来看，中央级主流媒体可继续坚持一体化的发展方向，加强内部资源整合，充分发挥技术资源对全媒体产业链的加成作用，推动媒体融合从“横向相加”到“纵深相融”，以期实现信息

---

①② 人民日报“中央厨房”有什么不一样[EB/OL].(2017-02-23)[2019-12-18].http://www.xinhuanet.com/newmedia/2017-02/23/c_136078802.htm.

③ 慎海雄.奋力打造国际一流的国家级现代传媒航母[EB/OL].(2018-03-23)[2019-12-18].https://www.thepaper.cn/newsDetail_forward_2038797.

内容、技术应用、平台终端、人才队伍的共享融通。

(三)媒体生态圈核心：挖掘用户价值 激发产业活力

在新型传播生态环境中，传受关系改变，具有主动性、互动性、参与性的用户取代了被动的受众，因此用户被赋予了更多意义，具有多重价值。在传播中挖掘用户价值，探索创新产业模式，可以激发中央级媒体产业活力、助力中央级媒体占据优质生态资源位。

目前，中央级媒体要着力于将原有的数量庞大的受众转化为具有平台黏性的用户，在内容传播的过程中挖掘用户价值。首先，利用上游公司整合资本市场资源和内容资源，以优质内容获取用户注意力资源；其次，在下游整合媒体网络资源和广告业务，通过贩卖用户注意力资源赢利；最后，跨界整合网络视频播出平台、电商平台，形成传播合力，打造文创产品，刺激用户消费，挖掘用户潜在消费价值，形成长尾效应。中央广播电视总台近几年来多方努力，借助自身优势资源大力发展文化产业，比如，中央新影公司在沈阳、定州等多地布局文化产业基地，吸取业内其他媒体跨界布局产业的经验教训，通过持续发力，推进央视新闻媒体融合的深入发展，促进其全新产业生态链日益完善，加快其建成新型主流媒体的步伐。

(四)媒体生态圈链接点：效果反馈重塑内容生产、分发与传播

在传播生态圈的构建之中，效果反馈是一个动态传播过程的结束，也是新一轮动态传播过程的开始。利用大数据、人工智能等技术收集传播效果反馈，优化传播流程是中央级主流媒体不可忽视的一步。如人民日报“中央厨房”的技术系统通过传播效果评估、新媒体运营、新媒体追踪和用户画像，使每篇稿件都有了实实在在的效果评估与反馈。通过数据分析，媒体可以深度了解用户阅读习惯和行为特征，为下一次的传播内容、传播方式、用户价值挖掘提供明确的前进方向。

结　语

当前，技术的更新迭代导致传媒生态发生剧烈变革，媒介融合进入深度相融阶段，中央级融媒体需牢牢把握传统资源、技术、人才优势，打通信息传播生态链，深入布局全媒体传播体系。但技术短板、体制机制藩篱、赢利方式单一仍是中央级媒体在今后媒介融合进程中需要解决的问题。通过搭建自有平台、广泛开展区域合作，着力构建“优质内容入口＋渠道传播全平台＋用户价值开发＋效果反馈引领内

容生产、分发与传播”的全新传播生态；通过打造传播生态链，开拓中央级媒体的主流价值，使中央级融媒体在媒介资源竞争中处于优势地位，并引领其他传统主流媒体的深度融合。

〔曹晚红，中国传媒大学电视学院教授；程素琴，中国传媒大学新闻传播学部副研究员；牛文杰，中国传媒大学电视学院硕士研究生〕

〔特约编辑：崔林〕

建设新型主流媒体的战略布局与典型实践*

Strategic Layout and Typical Practice of New Mainstream Media Construction

◎ 崔　林　郑美辰

Cui Lin　Zheng Meichen

摘要:新传播生态、新发展契机、新全球传播格局下,主流媒体的转型既符合自身发展需要,也是建立现代传播体系、推进国家治理现代化的重要环节。中央广播电视总台以"四全媒体"建设为基本框架,持续加强对新媒介环境下信息传播规律的研究与探索,加快建立融媒体整合与传播的标准体系与评价规范,意在实现主流传播力、引导力、影响力和公信力的全面提升,其实践经验对建设新型主流媒体具有示范与引领作用。

关键词:新型主流媒体;战略布局;中央广播电视总台

Abstract: In the context of new communication ecology, new development opportunities and new global communication pattern, the transformation of mainstream media not only meets the needs of its own development, but also is an important link to establish a modern communication system and promote the modernization of national governance. China Media Group strengthens the research and exploration of the new law of information dissemination, speeds up the establishment of the standard system and evaluation norms of media integration, and aims to achieve the overall improvement of the media penetration, guidance, influence and credibility in accordance with the omni-media transformation framework. Its practical experience has set an example in the construction of new mainstream media in China.

* 本文系研究阐释党的十九届四中全会精神国家社科基金重大项目"建立健全我国网络综合治理体系研究"(项目编号 20ZDA061)阶段性成果。

Keywords: new mainstream media, strategic layout, China Media Group

党的十九届四中全会审议通过了《中共中央关于坚持和完善中国特色社会主义制度、推进国家治理体系和治理能力现代化若干重大问题的决定》(下简称《决定》),《决定》指出,要构建网上网下一体、内宣外宣联动的主流舆论格局,建立以内容建设为根本、先进技术为支撑、创新管理为保障的全媒体传播体系,为做大做强新型主流媒体指明了发展方向。

着眼于新时代主流媒体建设,习近平总书记明确提出要“着力打造一批形态多样、手段先进、具有竞争力的新型主流媒体”。新型主流媒体应坚持以舆论引导、思想引领、文化传承、服务大众为己任,在整合自身资源的协同效应基础上打造传播矩阵,成为党的政策和信息传播的舆论高地;以用户为中心,发挥服务和娱乐功能,生产人民群众喜闻乐见的优质新闻产品,满足人们日益增长的精神文化需求;引领媒体融合改革,创新发展模式,并以此为突破口不断提升自身的传播力、引导力、影响力与公信力。

一、新型主流媒体新在何处

在我国,主流媒体一般指主要报道严肃新闻,具有专业理念和文化自觉精神,着力弘扬主流价值观,在竞争区域处于重要地位并占较大市场份额,在社会发展中勇于担当社会责任的媒体。① 顶层设计的战略机遇到来后,我国主流媒体在改革浪潮中采取积极态度革新图存,经验日渐丰富。中央广播电视总台面向移动互联网,布局“5G+4K/8K+AI”发展战略;人民日报社运行全媒体平台“中央厨房”,实现记者一次采集、编辑多次生成、渠道多元传播;新华社打造全媒体供稿系统“新华全媒头条”,适配多种终端,实施“全媒记者”“全媒编辑”培养方案等。我国主流媒体纷纷积极开拓创新,争相建设新型主流媒体,构建现代传播体系,为我国媒体融合改革的深入推进提供了宝贵经验。

相较于传统的主流媒体,新型主流媒体的“新”主要体现在媒介形式和传播效果评判标准两方面的变化上。即主流媒体既要与新兴媒体积极融合,形成手段多样、具有竞争优势的媒介形式,也要通过强化主流话语的认同感,完成从“自称”到“公认”的蜕

---

① 强月新,陈星,张明新.我国主流媒体的传播力现状考察——基于对广东、湖北、贵州三省民众的调查问卷[J].新闻记者,2016(5):16-26.

变，实现主流传播力、引导力、影响力和公信力的全面提升。①

(一)媒介形式："四全媒体"

2019年1月25日，习近平总书记在主持中共中央政治局第十二次集体学习时强调，全媒体时代"信息无处不在、无所不及、无人不用"，媒体发展呈现出全程媒体、全息媒体、全员媒体、全效媒体四个层面的新特征。② "四全媒体"全面深刻地总结了当下的传播生态本质与媒体变迁趋势，为今后一段时间内的媒体发展指明了方向。

所谓"全程"，指突破信息传播的时空局限，运用现代信息技术捕捉、记录并存储客观事物运动的整个过程。主流媒体可以借助全程媒体理念，改变原有产制周期长、选题策划分散的新闻采制流程，全程关注大众关心的新闻事件，通过广播、电视、客户端、社交媒体、短视频等全媒体方式，长短内容结合、即时报道与深度报道结合，对新闻事件展开及时、连续、深入、关联、全方位的解析与报道；亦可借助客户端、社交平台等搭建互动空间，有效把握与结合传统媒体与新兴媒体的传播规律，使主流媒体的信息传播更加高效、透明，不断提升舆论引导的力度与强度。

所谓"全息"，指信息表达突破模拟时代以文字、声音、图片、影像等为主的传统方式，通过对人工智能、5G移动通信、大数据、云计算、增强现实、4K高清显示等新技术的创新运用，打造全新的话语方式和融媒体表达体系，走向更加科学、客观、沉浸的数据化、全息式样态。虽然在未来的融媒体内容创作与传播过程中，如何将新技术与内容产品更加有效结合进而优化用户体验还有待进一步探索实践，但新闻媒体利用新形式技术手段，不断提升用户信息消费、交互、再传播的体验，已成为当下一大热点。

所谓"全员"，指传播主体消解了传受单向、二元对立的界限，信息生产与审核发布流程更新迭代。正如美国学者尼葛洛庞帝在《数字化生存》中预言的一样，从前所说的"大众"传媒正演变成个人化的双向交流。③ 传统媒体时代的受众转为平台用户，无论是传媒机构用户还是个体用户，人人皆可成为信息的制造者和传播者，呈现出全员参与信息生产传播之景象，而传播主体的信息发布载体也从报刊、广播、电视，拓展为网站、论坛、两微一端、短视频、新闻聚合客户端、网络音视频直播

① 石长顺，梁媛媛.互联网思维下的新型主流媒体建构[J].编辑之友，2015(1)：5-10.

② 习近平.加快推动媒体融合发展 构建全媒体传播格局[J].中国报业，2019(7)：5-7.

③ 尼葛洛庞帝.数字化生存[M].胡泳，译.海口：海南出版社，1997：4.

平台、公众号与自媒体等。全员媒体提升了信息的生产能力与传播效能，但也带来了舆论主体分布的碎片化，加之互联网“去中心化”环境下传播主体结构复杂，信息生产传播和鉴别能力参差不齐，公众的意见表达有很大的盲目性，缺乏理性思考的不当言论频频出现，主流媒体则可通过多种渠道以最快速度、最佳方式发布可靠信息，防止陷入被动传播局面。

所谓“全效”，是指媒体功能的用户导向转化。全效媒体打破了传统媒体一对多的大众化传播方式，通过大数据、云计算提供用户的基本画像，呈现用户信息需求与消费的总体轮廓与细分概况；同时利用社交平台、推荐算法、人工智能、机器采写等新技术实施针对性、精准性的信息生产、传播、推送和分发，提升信息的流通效率与效能，使传播目标可描绘、可设定，传播过程可编程、可把控，传播效果可观察、可测量，传播反馈可互动、可回收、可数据化、可再利用。主流媒体可以通过打造全效媒体有效弥补服务功能上的缺陷，并且把服务功能作为连接机构与用户、线上与线下的场景化应用平台，触发新型主流媒体的全新增长点。

（二）评判标准：有效传播“四力”

2016 年 2 月 19 日，习近平总书记主持召开党的新闻舆论工作座谈会并发表重要讲话，要求主流媒体尊重新闻传播规律，创新方法手段，切实提高党的新闻舆论传播力、引导力、影响力、公信力。新闻舆论“四力”是衡量传播实效的主要依据[①]，也是新型主流媒体的建设标准。

具体来说，传播力是基础，引导力是核心，影响力是关键，公信力是根本。传播力指充分利用和组合各种传播渠道、传播方式，使信息顺利抵达目标受众并获得良好传播效果的一种能力。引导力指在正确导向下，新闻媒体通过自身的传播能力引导受众朝着一定方向去认识和理解新闻，进而改变认知及思想、观点、情绪的一种能力。在两个舆论场并存争夺受众的形势下，如何守住意识形态领域的优势引导地位成为主流媒体面临的一大难题。影响力指媒体传播行为从信息获取、主观判断与态度秉持等方面对受众施加影响的程度。公信力指新闻舆论获得社会公众信任和信赖的内在力量，是舆论传播力、引导力、影响力得以存在的基础，是新闻媒体安身立命的根基，是衡量新闻媒体权威性、信誉度和社会影响力的标尺。[②]

---

①② 万光政，杨猛，祝源.建设“四大工程” 实现“四力”的有效提升[J].新闻战线，2018(1)：52-54.

二、建设新型主流媒体的战略布局

笔者认为,建设新型主流媒体可以在整合自身资源的协同效应基础上,着重从内容、技术、平台与合作四方面进行战略布局。

(一)守正创新的内容建设

主流媒体是主流价值观的支柱,[①]建设新型主流媒体,根本任务在于壮大主流舆论、弘扬主流价值。习近平总书记强调,“准确、权威的信息不及时传播,虚假、歪曲的信息就会搞乱人心;积极、正确的思想舆论不发展壮大,消极、错误的言论观点就会肆虐泛滥。这方面,主流媒体守土有责,更要守土尽责,及时提供更多真实客观、观点鲜明的信息内容,牢牢掌握舆论场主动权和主导权”。在媒体融合进程中,主流媒体作为党的传播旗舰,应当始终站在国家高度,坚守国家媒体属性,传播主流声音,用权威内容巩固党的政策和信息传播的舆论高地,这是中国新型主流媒体立身的基本底线与根本所在。

要想在日益激烈的市场竞争格局中为自身赢得差异化发展空间,主流媒体应找准自身优势,重视垂直领域的深耕细作,提升内容的深度与广度,并在保持品位品格的同时求新求变,在内容形态及生产流程方面合理创新。《2019年中国网络视听发展研究报告》显示,截至2018年12月底,我国网民规模达到8.29亿,手机网民规模达到8.17亿。全国网络视频用户达7.25亿,而其中短视频的用户规模达到6.48亿,且短视频对新增网民的拉动作用明显,最近半年新入网的网民对短视频的使用率为53.2%,仅次于即时通信、网上搜索和网络音乐。[②] 习近平总书记曾多次强调:“人在哪儿,宣传思想工作的重点就在哪儿。”在此背景下,越来越多的主流媒体把短视频提升至战略高度,在两微一端传播中广泛采用“新面孔”制作新闻产品来与传统受众形成互补,全面落实新形势下举旗帜、聚民心、育新人、兴文化、展形象的使命任务。

伴随中国综合国力的提升,如何为国家发展营造良好舆论环境,不断增强在世界大变局中的影响力和话语权,也已成为新型主流媒体建设过程中的一个重要课

① 林晖.中国主流媒体与主流价值观之构建[J].新闻与传播研究,2008(2):41-47,94.

② CNNIC. 第43次《中国互联网络发展状况统计报告》[R/OL].(2019-02)[2019-07-26].http://www.cnnic.net.cn.

题。当今世界正面临百年未有之大变局，国际舆论形势不确定性更加突出，需要充分研判舆论场变化，不断优化战略布局。在2018年8月召开的全国宣传思想工作会议上，习近平总书记用两个“主动”表达了对新时期国际传播工作的新要求：“主动宣介新时代中国特色社会主义思想，主动讲好中国共产党治国理政的故事、中国人民奋斗圆梦的故事、中国坚持和平发展合作共赢的故事，让世界更好了解中国。”两个“主动”强调了主流媒体要充分发挥主体性能动作用，因势而谋、应势而动、顺势而为，创新对外传播话语体系，打造国际社会认同的新闻精品，精准、有效、广泛地传递国内社会各个方面的发展信息，满足用户对信息的需求；同时，搭建跨文化沟通的平台，扩大讲好中国故事的参与主体，以积极的姿态传播中国道路、中国制度、中国理念、中国文化，与国际舆论场中固有的虚假信息、极化言论、印象偏见正面交锋，全面提升我国媒体的国际传播能力和全球影响力。①

（二）紧抓先机的技术引领

核心技术是国之重器，主流媒体是重要的思想文化宣传阵地，也是新兴技术手段应用推广的重要平台。传播学者保罗·莱文森的“补偿性媒介”理论认为，任何一种后继的媒介都是对过去的某一种媒介或某一种先天不足的功能的补偿。每一轮新技术革命都会给传媒行业带来体制机制、政策、资本、市场等方面的冲击，信息技术的进步也是媒体融合发展的核心驱动力，但技术唯有与相匹配的应用方式相结合才能够发挥效能。

先进的信息技术可以开拓传播空间、丰富传播手段，实现对新闻多方位多层次的开发，助推主流媒体转型升级，主流媒体也需要深刻理解移动互联网背后的发展规律，通过对人工智能、5G移动通信、大数据、云计算等先进技术的运用与创新，在内容感知、采集以及传递等环节占据引导地位，借助科技力量在时代环境和传播生态变迁所带来的挑战中赢得新优势、开辟新空间。

（三）创新融合的平台打造

媒体作为社会信息传播活动的中枢具有天然的平台属性。在互联网时代，面对媒体用户向网络端、移动端的大规模转移，打破人员、设备、思路、创意之间的各种资源壁垒，坚持一体化发展方向，传统媒体与新兴媒体的融合发展、同频共振成为必然选择，

① 姬德强，杜学志.平台化时代的国际传播——兼论媒体融合的外部效应[J].对外传播，2019(5)：13-15，44.

而打造自主可控、具有强大影响力的新媒体平台是主流媒体推进媒介融合过程中的战略支点。习近平总书记在十九届中央政治局第十二次集体学习时强调："要坚持移动优先策略，建设好自己的移动传播平台，管好用好商业化、社会化的互联网平台，让主流媒体借助移动传播，牢牢占据舆论引导、思想引领、文化传承、服务人民的传播制高点。"①

有学者提出，平台型媒体是未来媒介发展的主流模式②，因此要盘活主流媒体长期积累的社会思想文化公共资源、社会治理大数据等传统优势，结合互联网传播多元价值交换与多边优势互补的开放性优势③，通过满足互联网用户的多样化需求，增强用户对信息内容与相关媒体的黏度、忠诚度与卷入度，从而促成平台运营的整体价值变现，将其转化为主流意识形态建构、主流价值舆论引导等方面的综合优势。

（四）开放双赢的合作深化

信息传播技术的快速发展与迭代，带来了媒介形态和发展模式的转型以及更深层次的媒体竞争格局剧变。有学者从媒介生态位的发展视角出发，指出传统主流媒体在向新型主流媒体转型实践中，将不可避免地面临媒体生态位的高度重叠④，即主流媒体依托数字技术所生成的媒介与内容产品形态，在技术、资本、用户、流量、广告经营、人才等方面都与网络媒体平台重合。习近平总书记在十九届中央政治局第十二次集体学习时强调"要统筹处理好传统媒体和新兴媒体、中央媒体和地方媒体、主流媒体和商业平台、大众化媒体和专业性媒体的关系，不能搞'一刀切''一个样'。要形成资源集约、结构合理、差异发展、协同高效的全媒体传播体系"⑤。主流媒体要想尽快适应渠道转换和用户迁移引发的业态变革，就必须结合既有的内外部条件与既定的发展目标，与产业上下游优势技术供应方、资本方、平台方等开展多方位的战略合作，引领集体跨界融合，促成优质资源互补、产品市场共有、平台渠道共用、优质品牌借势，达成互利共赢。

---

① 习近平.加快推动媒体融合发展 构建全媒体传播格局[J].中国报业，2019(07)：5-7.

② 喻国明，焦建，张鑫."平台型媒体"的缘起、理论与操作关键[J].中国人民大学学报，2015，29(6)：120-127.

③ 宋建武，黄淼，陈璐颖.平台化：主流媒体深度融合的基石[J].新闻与写作，2017(10)：5-14.

④ 卜彦芳，董紫薇.调适与突破：新型主流媒体生态位经营新策略[J].青年记者，2019(10)：19-22.

⑤ 习近平.加快推动媒体融合发展 构建全媒体传播格局[J].中国报业，2019(7)：5-7.

三、中央广播电视总台建设新型主流媒体的实践经验

中央广播电视总台组建后，按照“网台并重、先网后台、移动优先”的整体策略，改革重塑组织架构、业务流程、平台渠道和管理机制，融合原中央电视台、中央人民广播电台、中国国际广播电台的全媒体优势资源，形成电视、广播、网络三位一体的全媒介多终端传播渠道，在资源共享、制播合作等方面持续发力，极大地激发了内容创作的活力。通过聚资源、聚用户、聚平台，实现集约化、集群化、规模化，三台移动端共同推送总台重要评论和精品报道，突破用户圈层，贯通大小屏，覆盖全渠道，向打造具有强大引领力、传播力、影响力的国际一流新型主流媒体[①]奋力迈进。

(一)内容层面

1.深耕国内舆论阵地

在融媒体发展环境中，主流媒体长久积累的内容品牌优势、产制与传播经验优势等构成了转型的根基与动力源泉。无论媒介环境怎样变化，提供权威优质的内容永远是核心。在新型主流媒体的建设实践中，总台首先厘清了“为谁做节目”和“做什么样的节目”的关键问题，致力于深化主题主线宣传，坚持深入生活、深耕细作。总台在原有品牌节目基础上打造精品节目群，“头条工程”概念日趋成熟，实现了从“高原”向“高峰”迈进，由此诞生了一批思想性、艺术性、观赏性相统一的精品力作，广受社会欢迎。《中国诗词大会》掀起诗词之美的国学风潮；《朗读者》锻造了从荧屏延展至线下的全民现象级文化事件；《国家宝藏》两季全网视频平台播放量突破24亿，累计微博话题阅读量50亿，被盛赞开启了“2018古典文化元年”；《故事里的中国》用新时代话语方式回忆经典，用真人真事真情呈现时代风貌和国家精神，引发社会强烈共鸣。

要想切实提升新型主流媒体在网络舆论空间的引领地位，拓宽渠道的同时也要改革语态，不断提升内容呈现和叙述表达的亲和力，与用户达成思维共识、情感共鸣。[②]

---

① 新华网. 习近平致中央电视台建台暨新中国电视事业诞生60周年的贺信[EB/OL].(2018-09-26)[2019-07-30].http://www.xinhuanet.com/politics/leaders/2018-09/26/c_1123485152.htm.

② 崔林，陈昱君，林嵩.“互动”与“亲民”：融合发展背景下主流媒体电视新闻的语态变革——以央视《新闻联播》为例[J].新闻与写作，2019(11)：22-28.

2018 年上半年，总台原创时政短视频的数量在主要央媒中占比就已达到 60.2%[①]，《初心》《习近平的轻松时刻》等多条短视频在网上传播量过亿[②]。以“两微一端”作为第一落脚点打造的《央视快评》《玉渊潭天》《主播说联播》等知名时政评论栏目，重视出手速度、观察锐度、立论高度、言语精度，让稳妥把握时效度的融媒体创新产品成为视频新闻的有力补充，突出了融媒体传播“真、短、快、活、强”的特点，成为融媒体时代央视新闻宣传的“新品种”，被称为时政评论的“轻骑兵”，实现了传播力、引导力、影响力、公信力的阶段性提升。

这些精品内容的成功，不仅体现出人民群众对优质精神食粮的需求，也对促进我国电视文化的高质量发展产生了积极而深远的影响。

2.拓展海外传播影响

经过十余年的发展，我国主流媒体形成了通过扩充海外记者站数量，加强海外传播人才配置、内容生产与传播技术装配，购买版面、时段，以及交换新闻信息，合办节目，参股国外媒体等方式加速进入国际市场的传播布局。[③] 通过大力推进硬件基础设施的铺设，中国媒体的声音在国际传播环境中的覆盖率、收视收听率已初具规模。但成绩凸显的同时，问题也非常明显。例如在一些关键问题上还没能把自身发展模式的“中国特色”与“世界意义”讲清楚[④]，声音还不够响亮；在内容方面存在自说自话的问题，缺少站在国外受众角度进行换位思考与观察的内容创作能力，话语引导能力及国际影响力不及西方强势主流媒体，海外传播整体影响力略显薄弱。只有在创新话语表达、巩固舆论阵地、增强国际话语权上下功夫，才能更有力有效地发出中国声音、传递中国价值。总台认真落实“重塑外宣业务、重整外宣流程、重构外宣格局”的要求，保持定力、把握大势、精准实施、找准新坐标，开启了我国主流媒体以新思路、新技术、新内容拓展国际市场，大幅提升中国媒体在国际舆论舞台话语权和影响力的全新阶段。

2019 年 7 月，总台成立欧洲拉美地区语言节目中心和国际传播规划局，把增强国际传播能力、拓展全球影响作为重要目标纳入长期发展规划，并依托于此，优化在 G7、G20 等国际主流社会以及“一带一路”沿线国家的传播格局。除了在加强新闻采编网

① 人民网.《求是》刊发慎海雄署名文章：以守正促创新 以创新强守正[EB/OL].(2018-10-01)[2019-08-02]. http://media.people.com.cn/n1/2018/1001/c40606-30324180.html.

② 黄鹂. 从“借船出海”到“造船出海”——中央广播电视总台短视频发展战略[J]. 新闻战线，2019(11):36-39.

③④ 程曼丽.国际传播能力建设的实践研究与意义——兼评《新媒体跨文化传播的中国实践研究》[J].新闻与传播评论，2019，72(1):123-128.

络部署的基础上，明确媒体职能定位外，总台还加快推进各驻外机构、人员、业务、渠道等的深度融合，进一步加快探索建立对外新闻报道快速反应机制，抢占重大事件报道的第一落点，积极打造多语种移动客户端集群和海外社交平台账号集群，探索包括网红工作室在内的新型对外传播方式，力求实现涉中国的重要新闻首发率保持全球首位，重大国际新闻自采率与西方主流媒体不相上下，为推动形成与我国综合国力相适应的国际话语权作出相应贡献。据公开资料，至 2018 年，CGTN 五个语种的海外社交平台粉丝总数超 1.5 亿，主账号粉丝数达 9915 万；CGTN 移动客户端累计下载量近 700 万，月活跃用户最高超过 58 万，国际用户超过九成；2018 年 5 月陆续上线的西、法、阿、俄语频道二级页面浏览量均突破 600 万，平均停留时间超过 4 分钟，显示了我国主流媒体自建平台在国际市场中大幅提升的用户覆盖率和影响力。

“要能在舆论场上具备定义事件、引导舆论、凝聚共识的设置议程能力”①，敢于交锋、勇于亮剑、善于引导。这就需要主流媒体从硬件建设转向话语和内容等“软件”建设，由“自说自话”转向在国际舞台寻求共鸣。在国际传播过程中，加强与国外媒体的合作传播，善用国外主流媒体平台阐释我立场主张，能在有效影响对象国主流社会方面达到事半功倍的效果。比如总台通过“国际视通”（国际视频通讯社），将央视新闻素材直接传递给覆盖全球 131 个国家和地区的 336 个签约媒体机构，成为其重要的新闻来源。再如，总台国际问题评论品牌“国际锐评”聚焦重大外事活动，用 6 种语言以图文、音频、视频等全媒体手段推送内容，巧妙借助对象国主流媒体平台实现精准有效落地，传播覆盖五大洲 100 多个国家和地区的 580 多家主流媒体和社交平台，在主要西方国家实现全部突破；由总台与“今日俄罗斯”国际新闻通讯社共同打造的“中俄头条”移动融媒体客户端下载量已突破 600 万，“中俄头条”采写的独家原创新闻经常登上俄罗斯最大的搜索引擎 Yandex“中国新闻榜”榜首，并被两国媒体广泛转载。

讲好中国故事，不仅需要考虑国际舆论环境的复杂性，同时还需要分析不同国家、平台、用户群体的需求，“主动跟踪、监测、分析和对接不同平台上国际传播的用户行为分散化、文化表达多样化，以及群集或社交的地方化等特征”②，不断摸索创作传播规律，在乐于接受和易于理解上下功夫，让更多国外受众听得懂、听得进、听得明白，在“润物无声”中讲好中国共产党治国理政的故事、中国人民奋斗圆梦的故事、中国坚持

---

① 卢新宁.主流媒体如何巩固主流地位——关于人民日报媒体融合实践的思考[J].新闻战线，2018(13)：6-8.

② 姬德强，杜学志.平台化时代的国际传播——兼论媒体融合的外部效应[J].对外传播，2019(5)：13-15，44.

和平发展合作共赢的故事，展现真实、立体、全面的中国。

在近期的中美经贸摩擦主题报道中，总台"国际锐评"敢设话题、敢于发声，在热点问题上迅速科学回应，有效传播了中国声音、中国主张与中国立场。[①] 总台还以人文类纪录片、优秀电视剧等精品节目内容为突破口，利用覆盖全球的用户网络和无缝对接的内容传输渠道，在交流交融中传播中国优秀文化精髓。由总台译制的印尼语版中国电视剧《鸡毛飞上天》在印尼国家电视台"中国剧场"栏目播出，通过讲述中国百姓的真实生活，反映中国人民对亲情、友情、爱情的珍视和面对生活困难所表现出的积极乐观的态度，增进两国人民相互了解，推动两国民心相通；在G20大阪峰会召开之际，总台与日本电视台联合制作的特别节目《中日知多少》全面介绍了《平"语"近人——习近平喜欢的典故》日语版，《北京自拍日记》《超带感走起》等围绕中日青少年文化交流的原创日语视频节目，在日本电视台、每日放送电视台、吉本兴业"大阪频道"、"Buzz Video"等日本主流媒体集中推出；《朗读者》《如果国宝会说话》等优秀节目也经推介活动推广至海外，受到各国观众的喜爱，对促进国际文化交流起到了积极作用。[②] 这些都为新型主流媒体开拓国际市场、在世界舞台讲好中国故事提供了参考范例。

(二)技术层面

一方面，新兴技术为传统媒体行业提供了全新的发展契机。利用移动技术手段可以增强新闻聚合能力，极大地拓展信息容量和信息多样性，平台、流量、用户、爆款等互联网式发展方向也在探索中渐渐明晰。同时，通过大数据技术针对融合传播体系的信息检索与聚合、内容审核管理与发布、融合舆情预测分析、融媒体广告审核与发布、融合传播效果与数据监测等功能性系统，从互联网海量、高增长率和多样化的信息资产中发现受众的需求，从而在传统主流媒体舆论引导、主流价值观传播等方面的先进经验的指导下有针对性地调整传播策略，稳健前行。

2018年11月，国家广播电视总局印发《关于促进智慧广电发展的指导意见》，其中明确指出广电发展要突出移动优先策略，主动适应新技术条件下媒体服务泛在化、

---

① 搜狐网. 回顾2018年，新闻行业这10大创新亮点值得一看[EB/OL].(2019-01-10)[2019-08-02].https://www.sohu.com/a/287878727_570245.

② 加强实效、推进融合、注重创新，中央广播电视总台探索国际传播"新坐标"[EB/OL].(2019-02-16)[2019-08-02]. http://news. cnr. cn/native/gd/20190216/t20190216 _ 524512785. shtml? spm = smpc. content. content.1.1551459919389D5Umrcq.

移动化、交互化、个性化的趋势，贴近受众需求、提升受众体验，把资源、技术、力量向移动端倾斜，补齐广播电视移动短板，把握移动机遇，服务移动受众。[①] 总台运用新形式技术手段生产与传播的许多创新产品都呈现出了全新的样貌，成为业界的典型案例和标杆产品。总台“5G＋4K/8K＋AI”的布局历经一年多的发展，越发清晰，超高清电视制作能力和节目产量加速提升，在一系列大事件、“名场面”报道中实现了5G＋4K、5G＋VR的全流程、全要素制播。总台的5G新媒体平台，已经可以满足集成多路4K超高清信号和多类型节目制作形态的条件，具备了多点、多地、全流程、全功能4K超高清节目集成制作和发布能力，2021年还将开展8K超高清测试，为2022年北京冬奥会8K超高清节目制作和点播服务提供支撑。[②]

另一方面，新兴技术也将成为电视产业的全新经济增长空间。2019年3月，工业和信息化部、国家广播电视总局、中央广播电视总台联合发布的《超高清视频产业发展行动计划(2019—2022年)》指出，2022年我国超高清视频产业总体规模有望超过4万亿元，形成技术、产品、服务和应用协调发展的良好格局。2018年，总台制作的4K节目视频产量达到851小时，2019年达到2500小时，预计到2022年将突破1万小时。CSM全国网数据显示，截至2019年7月1日，CCTV-4K频道触达观众达2.48亿，其中一线城市触达人数合计2515.26万人。以各城市2018年年末常住人口为基数，一线城市4K频道整体触达率为34.1%，北京达42.5%，天津达50.7%。目前来看，CCTV-4K超高清频道的观众呈现高学历、高收入特征，大学以上学历观众集中度为109.2%，个人年入7万元以上观众集中度达129.1%。相比一般电视频道，CCTV-4K频道的观众更年轻化，其中45岁以下观众占比为48.2%，具有消费活力。CCTV-4K频道方兴未艾，尚处于用户覆盖快速发展阶段，大规模用户进场的爆发期还未到来，增量空间可观。根据奥维云网数据，2018年，中国4K电视保有量约1.1亿台，4K电视销量占比达69%，明显高于全球35%的占比；已经实现《超高清行业发展行动计划》提出的“到2020年，4K电视终端销量占电视总销量的比例超过40%”。研究机构Futuresource预测，超高清电视到2022年将实现两位数增长，中国目前正在使亚太地区成为4K电视出货量的全球领先者。

---

① 胡占凡.抢抓三大战略机遇 实现融合纵深发展[J].传媒，2019(18)：1.

② 中央广播电视总台副总编辑彭健明：总台10月1日将全面改版[EB/OL].(2019-06-12)[2019-08-01].http://www.cjrbapp.cjn.cn/p/102570.html.

(三)平台层面

近年来,各层级主流媒体纷纷瞄准“两微一端”等第三方平台的强大流量和广泛影响力,推出极具网感、话题性,同时又饱含时代精神、极具价值引导力的内容精品,形成了具有强大影响力和庞大订阅用户数的新媒体矩阵。在5G新媒体平台实验中,总台以大数据算法为依托,采用价值观引导和个性化推荐相结合的方式分发内容,打通微信、微博、QQ等用量较大的社交平台,今日头条、小红书等资讯平台,京东、淘宝、唯品会等电商平台,得到、知乎等知识付费平台,抖音、快手等短视频平台,扩大内容发布的覆盖面,增强与用户之间的紧密联系,①其中不乏点击量超过百万、千万甚至亿的“爆款”内容,如2018年除夕当晚,央视春晚联合抖音推出的“幸福又一年”活动相关视频播放总量突破247亿,参与拍摄人数达337万。

除了借力第三方移动传播平台开展内容传播以外,总台依托自身内容优势,深度挖掘优质内容的产业链开发,不断加强移动端自有平台的建设能力,打造“内容+平台+渠道+服务”的媒体生态体系②,建立属于自己的大数据资源平台。不仅如此,总台还在原来原创内容发布的基础上,注意平台内部栏目、子平台的细分和特色定位,在节目、经营、管理等方面对传统媒体与新兴媒体进行交融与区隔,全力打造真实权威、生动鲜活、用户喜爱的新媒体平台,为全效传播格局奠定坚实基础。在重大宣传报道一体化统筹机制下,2019年全国“两会”期间,总台全媒体平台发稿55,497次,电视端触达观众123亿次,自有新媒体平台浏览量突破69亿次。《从深圳到雄安》《家国天下》《习近平彝家火塘话脱贫》等微纪录片、新媒体特稿《时政新闻眼》、原创微视频《人民代表习近平履职记》等在全台首页、首屏、头条同频共振,时政特稿播放量都在5000万以上。总台新媒体平台国庆70周年报道的点击量达到了33.5亿多次,成为不折不扣的“现象级”新兴内容。

在短视频的时代观照下,技术壁垒不断消除,生产者、传播者、消费者之间的界限逐渐模糊,用户自主性得到进一步凸显,自制内容、分享传播、点赞互动等已成常态。总台于2019年11月20日正式上线我国首个5G短视频新媒体平台——“央视频”,其定位是“有品质的视频社交媒体”。“央视频”一方面发挥自身音视频生产优势,统一策划内容矩阵,全方位统筹协调总台长期沉淀的优质节目资源;另一方面将新闻生产向

---

① 黄鹂.从“借船出海”到“造船出海”——中央广播电视总台短视频发展战略[J].新闻战线,2019(11):36-39.

② 搜狐网.慎海雄:立足总台“5G+4K+AI”战略,实现大文化、大资本、大经营蓝图[EB/OL].(2019-07-22)[2019-07-31].http://www.sohu.com/a/328588944_451230.

"原创+聚合"模式转变,以共建的姿态让每个人、每个频道、每个栏目随时随地都能参与媒体内容的创作与传播,通过聚合社会机构、专业及准专业创作者的优质资源来丰富内容多样性,在最大程度上连接用户、聚集用户、积蓄用户,传播效果令人拭目以待。

充分利用融媒体平台这一利器还能发挥媒体的舆论监督与公共服务功能,促进政务服务提质增效,大大提升社会运行效率,进一步激发社会活力。2019 年"两会"期间,央视新闻 App 联合"全国县级融媒体智慧平台"共同打造《我给两会带个言》特别节目,通过县级融媒体中心打通"传播的最后一公里",延伸央视新闻的触角,征集百姓的声音。入驻智慧平台的县级融媒体中心以平台为依托展开区域资源聚合,实现信息内容、技术应用、平台终端、管理手段的共融互通。央视新闻移动网从节目研发、技术支撑、内容分发、媒资共享等方面为县级融媒体中心进行全方位赋能,助力其形成渠道丰富、覆盖广泛、传播有效、可管可控的移动传播矩阵,并引导县级融媒体向公共服务领域拓展,把县级融媒体中心建成主流舆论阵地、综合服务平台和社区信息枢纽。

(四)合作层面

总台在打造国家级新型主流媒体的过程中,与产业上下游优势技术供应方、资本方、平台方等开展积极合作,引领集体跨界融合,促成优质资源互补、产品市场共有、平台渠道共用、优质品牌借势等,达成互利共赢。2018 年初,总台与中国互联网巨头 BAT(百度、阿里巴巴、腾讯)接触,交流合作意向,拟借助 BAT 技术平台及用户资源,在云平台、大数据、移动客户端、信息化平台、公益广告和新媒体等领域,开展包括建设项目团队、开发大数据应用技术、建立联合实验室、分析多终端用户收视行为、设置直播点播内容标签等在内的全方位合作,助益总台提升内容推送能力、市场理解发掘能力。2018 年 8 月,总台与新浪达成拓展自媒体、社交媒体领地等共识。在 2019 年国内国际舆论场多元声音激荡时,央视新闻选择在新浪微博投放相关节目内容,并就电视内容进行话题互动,在互联网上实现了优质内容的传播,带动了话题流量。通过与微博的合作,《新闻联播》从 7 月 1 日起并机总收视率持续走高,《新闻联播》全媒体累计触达 35.9 亿人次,15—24 岁年轻人群收视率提升明显。2018 年 12 月,总台与三大电信运营商及华为公司签署合作建设 5G 新媒体平台框架协议,联合建设"5G 媒体应用实验室",开展 5G 环境下的视频应用和产品创新,全力推动 5G 核心技术在 4K 超高清节目传输中的技术测试和应用验证。

2019 年 7 月,总台总经理室正式成立,并确立"大文化、大资本、大经营"的战略布局,明晰事业产业协同发展路径,一改以往单一依靠广告经营创收的局面,推动全媒体广告经营整合。[①] 在融合发展中，总台以开放的心态在不断扩大、深化的合作过程中吸取经验，弥补在自身内容推送能力、市场理解发掘能力等方面的短板，同时在政务服务、增值服务、版权开发、经营拓展等领域开拓探索，不断发展新业态、获得新空间、赢得新优势。[②]

〔崔林，中国传媒大学电视学院教授；郑美辰，中国传媒大学广播电视学硕士研究生〕

〔特约编辑：顾洁〕

---

①② 慎海雄：立足总台"5G＋4K＋AI"战略，实现大文化、大资本、大经营蓝图[EB/OL].(2019-07-22)[2019-07-31].http://www.sohu.com/a/328588944_451230.

视听传播

纪录片虚构的边界探寻：

从 BBC 造假门说起

Seeking the Boundary of Documentary Fiction:

Start from BBC Fakery

◎ 戴剑平　吴俐伶

Dai Jianping　Wu Liling

摘要：纪录片以非虚构为特性，这种特性首先是影像的非虚构。但其实在纪录片诞生之初，虚构就存在了，虚构与真实是一对共生的矛盾。从 BBC 到央视的“舌尖”系列，纪录片被频繁爆出“造假”问题。与此相对的是，20 世纪末西方出现的新纪录电影公然挑战了长期占据主流地位的“非虚构”定义，近年来也出现了关于“动画纪录片”的新说法。作为一门艺术，纪录片显然是允许虚构存在的，但不表示虚构能被无限度地使用。纪录片既要避免机械的记录，走向自然主义倾向，又要防止虚构的使用越过边界，威胁到自身非虚构特性及观众接受的契约，因此，虚构的问题涉及纪录片本体、创作者主体意识和观众接受的契约三个方面。

关键词：虚构；非虚构性；边界；契约精神；主体意识

Abstract: Documentary film is characterized by non-fiction, which is mostly the non-fiction of image. However, fiction has existed since the very beginning of documentary, which makes it and the reality a pair of symbiotic paradox. From BBC to the *A Bite of China*, fakery is frequently exposed in documentary. In contrast, New Documentary in the late 20c openly challenged the non-fiction definition. New concepts like Animated Documentary also appeared in recent years. As an art, documentary obviously allows the existence of fiction. But that doesn't mean it could be used limitlessly. Documentary should, on the one hand, try to avoid mechanically record and fall into naturalism, on the other hand, prevent fiction from crossing line, threatening the non-fiction feature and the contract with audience. Therefore, the problem of fiction involves three parts, documentary ontology, subjective consciousness of filmmakers and the audience acceptance.

Keywords：fiction，non-fictional，boundary，contract spirit，subjective consciousness

随着摄像技术手段和器材的普及，网络纪录片、微纪录片、Vlog（影像网络日志）等影像记录方式开始流行起来，记录变得如此重要，以至于似乎在我们的生活中无处不在，也因此，曾经“冷门”的纪录片越发受到关注，前有BBC的《人类星球》《地球脉动》等高质量大作，后有《舌尖上的中国》《我在故宫修文物》等各路“网红”纪录片。BBC制作的纪录片一向以质量上乘、纪实专业闻名，却在近年频繁爆出镜头“造假”的丑闻，同样以严谨著称的日本NHK电视台也出现过类似问题，大火的“舌尖”系列也没能摆脱“造假”的问题。[①] 虚构和纪录片的关系再次引起人们关注。我们不禁要问，纪录片最重要的特性是什么？是不是杜绝一切虚构？同样是虚构，为什么在一些纪录片中被认为是合理的，在另一些影片中却被指责？回顾纪录片的历史，我们不难发现虚构的身影，20世纪末西方出现的新纪录电影就公然挑战了长期占据主流地位的“非虚构”定义，近年来还出现了“动画纪录片”的讨论热潮，讨论的关键在于动画这种彻底虚构的手法能否独立支撑起纪录片。

虚构的问题涉及纪录片本体、创作者主体意识和观众接受的契约三个方面。从这三个方面来看，BBC造假的问题和新纪录片虚构、“动画纪录片”之间有本质区别。纪录片往往给人“严肃、真实”的印象，这多少反映了纪录片非虚构的本质属性，也说明它负有强烈的社会责任。因此，虚构的边界与纪录片本体直接相关，超过一定界限，纪录片还能否被称作纪录片是可疑的；创作者使用虚构手法的目的和程度不仅影响纪录片的呈现，也关系到纪录片从业人员的伦理道德水平；纪录片与观众之间存在着隐形契约，对虚构的处理实际上也是对契约的处理，这就是为什么颇受信任的纪录片出现“造假”时观众感到失望，也是“动画纪录片”难以成为独立门类的原因。

① 宋宇晟．陈晓卿谈《舌尖2》造假：受西方纪录片观“毒害”[EB/OL].(2014-05-16)[2019-10-22]. http://www.chinanews.com/cul/2014/05/16/6179552.shtml.

一、纪录片虚构手法的追溯及常用方式

(一) 纪录片虚构的合法性

纪录片似乎天然地排斥虚构。但事实上,“纪录片之父”弗拉哈迪在《北方的纳努克》中就采用了虚构的手法,影片中的渔民出海、捕鱼等场景都是经过前期设计的摆拍成果,而不是摄像机自然记录的真实画面。再往前追溯,卢米埃尔兄弟在制作《工厂大门》等短片时,也不仅仅是架设摄影机等待事件的自然发生,那些场景经过了事先的编排。从真实电影开始,纪录片更明确地让创作主体介入拍摄,甚至“促成非常事件的发生”。西方新纪录片(又称反真实纪录片)①对虚构的运用是公开的,“与其在对纪录电影的真实性抱有理想主义幻想和玩世不恭地求助于虚构手段这两种倾向之间摇摆不定,我们最好还是不要把纪录电影定义成是真实的本质,而是定义为一套旨在对相对的和偶然的真实的世界进行选择的战略。这个定义的方便和困难之处在于,它坚持现实(从根本上说是一种‘现实’)的观念,甚至不惜完全以拍摄故事片的规则和标准拍摄纪录片”②。这里的真实更多地指向一种被体制人为刻意遮蔽的事实,虚构成了考问、反讽的重要手段。

格里尔逊提出纪录片是“创造性地阐释自然生活”,从真实世界中挖掘纪录片的诗意。“创造性”至今都是纪录片批评的重要理论武器,它在纪实与虚构之间留下了一个可以扩充的空隙,而格里尔逊所推崇的纪录片的艺术性也为虚构手法的合法性提供了理论支撑。人类与时间对抗的强烈欲望不仅体现在试图延长生命上,还体现在保留真实的副本,在艺术上就体现为对形似的追求。从绘画到摄影和电影,虚拟现实、全息投影等技术更是将复制现实的可能性推向了更远处。可是,我们不会认为这些高水平的复制与艺术是接近的,因为技术本身是没有情感和倾向的,并不能成为艺术,主体性的存在才是艺术区别于纯粹技术的关键。因此,作为一种艺术,纪录片对虚构手法的使用具有历史和理论上的合法性。

(二)纪录片的真实:非虚构性是首要的

在关于虚构与真实关系的讨论中,我们很容易上升到哲学层面,并且难以取得一

---

① 为与国内的“新纪录片运动”区分,以下均称“反真实纪录片”。

② 威廉姆斯.没有记忆的镜子——真实、历史与新纪录电影[J].李万山,译.电影艺术,2000(3):122.

个令各方满意的结论。比如“真实再现”在西方强调的是创作者对事件的干预,而在中国则几乎与“搬演”同义,国内一度对“真实”和“纪实”关系的争论也体现了对真实的不同理解。不可否认,“真实”的含义是多元的。但如果把真实扩展到一切不可见的领域,那么几乎所有艺术家都会认为自己追求的是某种意义上的真实,至少是他们内心的真实。于是,真实既是无处不在的,又是无法触及的。如果沿着这种争论的方向往下走,意义都被消解,虚构和真实之间的界限不复存在,那么纪录片不仅和故事片没有区别,和其他的艺术类型也都没有区别了。

所以,我们必须重新回到纪录片本身。纪录片领域的真实,首先是影像的非虚构,这是纪录片得以与其他类别区分的首要特征。其他层面的真实是所有艺术都追求的境界,并不是纪录片特有的。如果把虚构看作追求本质和心理真实的有效手段,那么故事片、实验片等其他类型影片具有更绝对的优势。尽管许多学者都试图探讨纪录片的定义,但至今尚未出现一个被公认的明确定义,唯有“非虚构”的特性是受到较广泛认可的。《电影术语辞典》对“纪录电影”的定义是:“纪录影片、纪录片,一种非虚构的影片,它具有一个有说服力的主题和观点,但它取材于实际生活,并且运用编辑和音响来增进观念的进展”。[①] 法国《电影辞典》中也强调,“纪录电影是指那些排除虚构、对现实进行描述或重建的影片”[②]。在德国学者埃·莱塞等人看来,“非虚构影片”甚至可以与纪录片画等号,“较之于‘纪录电影’我宁可用‘非虚构电影’这个词,它表达了这样一种意思,这类影片不是人为创作的,剧中人也不是演员扮的,他们有自己的名字,真实可信”[③]。英文世界也开始用“non-fiction film”(非虚构电影)来代替“documentary”(纪录片)。

在真实电影中,事件的发生虽然受到拍摄者影响,但仍然是真实的,场景也是原初的记录,因此这种方式依然在“非虚构”的范围内。在反真实电影中,创作者也是基于影片所掌握的事实来传递一种追问和见解,类似于法庭的搜证和陈述——不同的立场必然产生不同的见解,但是必须基于事实,这和故事片的完全虚构性有本质区别。

(三)常见的虚构方式及功能

在纪录片中,最常见的虚构方式就是卢米埃尔兄弟和弗拉哈迪使用的搬演手法,

① 任远.电视纪录片新论[M].北京:中国广播电视出版社,1997:271.

② 单万里.纪录电影文献[M].北京:中国广播电视出版社,2001:6.

③ 莱塞.合法的手段——纪录电影与历史[J].聂欣如,译.世界电影,1993(4):224.

也就是“把往事或别处的事重演出来”①。这种手法在今天的纪录片中仍然可以见到，如《蓝色星球》在动物园中模拟北极熊产子，《冲天》中利用演员的声音来还原信件。第二种方式是插入资料，主要指非虚构影片以外的资料，重新剪辑或运用其他技术处理历史声音、影像资料后，插入纪录片中，比如《大明宫》《敦煌》等历史题材纪录片和一些人物纪录片，就常借助故事片的片段来还原历史场景或人物。按照前文对非虚构的定义，这些资料不是原初的画面和素材，所以也被列在虚构的方式中。第三种方式是特效虚拟，包括运用三维数码特技进行实景模拟和动画模拟两种主要方式。《大国崛起》等影片中就大量使用了特技构建虚拟画面，以展示历史场景。利用特效技术构建现实中难以实现和捕捉的特殊画面和原理的方式，常见于自然类纪录片。动画的方式类似于搬演和表演，只是将表演的人物和场景动画化，这种方式可以带来明显的间离感，让观众对虚构的部分一目了然。至于全片都采用动画制作完成的“动画纪录片”则已经超出纪录片的范畴，我们将在后文进行讨论。应该说明的是，显微镜头和航拍镜头等特殊拍摄方式只是镜头在技术上的延伸，不涉及被摄对象本身的改变，因此不属于特效。第四种方式是虚构剧情，包括摆拍事实上不存在的画面以及通过剪辑改变真实事件的时空两种。摆拍与搬演的区别在于，这些场景是依靠创作者的想象虚构出来的，而不是“往事”。比如《蓝色星球 II》中，BBC 通过拍摄一批 20 世纪的小黄鸭在海上随波逐流展示洋流的历程，但其实这些小鸭子是由工作人员投放的。② 在实际操作中，虚构剧情有时会和搬演发生重叠，这四种方式也越来越多地被结合起来使用。

虚构的功能是显而易见的，首先是再现历史。即使在最忠实于真实的电影人那里，要求捕捉到全部完整的画面依然是困难的，这种困难在面对历史题材时就更为突出了。以纪录片《消失的建筑》为例，古代的城市和房屋是怎样的面貌，即便我们可以通过古籍知晓一二，可是建筑的知识是非常复杂和专业的，平面和文字的讲述只能在一般观众心中留下模糊的印象，不利于展开更详尽的讲述。因此，在历史资料的基础上，通过三维建模技术还原出当时的建筑，就比图片和文字立体和直观得多了。

虚构的第二个功能是补充信息。比如在讲述复杂的科学原理时，原始影像再丰富还是显得单薄，借由特技模拟出原理的运作方式，或插入在这方面展示得较为充分的电影片段，就能够很好地补足原有素材中缺乏的信息。纪录片《你最想知道的科学》为

---

① 中国社会科学院语言研究所词典编辑室. 现代汉语词典[M]. 北京：商务印书馆，2014：35.

② 郭富强. 被捧上天的 BBC 神作造假，惊掉多少人下巴[EB/OL].(2018-04-10)[2019-10-22]. https://pit.ifeng.com/a/20180416/57605986_0.shtml.

讲述速度的相对性,将动画人物放置在不同速度背景下进行对比,体现出速度需要参照物来感知的这一特性。《癌症:众疾之皇》在阐释癌细胞的运作原理时,同样使用了动画技术,将细胞等各类组织用不同颜色呈现在画面中,辅以旁白解说,癌症的原理就变得非常清晰直观了。再如《徐志摩传》在讲述人物的生平时,由于人物的一些轶事更多的是口头流传和文字记载,没有真实的影像记录,因此在纪录片中插入了《人间四月天》相应的影视片段。这不仅"还原"了轶事的始末,丰富了徐志摩的人物形象,还能使观众在两种影片形态的对比中更清晰地了解事件的原貌。通过人们对纪录片的信任,传达相对客观真实的信息,这是纪录片社会功能和责任的体现之一。

第三个功能是艺术性的探索。和故事片相比,纪录片的艺术性更多地来源于视听语言、叙事结构、主题思想等方面,而纪录片对非虚构性的强调,使其在这些方面展示艺术性的空间也比故事片狭窄。虚构手法的运用为纪录片探寻艺术性带来了更多的可能性,尤其是特效虚拟和虚构剧情。多数纪录片在使用特效时以史料为基础,而史料的模糊性和有限性却使得创作者的想象成为不可缺少的因素。虚构剧情则更甚,无论是摆拍还是剪辑,都接近于故事片虚构的创作方式了。在西方反真实电影中,虚构手法也呈现出强烈的艺术性。《细细的蓝线》中使用的带有寓意的音乐、虚构的不存在的场景、慢镜头等手法,不仅在形式上使影片具有强烈的艺术性,而且也间接表达了创作者对整个案件的看法。在对素材的拆解、拼贴、重组中,这类反真实电影也体现出强烈的后现代主义精神。因此,虚构手法为纪录片带来的不仅是形式上的艺术美感,更从内核上认可了纪录片的艺术属性,并允许其在这个属性上进行探索。

二、虚构对契约精神的影响

(一)纪录片与观众的契约精神

同样是虚构,为什么观众可以容忍故事片任意虚构,却对纪录片的某些虚构感到愤怒?这就不得不提到纪录片与观众之间的一种隐形契约。迈克尔·雷比格在他的经典教材里曾提到过这份契约:"纪录片这一年轻的艺术形式中没有规则,只有一系列的决定:决定你的底线在哪里,决定怎样遵守你将与观众订立的契约。"[1]在纪录片中,创作者为观众提供了一种关于真实的保证,如果需要使用一定的虚构手段,则应当以各种形式告知观众,使观众能够分辨何者为事实,何者为虚构。观众在观看时会认同

① 奥夫德海德.纪录片[M].刘露,译.南京:译林出版社,2018:5.

纪录片的首要特性是非虚构性,同时允许一定的虚构手段的使用。因为这种契约并不成文,所以那些故意无视和破坏契约的纪录片,丢失的是这种契约精神,其所作的虚构成为对观众的欺骗,这就是纪录片领域常常谈到的伦理道德问题。

契约精神的重要性在于,它会直接影响观众对纪录片的信任,进而影响观众对纪录片的认知,反过来影响纪录片的创作和理论研究。

(二)被接受的虚构

虚构的不同目的、方式和程度都会影响影片的效果和观众的接受度。对虚构手法运用较多的主要是历史纪录片、人物纪录片、科学纪录片这一类知识信息量较大的影片,因为客观条件决定了它们的素材难以做到全面,因此使用一定的虚构手段是现实的需求。如《故宫》《圆明园》中都使用了大量数字技术来还原历史建筑,但在画面上会通过展示构件组合或渲染程序等手段,让观众知晓这些画面中的建筑并不是历史上真实存在的,而是使用了虚构手法,因此观众能够接受。人物纪录片对动画和资料插入运用得比较多,讲述中国第一代空军的纪录片《冲天》借用了大量故事片的叙事手法,首先是用动画还原历史人物。观众从影片的历史背景可以得知,动画还原的人物是曾经真实存在的。其次,影片邀请了几位著名演员为动画中的人物配音,配音的内容是人物真实的信件,而不是故事片中的"台词"。有了真实信件的基础,观众也就知道这些配音是对信件和人物的演绎,因此与声音的历史资料相区分。有了这些遵守契约的前提,动画和配音的演绎不仅弥补了历史人物不在场、资料不足的缺憾,还在事实的基础上加深了观众对整个主题的理解,加强了对人物的共情。反真实电影的代表作《细细的蓝线》尽管使用了大量虚构手法,反复搬演案发过程、不同证人各不相同的讲述,但观众在观看明显互相矛盾的画面时能意识到这并不是纪实的影像,因此会对整个案件有自己的思考。这些影片中,虚构手法都是根据实际需求来使用的,并且只作为辅助手段使用,在使用中以各种方式告知了观众虚构的存在,就纪录片本体而言没有违背非虚构的属性,从创作意图上看没有欺骗观众的意图,在接受效果上也没有造成混淆。

(三)被谴责的虚构

BBC 制作的纪录片一直受到很高评价,这不仅是由于影片的质量出众,更重要的是 BBC 具有强烈的契约精神。BBC 团队对素材的真实性要求很高,为采集素材可以"上刀山、下火海",这些纪录片因其真实性而更令人震撼。正是由于这种信任,BBC

纪录片造假才会产生巨大的轰动效应。

2018 年 4 月,BBC 发布声明,公开承认纪录片《人类星球》(*Human Planet*)中存在“不够准确的片段”①,细心的观众还发现了不少“造假”的片段。《人类星球》中关于树屋部落的片段讲述了巴布亚新几内亚科罗威人中的一个家族,搬进树屋生活的故事。这种树屋高达 40 多米,坐落在热带雨林一棵棵大树的树冠之上。然而,当探险家 Will Millard 随摄制组来到当年拍过《人类星球》的部落时,当地人却告诉他,“树屋根本不是‘我们的家’,‘只是委托建造的’。实际上,当地人住的树屋离地面很近,高处的那些树屋只是用来举行仪式的,或是部落小孩子们碰面的地方。”②《人类星球》中拍摄的沙漠野狼其实是由动物园中被驯化的狼代替的。再比如,《巴塔哥尼亚:地球的隐秘天堂》中火山爆发的震撼场景,其实是由 2011 年智利摄影师拍摄的闪电视频与 2015 年火山爆发的视频合成的。《冰冻星球》中讲述北极熊妈妈挖冰窟产崽的一段,实际是工作人员在动物园里搭建假冰窟,全程都是在动物园拍摄完成的。在《不为人知的澳大利亚》中,“澳大利亚土著居民在为一位去世的朋友守灵时喝酒,这个场景被写成派对,这些居民还被描述为‘酗酒上瘾’”③。

事发之后,英国《独立报》《每日电讯》《太阳报》等媒体都发文指责了 BBC,国内的观众也表达了失望之情,有网友评论道:“BBC 你还我感动和震撼。”④类似的问题也曾出现在 NHK、“舌尖”系列影片中。这充分说明,真实的魅力是纪录片的优势之一。越来越多的故事片改编自真实故事,当“本片改编自真实事件”的字幕出现时,影片的震撼力就升级了。观众对纪录片“造假”的反应也充分证明了契约精神对于纪录片而言是无比重要的。在这些例子中,观众认可的是纪录片关于“真实”的契约,制作方在虚构片段中并未告知观众,使得观众混淆了虚构和真实的部分。这种操作显然不是无意的失误,而是制作者有意为之,目的就是让观众误以为造假的片段是真实拍摄的,这就构成了欺骗行为,毁坏了契约。因此,我们一再强调的是,虚构手法的使用与主体创作意识直接相关。

---

① BBC Studios. BBC 关于《人类星球》(*Human Planet*)第 1 集违反内容编辑准则的声明[EB/OL].(2018-04-26)[2019-10-22]. https://www.prnasia.com/story/208986-1.shtml.

② 二号少女. BBC 纪录片陷“造假门”,摆拍和造假是两码事[EB/OL].(2018-04-11)[2019-10-22]. https://baijiahao.baidu.com/s? id=1597456245664399229&wfr=spider&for=pc.

③ 巴塞电影. BBC 纪录片造假让你失望了? 说这话的你可真让人失望啊! [EB/OL].(2018-04-15)[2019-10-22]. http://www.sohu.com/a/228365817_461884.

④ 左卓,李雪晴. BBC 人设崩? 纪录片造假引哗然,网友:还我感动和震撼[EB/OL].(2018-04-11)[2019-10-22].http://www.qdnrbs.cn/news/content/2018-04/11/87_25447.html.

(四)令人疑惑的虚构:反真实纪录片、动画纪录片

另外一些影片,则因未能被很好地归类而令观众感到疑惑。第一类是以反真实影片为代表的使用了新虚构手法的纪录片。在代表性影片《细细的蓝线》中,创作者通过虚构手法隐晦地表达了自己的观点,即警方抓住的人是无辜的。影片的虚构形成了对现实的反讽,目的在于探索案件的真相。即便如此,反真实纪录片对虚构的运用依然是很谨慎的,和BBC造假这类影片的虚构有很大的不同。第一,影片的事件基于真实事件,而非虚构事件;第二,创作者并不试图灌输给观众某种"真实"观念,影片中的剪辑、音乐和镜头以极强的间离感提示了此处的"虚构性",罗生门式的叙述也让真相不可捉摸,创作者的想法亦没有明确地表达过,真相变成了开放式的答案。纪录片在作为一种艺术的同时,还担负有一定的社会责任,大量使用虚构手法的反真实纪录片的目的在于探讨社会中的真实,并没有卸下这个责任走进完全的虚构游戏中。《变态者意识形态指南》是一部由哲学家讲解特定哲学概念的纪录片。影片采用了单人画内讲述的叙事模式,和大多数纪录片展示某种现实的目的不同,该片的目的在于讲述抽象哲学理论,这就使得它不需要大量的纪实素材。但是很显然,主创者并不想把影片做成"哲学课堂实录",所以让主讲人穿上影片中人物的服装,在讲述中提及的许多影片拍摄场景中进行讲述。这些场景当然也是虚构的,场景"穿越"达到的效果不仅是化解哲学的高深难懂,增加幽默感,更重要的是通过拙劣地"搬演"已有故事的场景,与原场景和人物形成鲜明对比,使观众产生强烈的间离感,启发观众思考那些引人入胜的故事片所传递的思想。同时,主讲人戏谑式的模仿也在形式上解构了原有影片,帮助展示了原影片建构和传输意识形态的过程——这与影片所要传达的内容紧密结合。

相较于传统意义上的纪录片,上述影片的形式仍比较特殊,仅在创作领域和学术领域被接受,并没有被观众广泛地认识,所以类别的指引是必要的。

第二类是以《我们诞生在中国》为代表的纪实性故事片。尽管创作团队深入野生动物栖息地采集了宝贵的真实画面,但全片却是一个在剧本的基础上剪辑而成的动物故事。未等观众质疑,导演陆川就说,"《我们诞生在中国》是一部建立在真实素材之上的故事片,同时具备了真实性和故事性两种特征"[①],将其定位为"故事片"无疑是准确的。影片利用剪辑改变了真实场景的顺序等,改变了现实的时间和空间,使素材"迎

① 方嘉欣. 陆川:这是大电影,不是纪录片[EB/OL].(2016-08-04)[2019-10-22].http://ent.cctv.com/2016/08/04/ARTIIqX3zqXl2XRX80j2Ejp5160804.shtml.

合"于剧本,这是故事片典型的创作模式。还原历史状态的手法被越来越多地运用到故事片中,这并不能改变故事片的属性,《辛德勒的名单》《聚焦》《卢旺达饭店》等著名影片都是如此。但《我们诞生在中国》在许多视频网站被归于"纪录片"一类,就容易对观众造成误导了。

第三类是近年来出现的"动画纪录片",以《和巴什尔跳华尔兹》《我在伊朗长大》为例,这两部影片在影评网站的分类中都是"纪录片"。对于"动画纪录片"这个概念成立与否,国内学界曾展开激烈的争论,其中最具代表性的是王迟和聂欣如。王迟认为,动画纪录片记录了真实的事物,事件是可考的,只在形式上使用了动画这种虚构的手法,所以动画纪录片应该算纪录片的一个类型。① 而在聂欣如看来,动画纪录片所声称能达到的"真实"只是情感和心理的真实,不是纪录片那种可被验证的影像真实,且尚未出现一批能够符合这个概念的作品;最重要的是,动画片与观众之间并没有真实信息的"契约",所以"动画纪录片"的概念不能成立。聂欣如指出的"契约"问题不仅涉及观众的观看和认知,其实还涉及纪录片的本质属性问题,因为契约对真实的保证就是纪录片非虚构特性的体现。动画纪录片并不像支持者所说的,仅仅是形式上运用了虚构的手法,其内容也存在虚构成分。以讨论中被反复提及的《和巴什尔跳华尔兹》为例,影片主人公的梦境、幻想、失忆在影片中被多次展现,但这些内容本来就是意识层面的事物,其真实性无从验证。导演福尔曼在谈到关于失忆的话题时说:"这并非真的是失忆症,其实比较像是跟我们的日常生活相当不同的一个主题;或许在经历过这种创伤之后,这才是能够让我们回到正常生活的方法。"②可见,失忆是一种虚构的手法,从创作主体意识上说,导演并不打算呈现百分百的真实,也就不能保证纪录片和观众之间存在契约。除此之外,片中所有情节都是导演本人和战友的回忆,即便访谈的内容是真实的,但影片的呈现却是经过虚构的加工成果,而不是现实拍摄的真实素材。最重要的是,影片将动画手法扩展到了全片,破坏了纪录片首要的影像非虚构原则。如果全部以动画形式来表现的影片因为基于部分真实而被称作纪录片,那么与此类似,其他的动画片是不是也可以声称部分真实而划入纪录片的行列呢?更进一步而言,只要存在真实性都可以是纪录片,只要存在故事性都可以算作故事片,那么《唐山大地震》可以算作纪录片,《细细的蓝线》可以算作故事片。以局部特点判断整体,无异于消解了不同艺术类别的界限。"如果我们承认动画与纪录片是两种不同的影像材质,那么

① 王迟.真实性问题与纪录片的定义[J].中国电视,2013(9):65.

② 亨吉,史怀.阿里·福尔曼专访[J].周星星,译.电影笔记,2008(6):13.

不论两者在手段方法、叙事逻辑上多么趋同，它们始终都是两种不同的事物。”①如果仅仅因为影片基于真实人物、真实事件，并在结尾插入了非虚构的文献片段，就把影片简单地归类为“纪录片”，无论如何都是不准确的。在学界这个概念尚不明晰、存在争议的情况下，这样的分类也有误导观众认知的可能。对于这些新出现的形式，在类型明确之前，修改为更贴切的标签恐怕也是必要的。

上述三类影片在网站上的分类要么不够清晰，要么错误标示，对观众的认知和契约都有负面影响。大多数观众并非专业人士，他们对于电影的认识除了影片本身外，主要来源于影评网站、影评人。在网络时代，知名影评人意见领袖的角色作用越发突出，影评网站由于观众信任，给予的信息也带有权威专业的色彩。同时，影评网站还聚集了不少业余的影视爱好者，成为观众交流的重要平台，专业信息在影评网站的传播比之一般的社交平台更有效、更迅速。这也对影视相关从业人员和平台提出了更高的要求。

《和巴什尔跳华尔兹》在许多网站的简介中都直接写道：“第一部以动画形式拍摄的纪录片。”②这个简介翻译自国外对这部影片的介绍，“动画形式纪录片”的说法也来自国外媒体的评论，比如路透社就曾在报道中称《和巴什尔跳华尔兹》是一部“大胆的动画纪录片”③。除了媒体的评论外，这种说法的流传与导演本人对“纪录”一词的反复使用也有很大关系。“动画纪录片”的概念来自国外，国内的翻译存在一定的误导性，现在西方广泛使用的“Documentary Animation”译为“使用动画形式的纪录片”更准确，并且出现了“Non-fiction Animation”(非虚构纪录动画片)的概念④，在类别上更为清晰地区分了纪录片和动画片。豆瓣网对这部影片的评论中，有人认可了简介中“动画纪录片”的说法，也有人称之为“文艺片”，还有许多人因这个标签而对影片的真实性产生了疑问，“导演自己的亲身经历吗？导演真的失忆了吗？”⑤这种分类显然已经迷惑了观众。

一种观念或者概念的建立、纠正不仅需要创作的实践、学术界的讨论，也需要观众的认知和认可，而观众需要专业的指引。目前影视领域普遍存在的问题是理论和实践

---

① 聂欣如.“动画纪录片”必须面对的四个问题[J].当代电影，2015(2)：135.

② 豆瓣电影.和巴什尔跳华尔兹[EB/OL].(2008)[2019-10-22].https://movie.douban.com/subject/3047617/.

③ 亲切的柚子.以色列《华尔兹》亮相戛纳 动画手法还原残酷历史[EB/OL].(2008-05-15)[2019-10-22].http://news.mtime.com/2008/05/15/1151580.html.

④ 李刚，孙玉成.从模拟真实到追求真相：非虚构动画影片中的表现与纪录[J].电影艺术，2012(6)：97.

⑤ 豆瓣电影.和巴什尔跳华尔兹[EB/OL].(2008)[2019-10-22].https://movie.douban.com/subject/3047617/.

之间，观众和创作者、学者之间的信息不对等、不同步，沟通不畅，没有形成互通、互相促进的良好局面。

三、虚构的边界何在

(一)纪录片的艺术探索

对于摹拟真实的态度区分了艺术中的两大倾向，即表现和再现。前者的典型流派包括浪漫主义、象征主义等，后者包括自然主义、现实主义等。将两种倾向推向极端的艺术当然也存在，但更多时候，艺术在两种倾向之间游移。所有追求极端的艺术往往都是少数，被冠以"实验"的名号，比如实验电影。"实验"更像是一种艺术状态，而不是其他类型那样相对稳定的艺术形式。作为艺术的纪录片，首先应当保持非虚构的本质属性，因为这个属性不仅是纪录片区别于其他艺术的本质特征，更是道德伦理——遵守与观众契约的要求。纪录片既要避免走向机械复制现实的自然主义倾向，也不能让虚构的边界无限延伸，动摇非虚构特性的地位，混淆故事片和纪录片的区别。虚构作为创造的重要手段之一，并不受纪录片的排斥。纪录片须警惕的是，创作者使用虚构的目的和程度，即主体意识和虚构边界。

虚构的问题涉及创作者主体意识、观众接受的契约、纪录片本体三个方面。从创作者主体意识来说，如果使用虚构的目的在于混淆真假，在于造成影像"欺骗"的效果，那么这种虚构就违背了纪录片创作者应遵守的基本道德准则；就接受的角度而言，观众与纪录片之间存在着关于"保证真实"的隐形契约，如果虚构是在观众不知情的情况下发生的，就会极大影响观众的感受；就纪录片自身而言，当虚构越过了一定边界，使得虚构超过非虚构成为主体，这时的虚构就违背了纪录片的本性，影片还能否被称为"纪录片"也是存疑的。

(二)避免虚构混同非虚构的策略

在实践中，为避免"造假"可以采取的方式包括：

一是尽可能使用真实的素材，在使用虚构手法的片段中以字幕来提示。譬如在插入资料画面时使用"资料画面""电影/电视剧片段"等字幕提示，或是在片头、片尾字幕中写明，影片的某部分声音、图像非纪实拍摄等。

二是以不同色调区分虚构和非虚构画面。对于搬演、摆拍等虚构的部分可以采用调低对比度等手段改变画面色调，使之与纪实画面产生鲜明对比，以此作为对观众的提示。

三是用影片中人物的语言或旁白提示。对于有旁白的纪录片，可以在虚构片段中用旁白提示；没有旁白的纪录片中，也可以剪辑影片中人物提及虚构的话语，间接地说明某些片段的虚构性。类似的手法还有很多，总之，要尽可能告知观众，作出明晰的提示，不以混淆为目的。

四是为新的类型"贴标签"。质疑真实、对现实进行虚构和再创造的"反真实纪录片"潮流能够被西方许多人接受，可以说这种形式的纪录片是更接近艺术的，是在实验性质中探索和拓宽纪录片的艺术道路，可以和故事片中的实验片和艺术片相对照来看待。和后者相似，实验片或艺术片可以是故事片的一种类型，那么这类带有虚构形式的反真实纪录片是否也可以被认为是纪录片的一种类型呢？也就是说，我们认可为探索纪录片的本体和艺术性所做的尝试，并将之划分为一种单独的类型，加上一个可识别的标签。这个分类的角度和故事片从主题内容上来分类不同，为纪录片划分类型的主要标准在于影片与虚构的关系。标签在这里更多地起到指示的作用，这不仅有利于观众接受此类影片——在原有纪录片观看契约基础上增添了新的内容，也有利于此类纪录片的继续发展。因此，开辟特定的纪录片类型，这一观点不仅需要在学术界中得到认可，还需要在其他相关场景中得到传播，比如在影评网站、视频网站、影视论坛等平台上设置新的电影标签，在百科等网站上做相关的词条解释等，使反真实纪录片作为一个新的艺术类型得到广泛传播和讨论。

虽然标签化在现代社会常常被诟病"刻板、不全面"，但对于新事物的传播和接受而言，却是有一定益处的，它能够在最短时间内为观众提供指示，尤其是对于这种颠覆性较强的事物。如果不能及时划分和确定标签，新的类型与原有类型混杂在一起，对于只接受过传统纪录片的观众而言就会有认知困难，这就是为什么许多观众对反真实纪录片的手法争议很大。因为这一过程实际上是创作者一方私自拓宽了虚构的边界，改变了契约，而观众未被告知。划分类型也是在适应越来越细分的受众市场，所以概念的传播需要大众化，类型的发展需要分众化，这对于纪录片类型的划分和发展同样有利。

结　语

纪录片的首要特性是非虚构，这就要求创作者具备高度自觉的道德水准和专业性。在维持非虚构特性的基础上，纪录片也可以运用虚构手法来探索自身的艺术属性，但是这种探索是有边界的，首先不以欺骗为目的；其次，在边界的延伸过程中，还应保持与观众的契约的稳定性。为避免虚构引起的混乱，纪录片应当尽可能使用真实的素材，在涉及虚构的片段中以多种方式作出明确的提示，告知观众。

我们不能否认，纪录片虚构的边界是在变化的，从格里尔逊的纪录片观到直接电影，再到人为介入式的真实电影和反真实纪录电影，后来出现的搬演、动画等新虚构手法都在不断拓宽纪录片虚构的边界。纪录片的虚构如果走向极端，从主体意识上说，是道德和责任的缺失；从本体意义上说，是模糊了纪录片与其他类型影片的区别；从与观众的关系来说，则是破坏了契约。因此，在纪录片虚构的边界这类问题上，我们应当始终关注创作主体的意识、纪录片本体、纪录片的观众接受三者之间的关系，为探究虚构的界限、纪录片自身特性等问题提供更多角度的研究。

〔戴剑平，教授，中国高校影视学会纪录片专业委员会副理事长、珠江智库专家；吴俐伶，广州大学新闻与传播学院助理研究员〕

〔特约编辑：顾洁〕

新世纪以来中国纪录电影的本体特征与产业格局*

The Ontological Characteristics and Industrial Pattern of Chinese Documentary Films since the New Century

◎牛光夏　汉　瑶

Niu Guangxia　Han Yao

摘要:新世纪以来,在国家政策的大力扶持和市场力量的积极推动下,纪录影片从世纪之初的持续低迷到第一个十年之后逐步向好,其类型、题材和风格都有所突破和创新,尤其是近几年可谓佳作频出。中国纪录电影在相对恶劣的院线发行环境下向市场挺进,打造了多种营销发行渠道和放映机制,以此来突破重围。在新的发展语境下,纪录电影的本体特征和产业格局正日渐呈现出新的气象与格局。

关键词:纪录电影;本体特征;产业格局;新世纪

Abstract: Since the new century, under the strong support of national policies and the active promotion of market forces, from the continuous downturn at the beginning of the century to the gradual improvement in the first decade, the types, themes and styles of documentary films have made breakthroughs and innovations. In recent years, good works of documentary movies have appeared frequently. In the relatively harsh cinema distribution environment, Chinese documentary films have moved towards the market, created multiple marketing distribution channels and screening mechanisms in order to break through the heavy encirclement. In the new development context, the ontological characteristics and industrial pattern of documentary films are gradually showing new meteorology and pattern.

Keywords: documentary films, ontological characteristics, industrial pattern, the new century

---

* 本文系国家社科基金艺术学一般项目"新媒体语境下纪录片类型与风格的多元发展研究"(项目编号:16BC036)的阶段性研究成果。

纪录电影不仅是一个国家文化与文明的载体,也是现时的主流政治与各种经济力量共同作用的结果。中国早期的纪录电影主要以新闻纪录影片为主,具有较为浓厚的意识形态色彩,并主要承担国家宣传工具的政治职能,不必考虑市场效益的好坏。改革开放之后,市场经济的机制和原则逐步渗透到文化生产领域。“到 20 世纪 90 年代初电影体制改革,中影公司对电影厂的新闻片也不再统购包销,广播电影电视部决定将新闻纪录片、科教片、美术片等摄制短片的制片厂陆续划归电视台”①,而新闻纪录电影因未能适应市场经济时期文化产业的发展要求,逐渐失守了它的放映阵地。

纪录电影的这种低迷持续到 21 世纪的第一个十年,2010 年“纪录电影发展研讨会”②的举办是一个标志性的事件。“此次研讨会是遵照中央领导近期连续两次对纪录电影发展做出的重要批示精神而及时召开的,宗旨在于提升中国纪录电影创作与制作水准,打造和培养具有市场竞争力的作品与人才,加快走出去步伐。”③此后,在国家政策的倡导扶持以及资本力量与市场之手的双轮驱动下,中国纪录电影重新回归院线,出现在大众视野当中。《喜马拉雅天梯》《二十二》《四个春天》等纪录电影除收获良好的社会反响外也取得了相对可观的经济效益,2018 年更是以 14 部纪录电影进入院线放映、同比增长 55%而收官,2019 年也有《燃点》《零零后》《大河唱》等十余部不同题材和类型的纪录片在大银幕与观众见面,这使当今中国纪录电影呈现出新的价值取向与产业格局。

一、发展语境:官方与市场力量的双向发力

新世纪以来纪录电影的发展离不开国家的支持,而作为影视文化产业的一部分,纪录电影在政府政策的推动下有了更大的发展空间。2010 年 10 月广电总局发布了《关于加快纪录片产业发展的若干意见》,提出加快纪录片发展的总体要求、主要任务和措施,“加大对重点国产纪录片创作生产的扶持力度,对优秀国产纪录片给予奖励。扩大国产电影纪录片放映规模,采取措施将优秀国产电影纪录片推向主流院线和主要影院,在有条件的大中城市建立数字电影纪录片专门放映场所,在高校建立数字放映

---

① 高维进.中国新闻纪录电影史[M].北京:世界图书出版公司,2013:268.

② 2010 年 3 月 10 日下午,国家广电总局电影局与中国电影艺术研究中心联合主办、《当代电影》杂志社承办的“纪录电影发展研讨会”在北京召开。

③ 伯纳德.纪录片也要讲故事:第 2 版[M].孙红云,译.北京:世界图书出版公司,2011:14.

院线播放优秀国产电影纪录片。切实加强人才队伍建设,加强电影纪录片发行播映管理”[①]。2017 年 3 月 1 日起,我国首部《电影产业促进法》的正式施行,维护和提升了包括纪录影片在内的整个电影市场的规范有序和健康活力。2018 年广电总局开始实施“记录新时代”纪录片创作传播工程,扶持鼓励带有鲜明时代印记、彰显时代精神的纪录片精品。各级政府积极致力于办好国内纪录片节展活动,设立相关纪录片奖项,例如由原国家广电总局和广东省人民政府主办的国家级纪录片平台“中国(广州)国际纪录片节”、由原浙江新闻出版广电总局和中国美术学院联合主办的西湖国际纪录片大会,以及中国纪录片制播联盟和中国纪录片学院奖等。

此外,民间力量的积极介入也是纪录电影发展不可或缺的因素。2014 年以来多个纪录片基金会成立,例如 2014 年 3 月 18 日由中国广播电视协会纪录片工作委员会与北京中视文公文化传媒共同合作成立的中国首个纪录片天使基金——“北回归线”;同年由北京雷禾文化传媒有限公司负责统筹运营的中尚雷禾纪录片创作基金;2015 年成立的中国纪录片界第一个学术基金——北京师范大学中国纪录片发展基金;以及 2016 年成立的金棉纪实投资基金、2017 年成立的文心凤凰纪录片专项基金、CNEX 等,为纪录电影创作者们提供了来源多样的资金支持。由民营企业创办的纪录片节展,像金树国际纪录片节、FIRST 青年电影展等,为中国纪录电影创作者们提供了更多平等交流和施展才华的平台。由陆庆屹导演的《四个春天》即先获得了 2018 年 FIRST 青年电影展最佳纪录片奖,受到了 FIRST 青年电影展大使黄渤、评委赵薇和周冬雨的力荐,最终在 2019 年 1 月 4 日进入院线上映,成为 2019 年开年的清流佳作。一些影视传媒文化公司也开始积极参与纪录电影的研发和创作,例如专门制作纪录片的三多堂公司、北京雷禾文化传媒有限公司和北京京商文化公司等,在市场的催化下不断发展壮大。政府和行业协会也会与制作团队合作,制作一些用于形象宣传的纪录电影,例如 2011 年中央新影集团与国务院三峡工程建设委员会办公室合作的纪录电影《中国三峡》。企业利用纪录电影来打造自身的品牌文化形象则是纪录电影的另一种应用,例如贾樟柯担任监制的纪录电影《语路》即由国际名酒品牌 Johnny Walker 提供资助,记录 12 个不同领域坚持梦想、奋力前行的追梦人的“中国梦”。

另外,中国和其他国家以国际合作的形式联合出品也是近年来纪录电影的一个发展趋势,2011 年由中国、加拿大及英国联合制片、多个国外基金会投资的《归途列车》,

---

① 广电总局.关于加快纪录片产业发展的若干意见[EB/OL].(2012-09-28)[2019-01-24].http://jishi.cntv.cn/program/jlppyzy/20120928/100206.shtml.

获得了艾美奖、美国导演工会奖、洛杉矶影评人大奖等30余个世界性奖项。除《归途列车》外,《千锤百炼》《我们诞生在中国》《地球:神奇的一天》都是多国联合出品的纪录电影。国际合作提供了更为宽广的融资和传播渠道,“中国故事,国际表达”成为中国纪录电影走向国际市场的一个有效途径。

而直接依靠受众市场以资金众筹的生产方式来制作纪录电影,也是近年来创作者们生产纪录电影的一种方法和途径。互联网所具有的强互动性和易接近性使纪录片制作团队通过网络众筹资金成为可能,也成为几乎所有院线纪录电影的必然选择,“其跨越了过去仅可从投资者和机构进行融资的障碍,可直接向对所发起项目感兴趣、有意愿的网民募资,为该项目的顺利实施提供资金保障”①。2015年的《我的诗篇》是中国第一部通过互联网发起资金众筹的纪录电影,此后,越来越多的纪录电影把网络众筹当作募集资金和进行前期宣传预热的方法。纪录电影《二十二》之所以能够顺利摄制和公映,即得益于有29,135人为该片进行了众筹。清华大学清影工作坊出品的《喜马拉雅天梯》《大河唱》也采取了网络众筹的方式来募集资金。

二、本体特征:题材与类型的拓展和丰富

新世纪以来,作为塑造国家形象和宣传主流意识形态的载体,宣教型纪录电影一直占据着中国纪录电影类型的重要位置。从2010年的《复兴之路》、2014年的《永远的焦裕禄》,一直到2018年的《厉害了,我的国》、2019年的“一带一路”纪录片《共同命运》,每年都会有这一类型的纪录电影登陆院线。这类影片往往不以经济效益为第一目标,它们由国家、地方政府或其他企业投资方支持,进行社会价值和主流意识形态的传播,或是出于投资企业的其他宣传意图,这也使得它们的受众面相对较窄,主要通过组织包场观看的形式来获得票房。不过近几年这一类型的纪录电影也在寻求突破和创新,出现了几部质量好、票房高的作品,例如2015年上映的《旋风九日》以1979年邓小平访美为叙事契机,讲述了中美建交前为时九天的旋风般的“融冰”之旅。虽和《周恩来外交风云》(1997)一样同为以领袖人物为纪录对象的严肃的政治题材纪录片,《旋风九日》却突破了此类纪录片原有的说教和缓慢的叙事节奏,采用了以悬疑、侦探为表征的类型片的叙事方法,追求“有悬疑,有惊险,有幽默,有温情,也有激励”②。同时,

---

① 牛光夏,牛鹏程,李东锴.媒介融合语境下纪录片类型与风格的拓展[J].当代电视,2019(1):56.

② 《旋风九日》导演:政治题材纪录电影更有话题性[EB/OL].(2015-06-07)[2019-02-17].http://media.people.com.cn/n/2015/0607/c40606-27114780.html.

在纪录电影类型的探索与拓展中，审美型纪录电影开始呈现在观众面前。与具有浓厚政治色彩、叙事宏大的宣教型纪录电影相区别，它注重影片画面的精美和审美意境的表达，多为历史人文类纪录片。例如2010年的《外滩轶事》、2014年的《金色时光》《味道中国》、2016年《我们诞生在中国》等都属于这一类型。

鉴于2013年之前纪录电影市场的惨淡，市场自由度的不断扩大及传媒行业的激烈竞争成为制作更为精良、内容更为丰富多元的纪录电影作品的内生动力。因此，2013年之后宣教型、审美型纪录电影的数量明显下降，创作者们开始注重纪录电影的投资成本和回报率。为满足观众的审美需求，纪录电影抓住市场契机，尝试进行大众化转型，开始从以宣教型、审美型纪录电影为主向纪录电影多元共生的局面拓展。

以2002年张艺谋为其影片《英雄》拍摄的幕后纪录片《缘起》为起点，电影套拍纪录片走进大众视野，并从2011年电影《最爱》的套拍纪录片《在一起》开始，电影套拍纪录片进入院线放映。近几年的电影套拍纪录片仍是一种受观众欢迎的纪录电影类型，拥有自己的受众群体。例如2012年电影《白鹿原》的套拍纪录片《将令》，2012年电影《赛德克巴莱》的套拍纪录片《未尽之路》等都取得了不错的观众反响。2018年由汪鹏导演的电影《影》的套拍纪录片《张艺谋和他的“影”》，因用三年的时间追踪电影人对美的极致追求与执着探索，并完整呈现了中国电影工业的全景画面而获得了2018年中国纪录电影学院奖的最佳纪录电影奖。这说明此类纪录片不仅以宣传电影为目的，也更加注重其作品的内容和叙事，质量也在不断地提高。

除上述纪录电影类型以外，以2009年美国推出的纪念迈克尔·杰克逊的《就是这样》为开端，将音乐与歌手作为记录主体的演唱会纪录电影出现在国内观众视野中。它区别于音乐纪录片，最显著的特点就是以演唱会彩排准备及正式演出画面为主要内容，将部分场景加上特效，增强故事性叙事元素。这种以粉丝为受众倾向的纪录电影，能够号召粉丝集群观影，拉升影片票房。于是国内制作者们尝试开发此类纪录电影的市场潜力，2013年5月推出了中国内地首部采用3D技术实拍的演唱会纪录电影《超越那一天》，但这部纪录“中国摇滚之父”崔健与交响乐团携手演绎音乐的影片由于缺乏年轻的粉丝拥趸，最终仅以30多万票房告终。而同年9月推出的演唱会纪录电影《五月天诺亚方舟(3D)》则拥有数量可观的90后粉丝，因能够满足大量无法亲临演唱会现场的年轻观众，而具有较高的票房号召力，最终轻松收获了2016万元票房，这验证了在纪录电影向大众化转型过程中粉丝经济的巨大推动作用。

2013年电视真人秀综艺节目《爸爸去哪儿》受到了网民的热捧，于是以这档节目为摹本的纪实大电影《爸爸去哪儿》，在2014年被国家新闻出版广电总局纳入纪录电影类型当中,这股综艺热潮席卷了电影院线,成为纪录电影票房的主力军,也让纪录电影票房首次跻身中国电影票房榜前列。而这种综艺节目院线版的记录电影(真人秀纪录电影)轻而易举就能获得上亿票房的原因,亦在于它借助明星效应获得了数量巨大的粉丝受众。2014 年上映的真人秀纪录电影《我就是我》,则记录了湖南卫视真人秀节目《快乐男声》中几个怀有音乐梦想的少年在选秀之路上的青春蜕变历程,最终只获得了 652.9 万元的票房收入。由于此类脱胎于电视综艺节目的纪录电影更接近于“爆米花影片”,缺乏优质电影应有的内涵与深度,受众黏合度和忠诚度难以持续,很容易引起观众的审美疲劳。此后于 2015 年陆续推出的纪录电影《爸爸去哪儿 2》和《奔跑吧,兄弟》的票房骤减,“真人秀纪录电影热”从 2016 年开始降温,踪影渐隐。

从 2016 年开始,电视以及网络新媒体上优质的文化 IP 受到了观众的喜爱和追捧,为满足受众对这些 IP 的收视需求并延长其营销产业链,作为文化 IP 衍生品的纪录电影开始进入院线,这丰富了院线纪录电影的形式和内容。如 2012 年《舌尖上的中国》在央视走红后,“舌尖”系列迅速成为一个具有品牌价值的大 IP,于是制作“舌尖”的原班人马紧紧抓住机遇,又陆续推出了两季,并在 2016 年 1 月上映了以“重回时间”“寻找年味儿”为主题的纪录电影《舌尖上的新年》。同年 1 月 7 日,大型文物修复类纪录片《我在故宫修文物》在央视纪录频道播出后火爆年轻人聚集的 B 站,取得了很好的收视效果。于是在众多故宫迷们的关注和支持下,2016 年 12 月同名纪录电影进入院线上映,重点呈现了已成为“网红”的文物修复技师们的日常生活与修身哲学,最终赢得了 647.1 万元票房。2015 年湖北残疾女诗人余秀华走红网络后,优酷网找到导演范俭,拍摄了纪实短片《一个女诗人的意外走红》,之后优酷网又对这一社会新闻纪实 IP 进行了深度开发,并在 2017 年上映了《摇摇晃晃的人间》,这是首部由网络视频平台出品的纪录电影,此片收获了 181 万元票房并获得第 29 届阿姆斯特丹国际纪录片电影节纪录长片评委会大奖。上述三部影片借助文化 IP 为纪录电影的类型拓展和市场激活注入了新的力量,也推动了纪录片的产业化发展,纪录电影受众的年轻化和创作主体、传播平台的多元化至此日益凸显。

我们看到,自新世纪以来中国纪录电影在类型上趋向多元化的同时,其题材也有所拓展,内容也更加丰富。例如历史题材纪录电影《二十二》、自然动物类纪录电影《我们诞生在中国》《地球:神奇的一天》、自然探险类纪录电影《喜马拉雅天梯》《藏北秘岭,重返无人区》,还有社会现实题材纪录电影如《千锤百炼》《乡村里的中国》《生门》《出山记》《镜子》《零零后》等。社会现实题材纪录片真实地展现了中国社会转型与城乡变迁下的普通民众的生存状况,而这一题材的影片虽直接触摸社会脉搏但娱乐性较低,观众望而却步，造成了高质量低票房的尴尬局面。另外，2017 年上映的音乐传记纪录电影《一路逆风》，讲述了年轻音乐人邓紫棋的成长历程。2019 年进入院线的两部音乐纪录片《大河唱》和《尺八·一声一世》也吸引了爱好音乐的观众的关注，它们的出现丰富了中国纪录电影的类型。

近几年来中国纪录电影所呈现的另一个趋势是从宏大的叙事话语，渐渐转变为记录小人物的生命诉求。很多作品将日常生活审美化，深入挖掘小人物的内心世界和他们的生活境遇，以及他们面对千辛万苦的生活却仍然葆有对未来的憧憬和对生活的希望，这样非常接地气的叙事使影片贴近了与普罗大众的距离。尤其是 2015 年以来纪录电影中小人物题材的影片越来越多，例如《我的诗篇》《摇摇晃晃的人间》《我只认识你》《自行车与旧电钢》《最后的棒棒》《生活万岁》《一百年很长吗？》《大三儿》《四个春天》等。这一题材的出现，一部分原因是在大量商业片占据电影市场的环境下，爱情、魔幻等类型片同质化严重，文艺片又大多灰色又晦涩，观众亦有对近在身边的现实生活进行密切观照的审美需求，纪录电影这一对“现实进行创造性处理”的非虚构类型将一部分受众吸引过来；另一方面，基于我国的发展现状，贫富差距加大以及老龄化严重，人们开始关注小人物、边缘人的生存状况，关注自己生活中的温情，并且亲情、爱情一直是亘古不变的主题，这一题材的影片契合了社会心理和文化思潮，“大众关切、人心所向”，获得了与观众的情感共鸣。另外，这一题材纪录电影也受到了近几年在日本、韩国上映的几部以小人物为题材的纪录电影的影响，《人生果实》《亲爱的，不要跨过那条江》《牛铃之声》等以温情直抵人的内心深处，以较好的口碑受到了观众的喜爱和欢迎。

新世纪以来中国纪录电影的发展过程中，除了类型题材的拓展以外，叙事风格也愈来愈趋于诗意纪实的美学气质。“诗意的纪实影像和话语表达，成为创作者们在文本中追求的一种美学风格”①，这也提升了作品的艺术感染力和审美价值。有的作品将诗歌融入叙事，例如《摇摇晃晃的人间》和《我的诗篇》将女诗人余秀华和农民工诗人们对于生活的思考、他们的内心情感，通过他们自己的诗歌表达出来，同时配以具有意象性的空镜头和升格镜头，使影片呈现出浓郁的诗意气息。有的作品内容本身具有一种诗意化的气息和特质，如纪录电影《二十二》中摄像机镜头深情地凝视着 22 位老人，远远地记录她们或步履蹒跚地走在乡间小道上，或哼唱古老的儿时歌谣。《我只认识你》《四个春天》则把诗意融入被拍摄者们日常生活的细枝末节中，于平凡生活的记录

① 韩飞，乔梓文，林露.2017 年中国纪录电影市场研究报告[J].传媒，2018(19)：40-41.

中浸透着两对夫妻相濡以沫的醇厚爱情和诗意日常。《天梯：蔡国强的艺术》中，诗意融入了蔡国强的作品里，让他转瞬即逝的烟花艺术有了意义。而在《自行车与旧电钢》中，张宜苏将朱莉写进歌里："那一天，空气阳光里还是那么简单，你让我看到另一个世界。"这种诗意的话语淡化了艰难的生活环境，让观众感受到主人公内心的逍遥自在。张鹏程能够在马路上骑着自行车弹吉他，而张宜苏则能够神游在自己旧电钢的美妙旋律当中，追逐乌云洗澡的自由与纯粹，这些诗意性的叙事元素将人物形象鲜明化，诗意的气息就在主人公的话语和生活状态中弥散开来。

这些具有强烈纪实美学风格的纪录电影将影片的"真实感"凸显出来，它们以客观冷静的状态记录生活百态，注重呈现过程、事件的完整性以及人物的真实状态。例如，2017 年上映的纪录电影《重返·狼群》用了 7 年时间制作完成，虽然前期由于拍摄条件的限制和纪实的工作要求，影片没有高品质的影像画面，但纪实性的内容却让观众产生了强烈的情感共鸣。纪录电影《二十二》则采用了一种"静观式"的纪录状态，画面以固定镜头为主，减少了摄影机的干预，客观忠实地记录了这些经历过历史创伤的老人以及这段不该被遗忘的历史。而影片《摇摇晃晃的人间》将理想跟现实做对比，一面是余秀华被邀请参加各种签售会、访谈节目，另一面则是她在乡间的田野、庭院的劳作。她用诗歌装点自己的精神世界，却痛苦无奈于婚姻破裂、家庭贫困的现实生活，而导演范俭则用镜头真实地记录了这些内容。另外，固定长镜头也是凸显纪实美学风格的一个重要表征，影片《四个春天》中导演陆庆屹主要运用固定长镜头来拍摄记录父母的日常生活状态，家庭成员之间真挚朴素的情感和诗意情趣在画面中自然地流露出来。《生活万岁》也运用大量固定长镜头来拍摄，记录了一对在荆州街头唱歌的盲人夫妻的生活，他们在饭桌上的对话让很多人潸然泪下。

三、产业格局：营销、发行与放映渠道的多元

2009 年 11 月，中国教育电视台与北京师范大学纪录片中心联合制作的纪录电影《小人国》由华夏电影公司投入院线发行，虽只有 30 万元的票房收入，而且"票房来自妈妈的包场"[①]，却是多年来少有的进入院线的独立纪录电影。而 2012 年的纪录电影《索马里真相》作为唯一一部按照商业电影模式营销发行，推向市场的纪录影片获得了 143 万票房，它颠覆了《加勒比海盗》等虚构的好莱坞视效大片中被浪漫化或妖魔化处

---

① 万静."什么破幼儿园啊，啥都不教"——《小人国》记录的"小人国"[EB/OL].（2011-04-20）[2019-02-17].http://www.infzm.com/contents/57988.

理的海盗形象，探寻刻板成见之外索马里海盗真实的生活图景。在票房收入上，这两部纪录电影虽然与后来的《二十二》等影片相差甚远，更无法与商业片相比，但却是新世纪以后纪录电影进入院线的试水之作。

整体而言，我国电影院线的发行放映发展极度不平衡，在商业片“大水漫灌”发行模式“一统天下”的环境下，2013 年以前中国纪录电影的发展尚处于较为低迷的状态，大多纪录电影的上映难逃“院线一日游”的尴尬境地，欠缺合理的传播渠道和成熟的放映机制，院线排片量非常低，这些阻碍了纪录电影的传播，也使其营销和发行举步维艰。一方面是因为纪录电影市场仍以宣教型纪录电影和审美型纪录电影为主导，缺乏制作其他类型题材纪录电影的意识和人才资源，这时的纪录电影娱乐性不强，没有足够的魅力吸引观众到影院观看；另一方面，受众的观影需求还没有被培养和激发起来，很少有观众去影院观看纪录电影，制作者也缺乏有效的营销渠道和宣传策略，纪录电影尚未找到进入市场的突破口。

2015 年以后，中国纪录电影开始突破重围，网络新媒体打破了有限公共资源的壁垒。通过网络，纪录电影获得了更多与受众对接的渠道，使创作者们与受众实现了多元互动传播，同时也颠覆了传统的宣传发行 B2C（宣传—发行—影院—观众）模式，以众筹点映、长线放映、分线放映等多种发行放映机制来探索纪录电影在院线的推广方式。

在互联网飞速发展的时代，微博、微信、知乎、豆瓣、微票儿等互联网平台成为受众获得相关电影讯息的渠道，大多影片会设有官方微博账号，实时发布相关影片内容。与纪录电影、纪录片有关的微信公众号在近几年也开始发展壮大，为网民提供最新的纪录电影信息推介和评析，如“爱上纪录片”“中国纪录片研究中心”等。豆瓣、知乎、微票儿则提供给受众评论、推荐、交流的平台，增加了受众之间的互动性。互联网具有实时交互、超越时空、资源共享等优点，纪录电影通过这些渠道进行宣传，同时借助微博上的各知名大 V、关键意见领袖（KOL）引导受众观影，能够让作品最大限度地获得受众，得到更好的宣传，进一步推动影片票房的增长。纪录电影《二十二》的网络营销推广就是一个很好的范例，在资助人张歆艺和知名导演冯小刚于微博上的极力宣传后，该片在短时间内就获得了超高关注度和转发量，排片量也不断上升，最终斩获 1.7 亿元的高额票房和 8.7 分的豆瓣评分。近年来通过知名大 V、KOL 来宣传纪录电影，成为传播影片的有效方式，例如《我们诞生在中国》《四个春天》等。

另外，网络新媒体的发展使得观众有了更多的主动权，能够利用网络媒体的强互动特性自由发声，于是口碑就成为观众衡量一部影片好坏和是否值得走进影院观赏的标准。而纪录影片的宣传推广很难像故事片那样投入足够的财力、人力和时间成本,因此口碑营销就是一个可以扬长避短的策略。近年来,通过口碑营销增加与受众的多元互动,成为越来越多纪录电影的选择。

《纪录片蓝皮书:中国纪录片发展报告(2016)》根据数据分析指出中国纪录片是一个被中国市场严重低估的产业。2016 年暑期播出的中国野生动物题材纪录电影《我们诞生在中国》最终收获 6665 万票房,刷新了当时中国纪录电影(不含真人秀)的最高票房纪录。影片在北京首映及推出预告片后,获得了“零差评”的好口碑,首周末就获得了 1500 万的票房佳绩。之后导演陆川制作的影片特辑获微博上的关键意见领袖(KOL),唐嫣、佟丽娅等众明星,网络大 V 的力挺,推动影片排片量增加,最终获得了口碑与票房的双赢。同年上映的纪录电影《重返 · 狼群》在映前举行了全国主要城市路演超前点映以及主创见面会,与观众进行现场交流和沟通,获得了现场观众在社会媒体上的交口称赞和推荐,积攒了较好的口碑,豆瓣评分 8.3 分,影片最终获得了 3298.7 万元票房。2019 年开年之初上映的以“归乡、亲情”为主题的纪录电影《四个春天》70 城 400 场的点映和路演,及众多影人的力推和声援,让这部口碑佳作单周票房就超过了 399 万元,最终累计票房为 1058 万元。这种口碑营销策略能够对纪录电影进行“优胜劣汰”的筛选,使创作者们意识到纪录电影能够在众多商业电影的市场洪流中站稳脚跟,必须通过好的口碑来赢得市场票房,激励创作者们制作符合受众需求的、反映社会问题的精品佳作,以此来促进纪录电影的良性循环与健康发展。

然而,纪录电影在获得有效的宣传营销后,仍然需要面对相对故事片而言十分恶劣的院线发行环境,排片数量少、场次差使得一些优秀的纪录电影无法接触到大量的观影受众。纪录电影这种娱乐性不强的“慢热型”电影类型,票房回收周期长,不适用于商业电影的“宣传—发行—影院—观众”的 B2C 模式,探索新的发行放映机制成为纪录电影突破院线藩篱的有效途径。一方面,包场、众筹点映、路演能够更好地凝聚观众资源,注重对放映的精耕细作,同时加上明星、大 V 参与其中,就会获得很好的口碑和宣传。例如纪录电影《千锤百炼》在 14 个城市做了超过 20 场点映,《喜马拉雅天梯》在全国超过 30 座城市组织包场,总场次达到 100 场以上。《我的诗篇》在四处发行无果后,借助互联网众筹平台筹集资金,从 2015 年 9 月开始,截止到 2016 年 8 月,在全国范围内进行了超过 500 场的众筹点映,利用新媒体推广和众筹放映进行营销宣传、募集资金,为中国纪录电影的创作提供了宝贵经验,为纪录电影的发行赢得了更多的放映机会。另一方面,美国人克里斯托弗 · 安德森(Christopher Anderson)提出的“长尾理论”可以应用于纪录电影的发行放映机制。例如影片《归途列车》在 2010 年到

2012 年期间进行了公益性放映后，又在北京艺术影院“当代 MOMA 百老汇电影中心”放映，其后采取“一城一映”的方式继续放映，虽然影片票房只从 4 万元累计到 12 万元，但这种长线放映机制为纪录电影的发行积攒了经验。纪录电影《千锤百炼》在点映后，继续通过全线公映以及长线放映的方式争取电影票房，而影片《我的诗篇》则从 2015 年 11 月开始，连续三年进行长线放映，票房从 2015 年的 85 万元上升到 2018 年的 319 万元，这说明纪录电影这种需求不旺但能经得起较长时间考验的媒介产品，可以通过长线放映的方式来获得市场份额。同时，为了契合纪录电影适用于长线放映的机制，《我的诗篇》导演吴飞跃首创的 C2B 长线放映平台——大象点映，于 2018 年 6 月正式上线，其所具有的用户导向性思维带动了个人的自主性，每个普通观众都可成为点映的发起人，从而使好口碑作品以细水长流的方式慢慢向观众扩散。《摇摇晃晃的人间》《天梯：蔡国强的艺术》《我只认识你》等纪录电影都曾通过大象点映以长线放映方式重回院线与观众见面。

另外值得一提的是“分线上映”的发行放映机制，它由纪录电影《生活万岁》在国内首开先河，2018 年 11 月这部影片在多个城市陆续点映后，于 11 月 27 日在大地和万达两条院线上映，这种以点带面、精准化的发行方式，为纪录电影的院线发行提供了新的可能性。

结　语

新世纪以来，国家层面的战略重视及相伴而生的政策红利，有力释放了创作主体的生产力，助推了中国纪录电影产业的成长。但从整体来看，中国纪录电影相对于故事影片，仍然只占有整个电影市场的很小一部分份额。未来的中国纪录电影在内容题材、营销传播、发行放映等方面仍有很大的发展空间可作期待，进一步培育、拓展纪录电影的观众群体也是一个长期的任务。

〔牛光夏，山东艺术学院传媒学院教授、硕士生导师；汉瑶，山东艺术学院传媒学院硕士研究生〕

〔特约编辑：顾洁〕

纪录片人的情怀:

影响中国纪录片从业者从业时间的非线性因素分析*

Devotion to Documentaries:

A Non-linear Factor Analysis of Length of Career of Documentary Practitioners in China

◎ 黄衍华　何苏六　罗卓灵

Huang Yanhua　He Suliu　Luo Zhuoling

摘要:本文通过对中国纪录片从业者的调查,分析了他们从事该行业的基本现状,以及影响他们继续从事该行业的因素。研究发现,有42%的从业者准备在纪录片行业一直做到退休,这与经济回报没有关系。研究以幸福指数矩阵建构了从业者的幸福等级,并将其纳入风险事件发生概率研究和时间的生存分析模型。结果显示,男性、已婚者更偏向于较长的从业时间,而平均月薪的水平高低在模型结果中并不显著,说明这一因素对纪录片人从业时间的长短影响不大。另外,生存曲线表明,幸福等级越高的从业者,他们继续从业的生存率越高,而且差距非常明显。

关键词:生存分析;从业时间;纪录片人

Abstract: Based on the investigation of documentary practitioners in China, this paper analyzes the basic status quo of their engagement in the industry and the factors that affect their continued engagement. The study finds that, 42% of practitioners plan to retire in the documentary industry and this plan has no relation with financial returns. In this study, the happiness index matrix is used to construct the happiness level of practitioners, which is included in the COX model analysis. The results of the COX model show that, male and married practitioners are more likely to work for a longer period of time. However, the average monthly salary is not significant in the model, which shows that this

* 本文为广电总局"我国纪录片产业化发展与行业评价体系建设"(项目编号:GD1112)的后续研究成果。

factor has little effect on the length of career. In addition, the survival curves show that the higher the happiness level, the higher the survival rate of longer employment time.

Keywords: survival analysis, length of career, documentary practitioners

一、研究背景

纪录片人才的培养无疑关系到纪录片行业的兴衰。自 2013 年始，国家每年举办一次优秀国产纪录片及创作人才扶持项目表彰活动，旨在检阅我国国产纪录片年度工作成果，表彰在国产纪录片繁荣发展中成绩突出的作品、人员和机构，发挥优秀作品、人才、机构的带动示范作用，促进国产纪录片多出精品、多出人才。[①] 2018 年，国家广播电视总局在《关于实施“记录新时代”纪录片创作传播工程的通知》中强调，要实施纪录片人才培养工程，切实加强纪录片人才队伍建设，建立健全相关人才培养、发现、使用和激励机制，建立纪录片人才库，开展纪录片专业培训和国际交流；重点培养纪录片策划创作人才、摄制人才、经营管理人才等，特别要着力培养既懂创作生产又懂市场运营的复合型人才。[②]

进入 21 世纪，虽然纪录片已不仅仅在电视上播出，但不管是电影纪录片还是新媒体纪录片，创作纪录片的主体是一样的，其中以制片人为中心的项目制纪录片创作团队是主流和趋势，另外还有部分以导演为中心的独立制作团队。以往关于纪录片的理论研究多停留在纪录片本体层面，对于纪录片的从业者关注甚少。在此种情况下，我们认为撇开纪录片本体层面的讨论和研究，对纪录片从业者进行广泛而系统的调查统计分析，从而厘清中国纪录片从业者的状况，特别是厘清中国纪录片从业者的从业时间影响因素，对中国纪录片行业和其产业化的前景展望是有裨益的。本研究试图通过调查及统计方法，借用处理医学信息时常常使用的“生存分析”统计模型，将其推广到纪录片从业者的就业行为分析中，挖掘中国纪录片从业者继续从事该行业的影响因素，从而一方面为培育和维系纪录片人才提供专业的参考意见，促进中国纪录片事业的发展壮大；另一方面，以纪录片从业者为例，为传媒从业者乃至其他行业从业者采用

① 第五届优秀国产纪录片及创作人才扶持项目表彰活动举行[EB/OL].(2017-06-14)[2019-07-21]. http://jishi.cctv.com/2017/06/14/ARTIa9HhozEHq5vfKMNA6UJ7170614.shtml.

② 国产纪录片播出增新规，卫视黄金档全年不得低于 7 小时[EB/OL].(2018-06-14)[2019-07-21]. https://baijiahao.baidu.com/s? id=1603210911251331576&wfr=spider&for=pc.

“生存分析”方法研究从业时间做一个探照。

二、文献简评

我们首先以“纪录片人”“纪录片”与“从业者”“工作者”“从业人员”“创作者”为配对关键词，在知网上进行检索，共检出38篇与我们的研究相关的文献，文献的时间跨度从1999年至2019年6月。从文献的检出数来看，以“纪录片从业者”为研究对象的文献数量相比纪录片其他研究文献明显更少。具体来看，这38篇文献中，《当代中国纪录片的创作生态报告——关于当代中国纪录片与纪录片人的调查报告》①和《中国独立纪录片导演生存状况研究》②两篇文献采用了问卷调查和统计分析的方法。需要指出的是，以上两个调查均采取的是非概率抽样调查，鉴于中国纪录片从业者这一群体在总体上难以掌握，想要进行概率抽样也是不现实的。另外有些遗憾的是以上两个调查的问卷分析均未采用任何统计模型，故最后获得的分析结果都较为主观。其余文献多为单独的个案访谈研究，如《真实与距离——王小龙访谈》③《纪录片推动者二人谈》④等；或者是做哲学与人文的思考，如《浅谈纪录片创作者的位置关系与立场》⑤《我国纪录片创作者的价值观研究》⑥等。我们还在中国传媒大学学位论文中检索出1篇相关文献：《中国纪录片从业者职业意识初探》⑦。

除知网文献外，我们还查找了现已出版的关于“纪录片从业者”研究的书籍，其中有来自台湾地区的学者所著的《爱恨情仇纪录片——台湾中生代纪录片导演访谈录》⑧《记录与探索——与大陆纪录片工作者》⑨，还有诸如《纪录中国：当代中国新纪录运动》⑩《出画的情境——中国新派纪录片人访谈录》⑪《和自己跳舞——对话中国女性

---

① 黎小锋，贾恺.当代中国纪录片的创作生态报告——关于当代中国纪录片与纪录片人的调查报告[J].新闻大学，2016(6)：19-26，147.

② 王昕.中国独立纪录片导演生存状况研究[D].南京：南京师范大学，2016.

③ 黄新炎，王小龙.真实与距离——王小龙访谈[J].电影新作，2016(3)：73-79.

④ 李栋.纪录片推动者二人谈[J].传媒，2016(2)：14-17.

⑤ 邓丹.浅谈纪录片创作者的位置关系与立场[J].传媒评论，2017(9)：88-90.

⑥ 孙桂杰.我国纪录片创作者的价值观研究[J].今传媒，2011，19(9)：141-142.

⑦ 赵晨.中国纪录片从业者职业意识初探[D].北京：中国传媒大学，2017.

⑧ 台北市纪录片从业人员工会.爱恨情仇纪录片——台湾中生代纪录片道演访谈录[M].台北：同喜文化出版工作室，2009.

⑨ 王慰慈.记录与探索——与大陆纪录片工作者[M].台北：远流出版社，2000.

⑩ 吕新雨.中国纪录：当代中国新纪录运动[M].北京：生活・读书・新知三联书店，2003.

⑪ 刘洁.出画的情境——中国新派纪录片人访谈录[M].武汉：武汉大学出版社，2014.

纪录片导演》[①]等著作。这些书籍的共同点是以与纪录片工作者的对话为主体来展现纪录片从业者的面貌。此外,像《中国纪录片发展报告(2018)》[②]《路·遇:记中国(广州)国际纪录片节十二年》[③]等纪录片相关报告中对中国"纪录片从业者"这一议题也有所涉猎,但篇幅较少。

此外,我们有意增加检索"生存分析"与职业、职场、工作、就业等关键词组,检出《中国广告代言人偏好与消费文化研究——基于代言人生涯终结 COX 生存分析(2014—2017 年)》[④]《高校毕业生初次从业时间的现状分析》[⑤]《基于知识结构的高职院校教师生存特征比较》[⑥]等数篇采用生存分析方法对某个群体的职业情况进行分析的文章,虽然这些研究与本文的研究对象毫无关系,且研究切入点也不尽相同,但采用的统计分析方法一致,值得借鉴研读。

国外研究方面,中国纪录片的发展路径与国外纪录片完全不同,中外纪录片从业者的差异也是显著的,但我们仍试图去检索一些对本文有益的国外文献。国外关于纪录片的著作如比尔·尼可尔(Bill Nichols)的《纪录片导论》(*Introduction to Documentary*)[⑦]、布莱恩·温斯顿(Brian Winston)的《纪录片:历史与理论》[⑧]等均将研究重点放在"纪录片"本体上,而对纪录片从业者几乎鲜有提及。但需要指出的是,对"媒体从业者"的研究国外很早就开展了,如美国学者约翰·斯通(John Stone)等人在 1971 年采用问卷的形式,对美国新闻从业者进行了一次调查,出版了《新闻人员:美国新闻人员与他们工作的社会描绘》(*The News People: A Sociological Portrait of American Journalists and Their Work*)[⑨],后来 David H. Weaver 等人合作又在 1982 年、1992 年和 2002 年做了三次调查,出版了《美国新闻人》(*The American*

---

① 英未未.和自己跳舞——对话中国女性纪录片导演[M].上海:中西书局,2012.

② 何苏六.中国纪录片发展报告(2018)[M].北京:社会科学文献出版社,2018.

③ 贾怡,曾洁.路·遇:记中国(广州)国际纪录片节十二年[M].北京:中国传媒大学出版社,2016.

④ 张枭.中国广告代言人偏好与消费文化研究——基于代言人生涯终结 COX 生存分析(2014—2017 年)[J].新闻战线,2018(22):41-44.

⑤ 于海姝.高校毕业生初次从业时间的现状分析[J].河南教育学院学报(自然科学版),2018,27(1):36-39.

⑥ 何霞.基于知识结构的高职院校教师生存特征比较[J].高教探索,2014(2):131-138.

⑦ 尼可尔.纪录片导论[M].北京:中国电影出版社,2007.

⑧ 布莱恩.纪录片:历史与理论[M].王迟,李莉,项治,译.北京:中国广播影视出版社,2015.

⑨ JOHN W C,JOHN S E J,BOWMAN S W W. The news people:a sociological portrait of American journalists and their work[M].Illinois:University of Illinois Press,1976.

Journalist：A Portrait of U.S. News People and Their Work)[①]、《20 世纪 90 年代的美国新闻人》(*The American Journalist in the 1990s：U.S. News People at the End of an Era*)[②]和《21 世纪的美国新闻人》(*The American Journalist in the 21st Century：U.S. News People at the Dawn of a New Millennium*)[③]三本书。这几本书都采用了一些统计模型进行分析，但未涉及生存分析方法。此外，我们在世哲(SAGE)网站上以"生存分析(survival analysis)"和"就业(employment)"等关键词进行检索，检出了数篇相关文献，比较有借鉴意义的有苏姗·麦克兰(Susan Macran)等人合作撰写的《怀孕妇女的就业问题探究：基于生存分析》(*Employment after Childbearing：A Survival Analysis*)[④]等，限于篇幅不再一一列举。

通过上述分析我们基本可以确定的是，国内外以"纪录片从业者"为对象的研究一是数量上相对少，二是多为质化研究，三是尚无系统的研究成果，特别是针对"中国纪录片从业者"的研究。质化研究固然有其研究的优势，但量化分析更能从庞大的样本中寻找出一般规律，也更容易进行样本间比较，具象的数据也更直观明晰。需要指出的是，偏人文学科的量化研究所采取的统计学意义上的计算往往都较为简单，较少采用高级统计模型做更深入的影响因素分析，因而其研究结果都过于浅显。从国内外已有的应用生存分析模型的相关文献来看，将这一分析方法应用到职业分析领域是切实可行的，这为我们的研究提供了方法支撑。

三、研究假设

本文的研究假设受到了生命周期(Life Cycle)理论的启发。生命周期的概念应用很广泛，如在心理学上主要是指人的生命周期和家庭的生命周期，每个个体都逃不过出生、成长、衰老、生病和死亡的过程，这个过程就是一个生命周期。同理，生命周期理论也可应用于行业，以及从业者的职业生涯。每一个行业都逃不过发展、壮大、衰败、

① WEAVER D H，WILHOIT G C.The American journalist：a portrait of U. S. news people and their work[M]. Indiana：Indiana University Press，1986.

② WEAVER D H，WILHOIT G C.The American journalist in the 1990s：U.S. news people at the end of an era [M].New Jersey：Lawrence Erlbaum Associates，1996.

③ WEAVER D H，BEAM R A，BROWNLEE B J，et al..The American journalist in the 21st century：U. S. news people at the dawn of a new millennium [M].New Jersey：Lawrence Erlbaum Associates，2006.

④ MACRAN S，JOSHI H，DEX S. Employment after childbearing：a survival analysis[J].Work，employment and society，1996，10(2)：273-296.

消亡的生命周期循环，每个从业者也有其自身的从业周期。从这一角度出发，我们思考影响纪录片从业者从业时间的有哪些因素，希望为长久以来困扰中国纪录片产业发展壮大的纪录片人才建设问题提供有用的参考。

国内的文献指出，纪录片从业者往往喜欢标榜自己的纪录片情怀，而不愿意多谈纪录片工作收入问题。如在吕新雨的书中，吴文光虽是独立纪录片导演，却并不能以此谋生，而是靠在电视台里接活养家；蒋樾亦是如此，拍纪录片纯属个人喜好，无法维持自己的生计，每当缺钱的时候，就去电视台接活，或者拍广告赚生活费。王昕的论文中也描述了类似的情况。进入21世纪，很多独立纪录片导演依旧是将纪录片作为个人的兴趣爱好在做，而不是谋生手段。与20世纪90年代情况不同的是，当代独立纪录片导演大多在除纪录片之外有着一份稳定的高收入工作，如周浩原为南方报业集团的记者，孟小为是某美术学院的副院长，等等。而说起他们做纪录片的初衷，王昕认为是他们遵循内心需求，找寻人生价值。① 从黎小锋、贾恺的调查研究中可以发现，绝大多数导演都有自筹经费拍片的经历，在各种权益中，纪录片人最为看重署名权，财产权往往被忽略。调查中还发现，当代中国纪录片人的收益与投入严重不成比例，如何在投入与收益之间找到平衡，是一个值得纪录片业界、学界关注的严峻问题。② 从赵晨的调查来看，纪录片从业者一方面不希望做利益集团的代言人，另一方面又希望自己做一个倡导者，不仅仅满足于单纯的观察与记录，而是更期望传递思想，并推动社会进程。此外，她认为纪录片从业者的劳工特质表现得越来越明显，纪录片行业劳动时间长，耗费脑力、体力大，但报酬低廉成为一个普遍的现象。这一现象导致很多纪录片从业者产生了“电视民工”的自我认同。③

从以上分析来看，纪录片从业者的报酬低是调查的普遍结果，那么经济回报是否便不是支撑纪录片从业者继续这一职业的主要影响因素呢？同时调查还发现，纪录片从业者普遍比较关注作品的署名，且希望做社会进程的推动者，乐于展现复杂的社会现象，希望自己的作品被大众看到和喜爱。这些是否就是我们所理解的纪录片情怀？

本研究要回答的问题：纪录片从业者的从业幸福感越强（情怀得到满足），其从业时间是否就越长？

---

① 王昕.中国独立纪录片导演生存状况研究[D].南京：南京师范大学，2016.

② 黎小锋，贾恺.当代中国纪录片的创作生态报告——关于当代中国纪录片与纪录片人的调查报告[J].新闻大学，2016(6)：19-26.

③ 赵晨.中国纪录片从业者职业意识初探[D].北京：中国传媒大学，2017.

四、研究设计与数据方法

本研究将纪录片从业者的群体定义为:目前正在从事纪录片行业相关工作,以及曾经从事纪录片行业相关工作的人群。纪录片从业者作为传媒行业中的一个特定群体,在各级电视机构及社会制作机构的分布并不均匀,而且与地区有很强的关联性,即从业者会集聚在传统的纪录片制作大省/地区,比如新疆、甘肃、西藏等西部地区,以及北京、上海、长沙、广州等城市。这种分布是行业多年发展使然,因此在获取样本的时候不适宜使用随机抽样方法,而是采用了"滚雪球"的问卷调查法,以中国纪录片研究中心的全国纪录片从业者数据库为依托,联系已知的纪录片学界与业界的一线从业者,获取更多从业者的名单,并请已知的从业者补充名单,邀请目标样本参与调查以扩充样本。

2016 年 10 月至 12 月,中国纪录片研究中心采用网络问卷的方式对中心既有的纪录片人才库中的人员进行调查,基本覆盖了国内从事纪录片生产的主要媒体,兼顾了不同媒介类型、不同层级、不同年龄等因素。调查共发放 462 份问卷,其中有效问卷 436 份,有效率为 94.4%,男女比例约为 3∶2。通过计算从业时间与幸福等级的效应量,统计功效(Statistical Power,1-β)为 0.80 时所需要的样本量为 153 个,即有 80.0%的概率在 95%的置信区间里,用 153 个样本就可以"正确"地判断这 153 个人的幸福等级与从业时间的差异。本次调查的 436 个样本,统计功效为 0.99,因此样本具有一定代表性。

研究对数据建立生存分析统计模型。生存分析根据试验或调查得到的数据,对生物和人的生存时间或产品的寿命进行分析和推断。和其他的数学方法一样,生存分析的方法和理论有广泛的应用,不限于生物学、医学和工程科学,还可应用于社会学、心理学、经济学、保险精算学等领域。"生存时间"或"寿命"应作广义的理解,指的是自然界、人类社会或技术过程中某种状态的持续时间。生存分析含有许多实用的方法和丰富的理论,在医疗实践、工程实践及其他领域实践的推动下,不断出现新的统计方法,应用范围越来越广。①

相比其他统计模型,生存分析的一个主要特点是可以处理删失数据。删失是指准确生存时间未被观察到的情况,例如在医学研究中,一个病人的生存时间往往由于失访、研究结束等原因而无法被准确地记录下来,只知道该病人的生存时间大于某一时

① 陈家鼎.生存分析与可靠性[M].北京:北京大学出版社,2005:1.

间点。生存分析的另外一个主要特点是作为分析对象的生存时间非负，而且其分布常常右偏，使得通常基于正态分布理论的统计分析方法不一定适用，而生存分析方法就可以很好地处理这一问题。

五、调查的基本情况

(一)从业者的特征描述

调查显示，纪录片从业者的主力是25—44岁之间的年轻从业者，占所有调查人数的70.1%，其中，29岁以下的从业者占所有参与调查人数的三分之一。在教育水平方面，本科以上学历的从业者占所有样本的88.0%，呈现出高学历的特点。在专业背景方面，从业者主要毕业于新闻传播专业和艺术类专业，占所有调查人数的62.8%(见表1至表3)。

表1　纪录片从业者的性别与年龄分布

单位：%

		性　别		
		男	女	合计
年　龄	25岁以下	9.2	15.2	11.3
	25—29岁	19.7	29.1	22.9
	30—34岁	17.8	22.8	19.5
	35—39岁	15.1	15.8	15.4
	40—44岁	13.2	10.8	12.3
	45—49岁	10.9	5.1	8.9
	50—54岁	8.6	1.3	6.1
	55岁及以上	5.6	0.0	1.9
合　计		100.0	100.0	100.0

资料来源：《中国纪录片从业者调查(2016)》，中国纪录片研究中心

表2　纪录片从业者的性别与教育水平分布

单位：%

		性　别		
		男	女	合计
教育水平	大学专科及以下	14.2	5.7	11.9
	大学本科	61.8	54.4	59.3
	硕士研究生及以上	23.1	39.9	28.7
合　计		100.0	100.0	100.0

资料来源：《中国纪录片从业者调查(2016)》，中国纪录片研究中心

表 3　纪录片从业者的性别与专业背景分布

单位:%

		性　别		
		男	女	合计
专业背景	新闻传播专业	34.9	36.1	35.3
	理工类专业	9.2	2.5	6.9
	艺术类专业	31.6	35.4	32.9
	其他	24.3	25.9	24.9
合计		100.0	100.0	100.0

资料来源:《中国纪录片从业者调查(2016)》,中国纪录片研究中心

从业者主要从事导演(编导)、剪辑及摄影工作,占所有调查人数的46.7%;而他们的聘用形式主要以企业聘用为主(42.2%),其次是事业编制(24.9%),也有部分为自由职业者(20.3%)。平均月薪大多介于3000元至1万元之间(见表4至表6)。

表 4　纪录片从业者的性别与工种分布

单位:%

	男	女	合计
导演(编导)	23.2	25.5	23.9
剪辑	11.4	12.3	11.7
摄影	13.4	5.7	11.1
撰稿	9.5	10.2	9.7
制片人	9.0	10.4	9.4
策划	6.7	9.5	7.5
其他	26.8	26.2	26.7

资料来源:《中国纪录片从业者调查(2016)》,中国纪录片研究中心

表 5　纪录片从业者的性别与聘用形式分布

单位:%

		性　别		
		男	女	合计
聘用形式	事业编制	28.0	19.0	24.9
	企业聘用	36.8	52.5	42.2
	兼职	3.6	2.5	3.2
	自由职业	21.7	17.7	20.3
	其他	9.8	8.2	9.3
合　计		100.0	100.0	100.0

资料来源:《中国纪录片从业者调查(2016)》,中国纪录片研究中心

表6　纪录片从业者的性别与平均月薪分布

	性　别		
	男	女	合计
3000元以下	9.2	10.8	9.7
3001—6000元	31.3	36.7	33.1
6001—10000元	28.3	34.8	30.5
10001元以上	31.3	17.7	26.6
合计	100.0	100.0	100.0

资料来源:《中国纪录片从业者调查(2016)》,中国纪录片研究中心

(二)从业者的职业认知

在对462位纪录片从业者的调查中,我们以“您是否赞同以下对纪录片功能的描述”为题目,设计涵盖“纪录功能”“商业功能”“文献功能”“文教功能”“娱乐功能”等维度的五级量表,请从业者为纪录片的不同功能打分。其中,“纪录片是社会历史的见证者”一题平均分最高,为4.47,说明从业者对于此项表述最为认可;接下来依次是“纪录片是传承和发扬文化的重要载体”和“纪录片具有文献价值”,得分分别为4.43和4.42。说明从业者普遍对纪录片的真实记录社会的功能、文化传播功能和文献功能较为认可(见表7)。

表7　纪录片从业者对于纪录片功能的认知

观　点	得　分
纪录片是社会历史的见证者	4.47
纪录片是传承和发扬文化的重要载体	4.43
纪录片具有文献价值	4.42
纪录片能够带来一定的经济效益	3.37
纪录片是大众娱乐的一种方式	3.30

资料来源:《中国纪录片从业者调查(2016)》,中国纪录片研究中心

“我最看中纪录片记录时代的价值,尤其是记录当下。有一句话叫‘一个国家没有纪录片就像一个家庭没有相册’。也就是说,多年之后,我们再回过头来看我们现在记录的东西,它就是一段真实的历史。也许我现在记录的都是小人物、小故事,但是在历史的长河中回过头一看,很可能会发现我们现在所处的时代是一个变革的时代,是一

个转型的时代。”[①]

而对于“纪录片是大众娱乐的一种方式”这一表述则平均分最低，为3.3分，排在倒数第二的是“纪录片能够带来一定的经济效益”，为3.37分，说明纪录片从业者对纪录片的商业功能和娱乐功能认可度普遍很低。大多数纪录片从业者认为，纪录片这一媒介形态“不应该”具有太多的商业化或娱乐化色彩。

在题目“如果继续从事纪录片相关工作，您理想的单位是什么”一题中，有超过四分之一的纪录片从业者选择了“独立创作人”(见表8)。这种情况的出现，在中国这一特定的体制机制下有着更为深刻的原因。在中国转型发展的过程中，随着各项改革的不断深化，贫富差距开始出现。因此在价值取向上，知识分子往往表现出一种对于美好生活的深切渴望。而这种文化的产物之一就包括当代的中国媒体从业者，他们的内心深刻感受到了这种蔓延的社会情绪，同时，他们的日常行为也被深深地刻上这种文化的烙印。

表8　纪录片从业者的理想媒体

单位:%

理想单位	所占比例
独立创作人	26.8
中央级媒体(中央电视台纪录片频道、新华社、中新社等)	16.5
海外(NHK、BBC、Discovery 等)	13.2
视频网站(腾讯视频、爱奇艺、优酷等)	10.3
学术研究机构	7.0
凤凰卫视	6.8
纪实频道(上海纪实频道、金鹰纪实卫视、北京纪实频道)	6.8
民营公司	5.3
基金委员会或行业协会	4.5
其他	2.9
合计	100.0

资料来源:《中国纪录片从业者调查(2016)》，中国纪录片研究中心

在调查中，对于“为何选择纪录片行业”这一问题，“喜欢写作/摄影/编导”的兴趣型和“记录历史，传播思想”的倡导型占据了最大比例(见表9)。[②]

① 来自中国纪录片研究中心《中国纪录片从业者调查(2016)》的访谈内容，调查结果于2016年12月14日在第十三届中国(广州)国际纪录片节的“CDRC前沿发布暨纪录片的全球化传播高峰论坛”上发布。

② 来自《中国纪录片从业者调查(2016)》的访谈内容。

表 9　纪录片从业者为何选择纪录片行业

单位：%

原因	所占比例
有人文情怀	17.0
记录历史，传播思想	16.5
喜欢写作/摄影/编导	16.1
喜欢接触社会，增长见闻	12.0
出于社会责任感	9.3
学习纪录片相关专业	8.8
揭露社会问题，表达个人见解	8.7
喜欢游览、体验风土人情	7.5
其他	4.0
合计	100.0

资料来源：中国纪录片从业者调查 2016，中国纪录片研究中心

对于纪录片从业者“准备继续从事纪录片行业的时间”的调研结果呈现了两个极端，选择“一直做，直到退休”的占比为 42.0%，而相当一部分的从业者展现出了迷惘与犹豫，选择“不知道/说不清”的占比为 31.6%，对于自己的未来有明确规划的从业者，即给出了明确的从业时间（“现在就想离开”“1—5 年”“6—10 年”“11—30 年”）的人也占比近三分之一（见表 10）。卡方检验结果表明，从业时间存在性别差异，女性从业者更偏向于较短的从业时间。

表 10　纪录片从业者准备继续从事纪录片行业的时间

单位：%

	性　别		
	男	女	合计
不知道/说不清	29.6	35.4	31.6
现在就想离开	0.7	1.9	1.1
1—5 年	9.5	18.4	12.6
6—10 年	9.9	8.9	9.5
11—30 年	3.6	2.5	3.2
一直做，直到退休	46.7	32.9	42.0
合计	100.0	100.0	100.0

Pearson Chi-Square$=14.24$, $df=5$, $p<0.05$

资料来源：《中国纪录片从业者调查（2016）》，中国纪录片研究中心

(三)从业者的幸福感

总体而言,纪录片从业者的物质生存环境并不是很好,而且对于自我认同展现了多元的图景。我们透过一系列的问题建构李克特量表(1 至 5 分,最高 5 分),以最终分数的高低反映从业者对目前工作状况的幸福感。量表的测量内容多达 25 道题,可归纳为:(1)纪录片工作能否充分施展个人才能;(2)目前的同事关系和社会支持程度;(3)上级或同事对待本人作品的态度;(4)家庭关系和谐程度;(5)对生活的现状满意程度;(6)自我认知的社会阶层;(7)经济状况。

总体而言,从业者的工作幸福感评分一般。卡方检验结果表明,幸福感综合得分没有性别差异。从分项看,"自我感知的社会阶层"的较低评分,结合经济收入带来的"一般"幸福感,反映了纪录片从业者的生存质量不高,值得关注(见表 11)。

表 11 纪录片从业者的工作幸福指数平均得分

从业者的幸福指数矩阵	得分	标准差
1.纪录片工作能否施展个人才能	3.31	0.63
2.同事关系和社会支持程度	3.87	0.75
3.上级或同事对待本人作品的态度	3.79	0.86
4.与家人的关系	3.98	0.74
5.对生活质量的满意程度	3.23	1.01
6.自我感知的社会阶层	2.60	0.57
7.经济状况	3.14	0.72
合计	3.42	0.49

资料来源:《中国纪录片从业者调查(2016)》,中国纪录片研究中心

六、纪录片从业者从业时间的影响因素分析

(一)数据的处理

时间变量来自问题"您未来准备继续从事纪录片行业的时间",从业者提供了从"马上就想离开""1—5 年""6—10 年"到"一直干到退休"等跨度 40 年的从业时间。对

于生存数据而言，该数据属于区间删失数据。我们采用取中值的方法处理这些删失数据，即“1—5 年”取值“3 年”并以此类推。另外，有一部分为“不清楚”的变量值，我们根据从业者已经从事该行业的时间长短来判断他们继续留在该行业的时间。卡方检验结果表明，已从业的时间越长，越偏向于留下，由此推算出 1 年至 15 年的从业时间。此外，我们将从业者幸福指数矩阵的数据转换为“幸福等级”，这一变量将作为模型分层使用。同时，为了模型的表达更简洁，我们将纳入分析的多分类自变量转换为二分类变量。

(二)模型与变量

使用生存分析中的 COX 回归模型(又称比例风险模型)对数据进行分析。

从业时间作为因变量(时间变量)被纳入模型中，分层变量选取“幸福等级”。我们希望挖掘不同幸福等级的从业者的从业时间及其影响因素。另外，设观察期为 15 年，将观察期内发生的事件数量纳入模型，如从业者在时间范围内离开该行业，则研究的事件发生，记为 0；若时间段内从业者没有离开该行业，在观察中止时则为删失事件，记为 1。自变量方面，性别、年龄、教育水平、婚姻状况属于人口学变量，必须纳入模型的计算当中。已从业时间对从业时间也有影响，这跟在行业里积累的资源还有距离退休的时间有关，因此纳入模型当中。平均月薪也需纳入模型，主要是为了考察收入水平是否影响从业时间。表 12 列出了变量的名称及变量水平。

表 12　COX 回归模型的变量设计

变量名称		变量水平	
时间	从业时间	1	
		…	
		40	
状态	事件发生	0	删失
		1	离开
分层	幸福感	1	不幸福
		2	一般
		3	幸福

续表

变量名称		变量水平	
自变量	性别	0	女性
		1	男性
	年龄	18	
		19	
		…	
		65	
	教育水平	0	大学本科以下
		1	大学本科及以上
	婚姻状况	0	未婚
		1	已婚
	平均月薪	0	6000 元以下
		1	6000 元及以上
	已从业时间	1	
		…	
		40	

(三)结果

表 13 报告了从业者从业时间的 COX 模型结果,模型反映不同人群离开纪录片行业的时间风险及其影响因素。表格的第一行显示了模型各个参数的名称,其中 Sig. 代表对应自变量的统计显著程度,也就是大家常说的 p 值,社会科学领域一般取值 0.05 以下为统计显著;Exp(B)即风险系数(hazard ratio,HR),代表不同人群与参照人群暴露在风险事件中的概率。

结果显示,教育水平、婚姻状况这两个变量在 $p<0.05$ 的水平下统计显著。换句话说,这两个变量的变化能够影响从业时间。从 HR 值可以发现,大学本科以下的从业者离开纪录片行业的风险是大学本科以上从业者的 0.497 倍,意味着学历低的人群更愿意留在原有岗位上;未婚者的风险是已婚者的 1.602 倍,表明了未婚者更容易选择离开该行业。如果把显著水平放宽到 0.10,则性别差异对从业时间也有影响。具体而言,女性离开纪录片行业有着更高的可能性,为男性的 1.309 倍。年龄、聘用形式、平均月薪、已从业时间在模型结果中并不显著,说明它们对从业时间的长短不具有统

计学意义(见表 13)。

表 13　从业者从业时间的 COX 模型结果

	B	SE	Wald	df	Sig.	Exp(B)
性别	0.269	0.144	3.494	1	0.062**	1.309
年龄	0.164	0.467	0.124	1	0.725	1.178
教育水平	-0.697	0.284	6.008	1	0.014***	0.498
婚姻状况	0.471	0.182	6.689	1	0.010***	1.602
聘用形式			0.532	2	0.766	
事业编制	0.059	0.208	0.081	1	0.775	1.061
企业编制	0.119	0.164	0.525	1	0.469	1.126
平均月薪	-0.244	0.153	2.558	1	0.110	0.783
已从业时间	-0.106	0.081	1.721	1	0.190	0.899
年龄×已从业时间	-0.028	0.14	0.041	1	0.840	0.972

*** $p<0.05$；** $p<0.10$

因此，我们可以推断：女性由于传统社会及家庭文化的影响，偏向于照顾家庭而脱离工作，使得女性在较长时间仍然维持工作状态的比例大大减少，出现女性离开风险比男性更高的现象。而教育水平较低的从业者由于其自身的竞争能力较弱，因而更偏向于留在当前的工作岗位上。至于婚姻状况方面，有理由相信已婚者由于承担了更多的家庭责任，变更工作将面临较大的经济压力，因而最终选择了继续当前的工作。

更直观地，我们通过图 1 的生存曲线反映不同幸福等级下纪录片从业者的生存函数分布(留在该行业)变化。可以发现，幸福等级越高的从业者，他们的生存率越高，而且差距非常明显。“幸福”的从业者，其 5 年生存率(5 年内继续从事纪录片工作的概率)高于 70%，而“不幸福”的从业者，5 年生存率不足 40%；观察 10 年生存率，“幸福”的从业者仍然有接近 60%的生存率，而“不幸福”者的生存率已降至约 30%。从最终结果来看，模型可以证明从业者的纪录片情怀越是被满足，其从业幸福感越强，其从业时间便越长的假设。

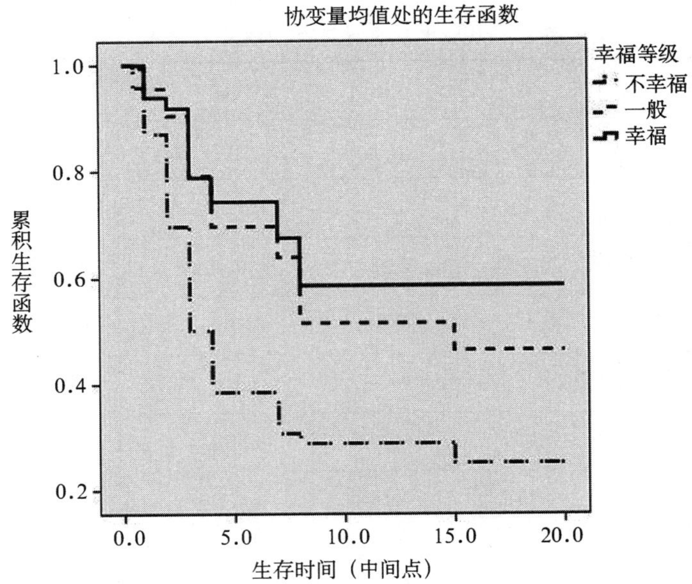

图 1　按幸福等级划分的就业时间生存曲线

七、讨论

从上面的分析结果我们可以看到，有相当大比例的从业者希望在纪录片行业一直工作到退休，这与他们从事这一行业所获取报酬的多少似乎关系不大。从业者普遍对纪录片的真实记录社会的功能、文化传播功能和文献功能较为认可，认为纪录片这一媒介形态“不应该”具有太多的商业化或娱乐化色彩。这种普遍的态度也许是阻碍中国纪录片市场产业化、商业化发展的因素，但从另外一个角度看，可能是社会制度及政策环境的原因，中国纪录片从业者产生了重情怀轻回报的心态。从中国纪录片发展的脉络可以发现，长久以来电视机构是制作和播出纪录片作品的主体，各级电视机构作为国家机器的一部分，容纳了纪录片的产制播全流程，纪录片从业者并不太担心成本与效益的问题。这种机制无疑为需要时间来沉淀的纪录片作品提供了极佳的生长土壤，却也随着时代的更迭固化了纪录片从业者以情怀为主导的思维模式。

20 世纪 90 年代，中国涌现了一批勇于开拓和创新的纪录片人，他们极大地影响了中国纪录片的发展进程，并将中国纪录片推向世界，一些中国纪录片作品在国际大赛中斩获大奖。他们不仅记录了当时巨变中的中国社会，也为后来的纪录片人树立了标杆，留下了一批经典的作品。情怀，往往与怀旧、对美好事物的渴望与回忆有关。老一辈的纪录片从业者从苦难的年代一路走来，在漫长的岁月里将他们的经历与期盼传承到下一代。品牌营销大师马丁·林斯特龙(Martin Linstrom)所著的《品牌洗脑》一书中指出:我们在回忆过往时,大脑的信号让我们获得的体验要比当时感受到的更加美好也更加愉悦,这种现象被称作玫瑰色回忆。英国消费者知识中心(Consumer Knowledge Centre)的首席执行官布赖恩·尤比克(Bryan Urbick)认为玫瑰色回忆可能是一种适应性机制,能在痛苦的回忆中抚慰和保护我们。为此,我们也不难理解为什么纪录片从业者能在艰苦的环境中坚持下去。

"纪录片最好的就是,它是你的生活本身,纪录片这个职业最棒的,不是它带给你多大的收入,是因为你喜欢的一切,比如说你爱好的音乐,你喜欢读的书,你喜欢结交的人,都会体现在你的职业当中,这是这个职业最棒的地方。"①"当我决定投身于纪录片行业时,就要知道这条道路坑坑洼洼,崎岖不平。不但刮风,而且还下雨。有时候是毛毛细雨,有时候可能是狂风暴雨。在这个过程中,如果你遇到困难就哭,甚至不想干了,那你这辈子都干不出什么事儿了。"②我们有理由相信,支撑他们继续从事这一行业的动力源自和谐的人际关系以及他人对自身工作的认可,也包括了他们对纪录片的热爱与情怀。我们不否认纪录片可以成为生活的一部分,但是脱离了生存本质谈情怀纯属空中楼阁。《了不起的匠人》《风味人间》等一系列优质网生纪录片的热播热议,使得纪录片的文化内涵和商业传播价值再度受到关注。使用纪录片的艺术叙事方式来表现品牌商业价值的广告不断出现,形成了被称为纪录片广告的新现象。③ 我们认为,如何将纪录片从业者自身的情怀转化为能够感动观众且让观众买单的作品,是当下新媒体时代纪录片从业者必须严肃对待的问题。

〔黄衍华,中国传媒大学中国纪录片研究中心数据部主任;何苏六,中国传媒大学电视学院副院长,中国纪录片研究中心主任,教授,博士生导师;罗卓灵,中国传媒大学电视学院硕士研究生〕

〔特约编辑:顾洁〕

① 来自中国纪录片从业者调查 2016 的访谈内容。

② 来自中国纪录片从业者调查 2016 的访谈内容。

③ 王昕,陈烨.历程·价值·趋势:论纪录片广告的基本问题与发展策略[J].现代传播,2018,40(12):116-120.

从情感内化到表达:

电视受众注意力的社交媒体平台延伸*

From Emotion to Expression:

Extending TV Audiences Attention to Social Media Platforms

◎韩 霄 张 磊 李智鹏

Han Xiao Zhang Lei Li Zhipeng

摘要:在当前迭代更新的媒介环境中,传统电视的社交化转型已成为一种必然趋势,关于其内容、制作、渠道、资本、效果的讨论已然比比皆是;并且,聚焦用户体验更是重中之重的一个环节。然而,电视的社交化进程并不是简单地发展多屏互动"人-机"关系,也不是将电视节目与社交媒体功能相叠加,而应该思考如何在纷繁芜杂的媒介现实中将日渐分散的受众注意力聚拢与延伸,增强用户黏性,强化用户归属感。这也正是本文的立意主旨所在。本文通过对传统电视发展现状的重新检视,反思注意力经济时代,在争夺受众市场驱动下,传统电视社交化转型的必要性,并在社交媒体环境下思考情感可供性(affordances)延伸受众注意力的可能性,从而探讨社交媒体与电视受众注意力之间的多元互动关系。

关键词:情感传播;情感能供性;注意力经济;电视社交化;电视受众

Abstract: Technology is intertwined in how we all live our lives, but particular so among TV audiences. Today, as the media landscape continues to evolve, it provides audiences with a variety of options to customise their media use across television. Time spent with the television set is shifting, with audiences spending more time using social media platforms to stream content in addition to traditional TV. Similarly, smart home devices are changing the way people interact with technology. More media content is also being accessed across

* 本文系2019年度中国传媒大学中央高校基本科研项目"智能网络时代公众情感与舆论传播生态创新"(项目编号:CUC2019B059)的阶段性成果。

digital platforms. Often, devices are used simultaneously with consumers choosing to multitask — researching something they heard or saw, checking email, online shopping, or simply staying connected with others. Thus, in the so-called age of social TV, it is important to re-consider the relationship between TV audiences and social media. To address this issue, this paper aims to explore the emotional and expressive affordances of the social TV for audiences from the vantage point of attention economy.

Keywords: emotion and communication, emotional affordances, attention economy, social TV, TV audiences

信息的丰富导致注意力的贫乏,因此需要在过量的可供消费的信息资源中有效分配注意力。[①]

——赫伯特 · 西蒙(1978 年诺贝尔经济学奖获得者)

绪　论

中国互联网络信息中心(CNNIC) 发布的第 42 次《中国互联网络发展状况统计报告》显示,截至 2018 年 6 月,我国即时通讯类社交媒体用户规模达到 7.56 亿,较 2017 年末增长 3561 万,占网民总体的 94.3%。[②] 而据 2018 年中国视频消费高峰论坛发布的《中国视频消费用户体验白皮书》,截至 2018 年第一季度,中国家庭电视收视用户达 4.47 亿户,电视覆盖家庭总量趋于饱和。[③] 另据全球最大社会化媒体传播公司 We Are Social 发布的《2018 年全球数字报告》,2018 年全球社交媒体用户数达到 31.96 亿,占全球总人口的一半,同比增长 13%。[④] 通过以上数据对比可以发现,全球范围内(不仅在中国),社交媒体用户规模正在全面赶超传统家庭电视用户规模。

众所周知,在传统电视时代,内容传播是单向的,缺乏有效的内容表达和反馈渠道,受众往往只能被动地接收电视内容。局限于技术和渠道,受众对电视节目内容的

---

① SIMON H. Computers, communications, and the public interest [M]//GREENBERGER M. Communications, and the public interest.Baltimore: Johns Hopkins Press,1971:41.

② 中国互联网络信息中心.中国互联网络发展状况统计报告(2018)[R].北京:国家信息中心,2018:7.

③ 孟月.视频体验白皮书发布 中国视频市场步入体验消费时代[J].通信世界,2018(18):11.

④ KEMP S.Digital trends 2018: 153 pages of Internet, mobile, and social media stats[EB/OL].(2018)[2019-05-06].https://thenextweb.com/contributors/2018/01/30/worlds-internet-users-pass-the-4-billion-mark/.

评价、情感表达只局限于与周围家人和朋友的交流，抑或自我消化，传播交流的范围极其有限。而进入社交媒体时代后，传统媒体时代的传受关系被打破，受众既是电视内容的消费者，又是电视内容的生产者。受众可积极参与电视内容制作，与其互动，并进行情绪表达。美国视频广告局（Video Advertising Bureau）2018 年发布的研究报告《电视即社交：论电视内容如何引发持续的网络热议》（*TV is Social*：*How "Live" TV Sparks Continuous Online Conversations*）显示，在晚间 4 个时间点的社交媒体推特（Twitter）平台前 10 名热门话题中，平均 84%的话题都来自电视内容。① 同样，我国新浪微博发布的《2018 微博台网数据白皮书》也显示，在新浪微博上综艺与剧集核心兴趣用户已经超过了 1.3 亿，泛剧综用户总量超过了 3 亿。② 以上数据表明，社交媒体平台不仅正在分食电视受众注意力，且已成为受众讨论电视内容、表达情绪的主要场域。

鉴于此，本文通过对传统电视发展现状的重新检视，反思注意力经济时代，在争夺受众市场驱动下，传统电视社交化转型的必要性，并在社交媒体环境下思考情感可供性（affordances）延伸受众注意力的可能性，从而探讨社交媒体与电视受众注意力之间的多元互动关系。

一、争夺受众：注意力经济时代的传统电视社交化转型

无论电视技术如何迭代，抑或电视观看习惯如何革新，受众注意力始终是电视行业的第一争夺要素。正如美国西北大学传播学教授詹姆斯·韦伯斯特（James Webster）所言："受众关系到媒体自身的生命力。因此，为了寻求受众，媒体间需激烈竞争以在注意力市场中获得一席之地。"③他更提醒说，面对剧烈的传播技术变革，媒介环境中最为稀缺的资源，已不再是媒体渠道和内容，而是受众注意力。但，受众注意力是有限的，在移动数字技术驱动下，媒体渠道和内容的多元充裕性已导致受众注意力供不应求。面对这一情境，众多学者指出，互联网带来的巨大变革宣告注意力经济（Attention Economy）时代的到来，受众注意力分配变得尤为重要。

① 德外 5 号.电视即社交：84%黄金时段 Twitter 热搜话题来自电视内容[EB/OL].(2019)[2019-07-08].http://dy.163.com/v2/article/detail/E6JQ19KC0521AN71.html.

② 新浪微博数据中心.2018 微博台网数据白皮书[EB/OL].(2018)[2019-02-03].http://data.weibo.com/report/reportDetail? id=428.

③ WEBSTER J. The marketplace of attention：how audiences take shape in a digital age[M]. Cambridge，Massachusetts & London：MIT Press，2014：34.

然而，一个不争的事实是，自 2008 年以来，我国传统电视收视市场持续萎缩，开机率不断下降，围绕在电视机面前的受众正在迅速流失。据中国广视索福瑞媒介研究(CSM) 发布的《2018 年电视收视市场回顾》，2018 年我国电视受众人均每日的收视时长为 129 分钟，相比 2017 年人均每日的收视时长减少了 10 分钟，下降幅度为 7.2%；相比 2014 年人均每日的收视时长，则减少了 32 分钟，下降幅度高达 19.9%。与此同时，如图 1 所示，自 2014 年以来，我国电视受众人均每日的收视分钟数呈逐年下降趋势。

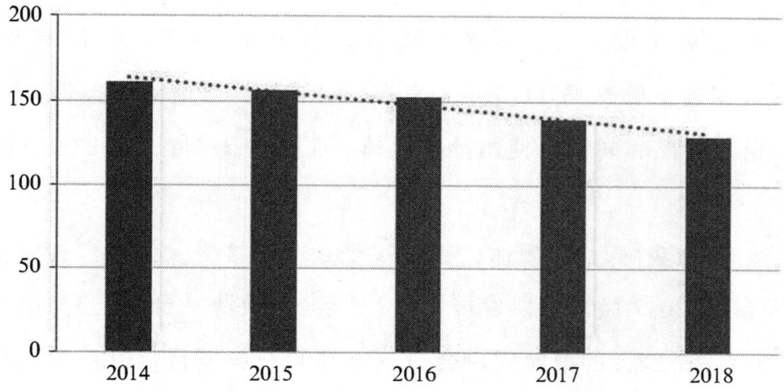

图 1　2014—2018 年人均每日收视时长趋势图

(来源：http://www.csm.com.cn/Content/2019/04-30/1455371166.html)

无独有偶，英国广播受众研究委员会(Broadcaster's Audience Research Board，BARB) 针对英国约 5100 户家庭开展的抽样调查显示，截至 2018 年 6 月，英国受众观看电视的时间已连续 8 年呈现下降趋势，人均每天观看电视时长为 3 小时 16 分钟，同比 2010 年减少了 19%。[①] 在美国，根据全球著名市场监测和数据分析公司尼尔森(Nielsen) 的数据调查，成年受众电视观看时间仅在 2018 年一个季度内便下降了 14%。

通过以上数据不难看出，传统电视对受众的吸引力已变得十分有限，受众早已不是应声而倒的"靶子"。数字化时代的崛起使得传统电视受众获得了前所未有的媒介接近使用权，受众主体性明显增强，传统的传播权力结构被打破，受众的话语得以表达，并日益成为影响传受关系和传播影响力的核心要素。受众不仅可以选择媒体接触

① Media nations 2018：interactive report[EB/OL].(2018)[2018-07-18].https://www.ofcom.org.uk/research-and-data/tv-radio-and-on-demand/media-nations/interactive-report.

渠道,也可以决定媒体观看类别、内容与时长,自主能动性显著提升。特别是随着移动互联技术的飞速发展和社交媒体移动终端的应用普及,受众在观看电视的同时还可使用“第二屏幕”(Second Screen) 或“伴侣应用”(Companion Apps) 与节目内容进行交互,基于社交的主动参与式观看行为已成趋势。

早在 2013 年,尼尔森就统计到,全美约 3600 万受众在社交媒体推特平台上发布了超过 9.9 亿条与电视节目内容相关的推文。① 尼尔森 2018 年第二季度全美受众调查显示,45%的用户在观看电视的同时会“时刻”(always) 或“十分频繁”(very often) 地使用数字移动终端;这其中,71%的用户在浏览与节目内容相关的内容,28%的用户在社交媒体平台上对节目内容进行分享、点赞、转发、评论等社交行为。② 同年,英国通信管理局 (Ofcom) 发布的《2018 年通信市场报告》表明,53%的英国用户在观看电视的同时会使用社交媒体,而这一比例在 18—34 岁群体中达到了 79%。③

与国外类似,在我国,社交媒体已被电视受众广泛接受。中国广视索福瑞媒介研究(CSM) 发布的《2017 微博电视发展报告》显示,在微博平台,综艺与电视剧为讨论最多的节目类型;有 22%的微博用户会讨论电视和视频节目,其中,参与综艺节目讨论的用户达 17%,参与电视剧讨论的用户达 15%。

虽然传统电视在客厅空间居于主导地位的优势已不复存在,但它若能与社交媒体进行深度有机融合,则其在移动数字化浪潮冲击下将凭借本身内容优势获得新的生命力。实际上,现今一些电视频道已经开始尝试在社交媒体平台上建立自己的账号,并逐步发展成“常规”行为,以期在争夺受众“眼球大战”中获得一席之地。据人民网研究院发布的《2018 年中国媒体融合传播指数报告》,其监测的全国 34 家中央级、省级电视台(包含 96 个电视频道、470 个电视栏目),共开通了 376 个微博账号,整体开通率为 62.6%;376 个电视微博账号的平均粉丝量为 115.5 万,平均阅读量为 9.8 万,其中

---

① Nielsen. Social TV [EB/OL]. (2013) [2018-11-12]. https://www.nielsen.com/eu/en/solutions/capabilities/social-tv/.

② Nielsen. Juggling act: audiences have more media at their disposal and are using them simultaneously [EB/OL]. (2018) [2019-02-05]. https://www.nielsen.com/us/en/insights/article/2018/juggling-act-audiences-have-more-media-at-their-disposal-and-are-using-them-simultaneously/.

③ Ofcom. The communications market 2018 [EB/OL]. (2018) [2019-03-05]. https://www.ofcom.org.uk/research-and-data/multi-sector-research/cmr/cmr-2018.

电视栏目官方微博平均阅读量最高，为 10.7 万次。[①]

国外电视产业亦在向社交媒体转型过程中投入大量资源，建设内容和整合平台。比如，2013 年，英国广播公司（BBC）联手英国知名广播电视创意机构红蜂媒体（Red Bee Media）为阔别屏幕两年的电视系列剧《神探夏洛克》（*Sherlock*）第三季开发以社交体验为中心的人机互动式预告片。利用 WireWAX 技术，红蜂媒体在交互式预告片中嵌入了可点击的热点，用户点击热点便可以无缝链接到 BBC 独家提供的《神探夏洛克》第三季的视频片段、拍摄花絮和幕后采访。不过若想获得这些内容，用户需要寻找隐藏在预告片中的代码来对其解锁（如图 2）。

图 2 《神探夏洛克》第三季互动预告片热点点击和解锁代码图示

（来源：http://www.redbeecreative.com/work/bbc-one-sherlock-lives）

同时，通过观看红蜂媒体制作的直播预告，用户还可被导向 BBC 官方网站、脸书以及推特官方网页欣赏官方宣传片，并参与互动。此外，红蜂媒体还在推特平台上制造了"＃神探夏洛克复活"的互动热搜话题，为《神探夏洛克》的回归宣传造势。通过以

① 2018 电视融合传播指数报告发布[EB/OL].(2019)[2019-04-01]. http://media.people.com.cn/n1/2019/0329/c120837-31001662.html.

上举措，《神探夏洛克》第三季预告片在播出后短短一小时内便产生了每秒300多次的点击观看量，在48小时内吸引了约50万观看次数及百万余次的标签点击量。并且，有研究结果表明，受众参与电视活动越多，他们对其喜爱的电视内容投入就越高。① BBC通过这些举措，调动受众参与，改变了传统电视独立、封闭的观看行为，为电视受众提供了多样化的选择，丰富了电视受众的观看体验。

从上我们可以发现，为减少受众流失，国内外传统电视媒体纷纷向社交媒体平台延展，以聚拢与延伸受众注意力。并且，传统电视在社交化转型过程中，取得了不俗的成绩。以我国传统电视社交化转型为例，据CSM发布的数据，截至2017年6月底，2017年首轮上星播出电视剧120部，其中有67%的电视剧与微博进行了合作，较前一年同期增长了10%；而新综艺中与微博有合作关系的比例则高达89%。② 不仅如此，CSM和微博电视指数数据显示，同期比较2015—2017年上半年，排名前三位的电视剧的电视受众规模和在微博的阅读次数占比呈逐年增长趋势，其三年的涨幅分别达到了18%和37%。从数据可以看出，传统电视在社交化转型过程中不断加强与微博的合作，并且取得了不错的传播效果。

尽管如此，在传统电视社交化转型过程中，也出现了一个不容忽视的问题——头部电视内容占据了社交媒体所有电视内容的大部分流量。CSM和微博电视指数数据显示，2017年上半年，排名前30的电视剧微博阅读次数为1053亿，占所有电视剧微博阅读次数的93%，较前一年同期增长了9%。通过数据，不难发现头部电视剧吸引了受众对于电视剧内容的大部分注意力；而其他电视剧的关注度甚微，其内容还有待深入挖掘。

虽然头部电视内容分食了大部分受众注意力，但是根据克里斯·安德森提出的"长尾理论"，当产品储存、流通、展示的渠道足够宽广时，正态分布曲线尾部的总体收益有可能会超过头部。③ 并且长尾曲线中的"头部"和"尾部"是动态变化的，尾部需求被挖掘后，也可能会走向主流，形成新的热门。④ 特别是当前社交媒体兴盛，为挖掘长尾需求提供了条件。社交媒体平台上聚集了不同阶层、兴趣各异的受众群体，比如，

---

① LIN J S, SUNG Y, CHEN K J. Social television: examining the antecedents and consequences of connected TV viewing[J]. Computers in human behavior, 2016, 58: 171-178.

② 凯度. 2017微博电视发展报告[EB/OL]. (2017)[2018-05-06]. https://mp.weixin.qq.com/s/08vSABY2XcZ1RRvdVCDWZA.

③ 安德森. 长尾理论[M]. 乔江涛, 译. 北京: 中信出版社, 2006: 10-12.

④ 李彬. 长尾理论对电视节目传播的启发[J]. 中国电视, 2018(3): 90-93.

2018 年微博垂直领域拓展至 60 个,月阅读量超百亿的垂直领域达 32 个。[①] 如何深入挖掘相关电视内容与这些垂直领域的联系,激发长尾需求,最大限度地释放电视内容的价值,吸引受众的广泛注意,值得思考。

通过以上分析,我们可以发现在注意力经济时代,为了争夺受众注意力,传统电视社交化转型成为备受业界、学者关注的重要话题。除在内容资源整合、渠道建设、资本运作等各个环节都从用户需求出发外,[②]笔者还认为,社交媒体本身的情感表达可供性或将成为电视社会化媒体转型的又一重要突破点。

二、社交媒体情感可供性与受众注意力延伸

著名营销学大师菲利普·科特勒曾把消费社会分为三个阶段:第一阶段为"量"的消费,第二阶段为"质"的消费,第三阶段为"情"的消费。随着媒介技术的不断更迭和发展,普通用户、机构和企业都可以参与内容的生产,因此涌现了一大批内容。相比于传统电视时代,内容不再是稀缺资源。中国电视剧制作产业协会发布的《中国电视剧(2018)产业调查报告》显示,2018 年我国获备案许可的电视剧数量达 1163 部,较 2017 年有所下降。[③] 该报告指出,我国电视剧正面临生产过剩的窘境,并且电视剧备案数据是自 2006 年以来,首度连续两年出现下降趋势。从数据可以看出,我国电视内容迈过了"量"的消费阶段,已经进入品质竞争时代。

并且,随着社交媒体的崛起,电视受众有了便捷地进行情感表达的平台,受众在消费电视内容的同时,更加关注电视内容给自己带来的情感体验,电视受众正在向着"情"的消费阶段迈进。对此,英国卡迪夫大学新闻与传播学院教授瓦尔·约恩森(Karin Wahl-Jorgensen)也指出,社交媒体自身的情感可供性与公众表达息息相关,比如评论、点赞、分享以及风靡全球的表情符号,这些基础功能设置都有益于用户在社交网络中表达观点与情绪。[④] 瓦尔·约恩森教授还特别强调,以脸书为代表

① 新浪微博数据中心.2018 微博用户发展报告[EB/OL].(2019)[2019-01-18].https://data.weibo.com/report/reportDetail? id=433.

② 赵曙光.传统电视的社会化媒体转型:内容、社交与过程[J].清华大学学报(哲学社会科学版),2016,31(1):182-188.

③ 于帆.国产电视剧产量过剩、爆款难觅:提质、创新成为业界共识[EB/OL].(2019)[2019-02-03].http://jinbao.people.cn/n1/2019/0403/c422829-31011493.html.

④ WAHL-JORGENSEN K. The emotional architecture of social media[M]//PAPACHARISSI Z. A networked self and platforms, stories, connections. New York and London: Routledge,2018:77-93.

的社交媒体平台正在把如何将人类情感更为微妙地融入技术架构中作为优先考虑事项。

因此，与传统电视不同，在社交媒体环境中，受众参与门槛低，特别是在微博平台，普通用户既可以发布140字以内的信息内容，也可以发布长文章内容，对受众文字功底没有专业限制，便于电视受众进行快捷的情感表达。比如，在电视剧《知否知否应是绿肥红瘦》(下简称《知否》)播出期间，受众在观看电视剧的同时，也可以在社交媒体平台参与对电视剧内容的讨论，进行情感表达。据微博台网和微博电视剧联合发布的数据，该剧截至收官，在微博上的主话题阅读量达170亿，话题讨论量达8157万，成为2019年首个话题阅读量过百亿的电视剧。

在微博平台，电视受众围绕《知否》的剧情、人物角色等发表自己的观点、看法。其中由赵丽颖扮演的女主角盛明兰，引起了电视受众的广泛关注。话题“#赵丽颖盛明兰#”在微博阅读量达77.6亿，讨论量高达2.7亿。[①] 电视受众纷纷围绕剧中盛明兰的为人处世、择偶观、读书观等展开激烈讨论。特别是盛明兰与祖母关于读书的讨论，引起了受众的情感共鸣。在剧中，祖母对明兰说道：“自古都说女子无才便是德，读书，毕竟不是女子分内的事。”而明兰却反驳道：“读书无用论这话，是男子用来骗女子的，好让女子浑噩愚昧，任人摆布。”在该集电视播出后，明兰的观点迅速得到电视受众的认同，并一度登上了微博热搜。比如，微博网友“@爆笑视频蜀黍”对于明兰的“女子读书论”表示高度赞赏，认为明兰的分析鞭辟入里，丝丝入扣，让“吾等”看到了何谓“世事洞明、人情练达”。当前，整个社会都在倡导男女平等、全民教育，读书的意义不言而喻。明兰的读书有用论一出，迅速在社交媒体上引起了受众的情感共鸣。

除了文字外，社交媒体还提供了其他话语呈现形式。图片、视频、表情包等话语符号因表达更加形象、立体而成为电视受众进行情感表达的重要工具。以电视剧《都挺好》为例，电视剧聚焦重男轻女、啃老、亲情等话题，贴近现实，在社交平台引起了受众的情感共鸣。比较典型的就是，倪大红扮演的苏大强被电视受众制成表情包在社交平台传播。在电视剧中，苏大强一反之前影视剧中呈现的父亲形象，给受众展现了一个懦弱无能、虚荣自私、不负责的另类形象，非常具有争议性，引起了电视受众的广泛关注。微博网友“@马里奥小黄人”在观看了《都挺好》后，将苏大强制成了动漫版表情包——黄背心、大眼袋，再配上经典台词，把苏大强的形象展现得淋漓尽致。苏大强表

① 参见https://m.weibo.cn/5406006781/4340262237099658。

情略带"贱""萌"的特质,带有网络亚文化戏谑的风格,在微博、微信等社交平台引发了模因式传播。苏大强表情包成为一个模因,在社交媒体平台上被网友不断地复制、模仿。比如微博网友"@小爽 Elaine"在苏大强表情包中加上与考研相关的内容,用来表达自己的考研心路历程;而微博网友"@篮球大历史"则制作了苏大强版本的各队球迷表情包,用来表达篮球迷的心情。不同的群体通过对原表情包进行解构和重构,填充上不同的文字和情感,使得表情包可以用于不同场景,实现了破圈层传播。电视剧《都挺好》也伴随着表情包的传播,引起了电视受众更广泛的关注。

从以上可以看出,社交媒体的发展为电视受众带来了多样化的话语表达形式,社交媒体的这些功能设置在一定程度上促进了电视受众参与话题讨论,进行情感表达。但是更重要的是,社交媒体具有开放性、匿名性、虚拟性等属性,它能使电视受众摆脱现实生活的身份限制,迅速参与到话题讨论中,形成巨大的聚合效应,将个人情感转换为社会化情感,从而形成情感认同和共鸣。比如,微博网友"@马里奥小黄人"制作的表情包之所以能风靡各大社交媒体,一方面是由于微博本身的热搜机制,形成对信息的过滤,使得苏大强表情包从众多信息中脱颖而出,引起了受众的注意;但另一方面,更重要的原因是社交媒体本身环境的开放、自由,在社交网络中,每个受众都是一个传播节点,这些节点相互连接,呈现网状结构,能使情感传播产生聚合效应,让蕴含在表情包中的个人情感汇聚成社会情感,让电视受众之间形成情感共振。

当然,除了社交媒体本身的天然属性有利于电视受众进行情感传播外,社交媒体上聚集的主流媒体和意见领袖,对电视受众参与情感表达也具有一定的助推作用。主流媒体和意见领袖拥有一大批粉丝,在社交媒体平台上具有一定影响力,其发表的对电视内容的观点、评价,在一定程度上会起到议程设置的作用,影响电视受众的情感表达。以电视剧《少年派》为例,在播出期间,电视剧主要演员纷纷在社交媒体平台与电视受众进行互动交流。

电视剧演员在社交媒体平台拥有大批粉丝,是相当有影响力的一类意见领袖。他们在社交平台上的一言一行都会受到粉丝的关注,并影响着粉丝的情感表达。比如,《少年派》中钱三一的扮演者郭俊辰在电视剧收官之际,通过微博发表了一条收官感言。该条博文为"感谢遇见",并附有一张剧照。据笔者统计,截至 2019 年 8 月底,该条微博转发量超过 1 万,评论量超过 2 万,点赞量超过 70 万。该条博文,在电视剧收官之际发出,与电视剧形成了联动,极具沉浸感;并且字里行间带有强烈的感情色彩,极易激起电视受众的情感,因此博文一经发出便引起了受众的广泛注意。更重要的是,该条微博不仅引起了粉丝的注意,还引起了各大高校的围观。博文中的剧照展示了高考结束后，钱三一同学总结的各地学校的专业、距离、分数线。博主发的剧照与现实中的高校招生产生了关联，使得评论区变成了大型高校招生宣传现场，并由此引发了主流权威媒体的关注。特别是，人民日报官方微博为此还开设了一个话题——“#电视剧宣传变高校招生现场#”。据笔者统计，截至2019年8月底，该话题引发了近2100万阅读次数和4300次讨论。我们可以发现，社交媒体上的意见领袖和主流媒体可以产生联动效应，进而聚拢受众关注点和情感。意见领袖和主流媒体通过将电视内容与现实情感进行融合，在表达自己观点的同时，还引导社交媒体上受众的情感偏向，并借由转发、评论、分享实现“二次裂变式传播”，将电视受众注意力进一步延伸。

综上可以看出，社交媒体的发展，为电视受众带来了便捷的情感表达渠道，电视受众正在从“量”的消费和“质”的消费时代向“情”的消费时代迈进。因此，在电视社交化转型过程中，社交媒体本身的情感表达可供性值得业界和学界关注。

结　语

在当前迭代更新的媒介环境中，传统电视的社交化转型已成为必然趋势，关于其内容、制作、渠道、资本、效果的讨论比比皆是；而且，聚焦用户体验更是重中之重的一个环节。然而，电视的社交化进程并不是简单地发展多屏互动“人-机”关系，也不是将电视节目与社交媒体功能叠加，而是应该思考如何在纷繁芜杂的媒介现实中聚拢与延伸日渐分散的受众注意力，增强用户黏性，强化用户归属感。这也正是本文的立意主旨所在。

如前所述，注意力经济时代的到来加剧了受众注意力的稀缺。特别是对于电视行业而言，如何“夺回”被社交媒体平台转移的受众注意力成为其面临的重要挑战。对此，电视节目制作者并没有选择与社交媒体平台形成对立局面，而是进行战略性深度合作。笔者也选取了颇具代表性的英国广播公司（BBC）和新浪微博台网运营作为典型案例进行了深入分析。

笔者还观察到，社交媒体本身的情感属性设置（比如点赞、评论、表情符号等）不仅可为传统电视受众提供便捷与丰富的表达平台，使其内化的情感得到有效释放，而且某些电视节目所关注的社会热点问题还可引发公众情感认同与共鸣。笔者认为，这样的“情感转向”或可成为电视媒体社交化转型的重要突破点，因为受众的注意力不但没有被分散，反而得到了延伸，在多屏应用的环境中形成了良好的用户互动。

然而,值得注意的是,虽然“注意力/注意力经济”和“情感可供性”逐渐成为传播学实证研究的重要议题,但将两者联结探讨传统电视的社会化媒体转型路径的研究还属凤毛麟角。笔者认为,以受众注意力为出发点,结合社交媒体传播属性,思考情感表达在其中扮演的角色,将为这一转变带来有益洞见。当前,电视社交化进程任重而道远,但却是我们不可抗拒的趋势。

〔韩霄,中国传媒大学移动互联与社会化媒体研究中心副研究员;张磊,中国传媒大学国家传播创新研究中心研究员;李智鹏,中国传媒大学互联网信息研究院2018级硕士研究生〕

〔特约编辑:顾洁〕

传播与文化

“保卫文化”：
20世纪90年代的电视批评
“Secure the Culture”:
Reflection on 1990s' Chinese TV Critiques

◎ 曹培鑫　薛毅帆

Cao Peixin　Xue Yifan

摘要：20世纪90年代，我国新闻传播学界出现过一次围绕当时逐渐繁盛的电视文化展开的文化批评活动。这场批评整体上认为电视传播实践以其趋利特征，造成了文化品格的下降，并由此产生了对社会的多重负面效果。这场批评活动，受制于理论的局限和取径的偏狭，形成对电视文化的过度否定和批判的误置。这种过度否定和误置的批判可能导致我们无法理解在世纪末的中国，电视传播活动所具有的社会意义和可能发挥的潜在价值。本文通过重述20世纪90年代电视传播的社会历史情境，重新检讨时人的批判文章，并在此基础上将批判者的观点类型化，揭示其批判理论的局限性，并解释此次文化批评活动多种困境的历史成因。

关键词：电视文化批判；本质主义；精英主义；去本土化

Abstract: A wave of criticism on the prospering television broadcasting merged in the Chinese academic circle in the early 1990s. Reflecting on these "Television Cultural Critiques" today will not only shed light on the potential positive effects of television broadcasting and television culture of 1990s on Chinese society in general, but also reveal the theoretical limitations, especially the misemployment of the Cultural Industry Theory of the cultural critics of that time. Through a close inspection on these cultural critiques of Chinese television of 1990s, this study will bring a typology to these critiques, as well as provide a provisional explanation to the phenomena of television cultural detestation by the intellectuals through re-contextualization of these critiques with a social-historical perspective.

Keywords: television culture critiques, essentialism, elitism, de-localization

20 世纪 90 年代,我国新闻传播学界出现过一次围绕逐渐繁盛的电视文化展开的批评活动。这场批评整体上认为电视传播实践以其趋利特征,造成了文化品格的下降,并由此产生了对社会的多重负面效果。时至今日,在中国社会的传媒格局中,电视似乎早已风光不再,甚至有人宣称"电视已死"。那么若以 20 世纪 90 年代的批判眼光来看,不知是否意味着社会文化终于幸运地从电视的"污染"中解脱出来?

在当下,移动互联网、人工智能等新兴媒体势头正猛,一方面人们享受着技术飞跃带来的新颖文化体验;另一方面,针对各类新媒体的批评也甚嚣尘上,不绝于耳。这些批评与 20 世纪 90 年代的电视文化批判无论在形式上还是论调上都存在着相似之处。因此,当面对新闻传播媒介变革所引起的新的社会文化实践时,怎样的媒介反思、文化批评才是公允平衡、予人启发的,而不只是重复 20 世纪 90 年代电视批评中凸显的文化精英主义的陈词滥调?"以史为鉴"地重新检视 20 世纪 90 年代的那次电视文化批判,不仅能为我们理解媒介文化提供一个历史的维度,更能够为我们如何恰当地进行当代的媒介文化批判活动带来启示。

改革开放之后,凭借持续增长的入户率、类型丰富的节目样态、强有力的国家支持等优势,电视深度参与到当代中国社会文化的建设和发展过程中,调整与改变着中国社会的文化形式。这使得电视文化堪称我国当代大众文化的典型代表。

"大众文化"一词本身的意涵随着时代的变化而被不同地阐释着,电视等大众传媒所代表的文化制度、文化方式和文化产品也不断地被赋予是非功过的复杂评判。在 20 世纪 90 年代,以势头正猛的电视文化为代表的"大众文化"就被知识界视为具有过度商业化、内容同质、批量生产、伪个性标榜与反艺术精神等负面含义的文化类型,遭受着知识界严厉的批判。这场电视批判规模庞大、焦点集中,形成了一股宏大的文化思潮。知识界对电视文化的批判固然因为电视传播存在种种现实的缺点,然而,总览 20 世纪 90 年代的电视批评,我们可以发现,这一针对整个电视传播展开的"文化讨伐"具有更丰富的文化学和社会学的含义。如果单以电视自身缺点和知识界社会责任的二元互动来解释这一现象,就忽视了电视传播以及知识界自身的历史情境性。

20 世纪 90 年代是中国重要的社会历史变革期,而正如印证、弭秀玲所指出的那样,一个国家的重大社会变革,首先会对原有文化结构带来剧烈冲击。伴随着新的文化“生长点”而出现的文化争论是社会变迁不可避免的现象。① 因此，这场围绕电视文化展开的辩论，无论是内容议题，还是争论形式，都是根植于特定社会历史变动之中的文化思想冲突。

因此，本文希望超越电视传播与其文化批判者之间静止的“大众文化—精英批判”二元关系，在重述20世纪90年代中期的社会历史情境基础上，分析新闻传播知识界展开这场电视文化批判实践的社会历史动因，以当时新闻传播知识界发表的大量批判文章为素材，对其中的主张和观点进行类型化，并反思其批判的历史局限性。

一、“事件化”：重访电视文化批判的生成语境

福柯（Michel Foucault）曾在《方法问题》中提出“事件化”（Eventualization）的历史研究方法：任何理论的创造都是具体的人，就具体问题，出于具体目的，在具体的环境下制造的一个“事件”。无论一个理论或观点在现实中如何占据支配性地位，如何不言自明，只要对其诞生的历史情境进行事件化还原，我们就会发现该理论观点并非是无条件的或永恒的。② 因此，如果要准确理解作为一个历史事件的“20世纪90年代电视文化批判活动”，我们首先就应对中国社会在20世纪90年代的历史变迁、电视文化的兴起、知识界的社会处境、批判所借用的理论资源，以及同时存在于思想界的相关辩论做出整体描绘。

从改革开放开始，经济生活的逐渐活跃使得“市场”“商品”“物质”等概念从政治上的贬义词汇变为一种中性的，甚至带有褒义色彩的“时髦话语”。1992年10月，党的十四大提出了中国经济体制改革的目标是建立社会主义市场经济体制，这推动了市场范围不断扩张和市场规则日臻完善，以及商品化与产业化进程的加快。受到市场的推动，电视行业意识到了变革的必要性，将电视节目作为商品推入市场，似乎成了水到渠成的选择。③ 当时就有人倡议：“电视人必须……审视作为精神产品的电视节目的物质属性和商业价值，考虑电视市场消费兴趣的变化。”④甚至出现了重视经济属性是发挥好喉舌作用的重要保障的观点。⑤ 因此，电视行业也“开

① 印证，弭秀玲.电视与城市社会[J].社会学研究，1986(5)：48-56.

② 宋伟.事件化：哲学反思与历史叙事[J].文化研究，2013(5)：124-138.

③ 陈辉.中国电视节目面临市场化的几大趋势[J].视听界，1999(6)：3-5.

④ 佚名.电视节目要面向市场[J].电视研究，1994(3)：55.

⑤ 靳韬光.对转变观念的思考[J].中国广播电视学刊，1994(2)：31-33.原为1993年12月16—17日在大连市召开的“社会主义市场经济条件下转变广播电视传播观念研讨会”上的发言。

始越来越多地以一个产业的面貌呈现在中国人的日常生活中”①。

伴随电视产业化进程出现的,是中国家庭电视机的普及。这是电视文化得以兴起的物质基础。电视日益成为家庭必需品,在日常生活中扮演着“文化使者”的角色。与此同时,电视节目类型、题材、风格和播出时长都大大增加,看电视成为内容丰富的文化活动。电视机的普及和电视内容的多样化使得文化审美活动与日常生活的界线变得模糊起来。电视站在文化活动与日常生活的“交界地带”,创造了一系列“现象级”的文化事件。电视剧《渴望》曾轰动一时,成为人们茶余饭后的文化谈资。以3.8亿标的获得标王的孔府宴酒显示了人们晚间休闲时段的黄金价值;《东方时空》则一改传统政治宣传式腔调,培养出一种早间看电视新闻的文化习惯。产业化背景下的电视勃兴重塑着人们的文化生活,成为一种不可忽视的新型文化力量。也由此,20世纪90年代创生的中国电视文化生态,与80年代的电视文化形成巨大反差。②

受到社会变动的影响,20世纪90年代的知识界也试图以新的身份、新的路径开启一种全新的文化批判实践。在改革开放之初的80年代中期,“市场”一词具有乌托邦的色彩,如陶东风所说,“1980年代的启蒙、自由和主体性话语中隐藏着一种市场化诉求,似乎只有市场化才能给自由和主体性提供现实的保障”③。但是随着市场化进程不断深入,矛盾和问题也逐渐暴露,诸如贫富分化、权钱交易等现实问题让人们意识到了市场实践与“市场乌托邦”之间的巨大落差。曾经抱有的市场幻想在现实面前受到打击,知识界因此产生了对于发展道路的焦虑,开始反思市场的局限性。与此同时,知识界自身的身份认同遭遇新的挑战,也触发了其以新的路径重新参与社会的内在需求。社会上出现的拜金风潮和对知识的贬损,使得知识界丧失了20世纪80年代那种“领启蒙风气之先”的身份。这种“重创感和同时伴随的体制化过程,使得他们不能再分享那种处于社会中心位置的精英幻觉”④。在社会剧变和自我认同的双重焦虑——也是双重动力的影响下,知识界需要重新选择一种面向社会、参与社会的新立场与新方式。⑤ 因此,精英知识分子以骤兴的电视文化为

---

① 常江.中国电视史:1958—2008[M].北京:北京大学出版社,2018:290.

② 关于20世纪80年代中国电视文化的情况,可参见常江.中国电视史:1958—2008[M].北京:北京大学出版社,2018.

③ 陶东风,徐艳蕊.当代中国的文化批判[M].北京:北京大学出版社,2006:76.

④ 贺桂梅.人文学的想象力——当代中国思想文化与文学问题[M].开封:河南大学出版社,2005:135.关于知识分子体制化问题可以参见本书第2—5页、第25—30页等相关部分内容。

⑤ 尹鸿.大众文化时代的批判意识[J].文艺理论研究,1996(3):76-79.

标靶，以文化批判活动为主要实践形式，拓宽自身的社会活动空间——这成为知识界在20世纪90年代参与社会活动的一次“入场式”。①

以批判电视文化代表的大众文化为主要方式的“重新亮相”，要求知识界掌握强大的“批判的武器”。知识界所使用的“理论武器”正是20世纪80年代初随着改革开放进入中国视野的众多西方理论，其中法兰克福学派的批判理论得到了最早，也是最为广泛的应用。法兰克福学派的文化工业理论自1990年起被译介到中国，随即被应用到系统地批判分析当代电视文化中去。其中包括《法兰克福学派与大众文化批判》《欲望与沉沦——大众文化批判》等一系列文章。② 面对所谓的“形形色色的言情、武打、凶杀、黄色、态怪的粗俗作品以及广告、二流影剧、电子游戏、卡通、流行歌曲等娱乐”（刘春语），学者严肃批评其对当代文化生态造成的负面影响，并发出警告：“无所不在的工具理性和消费至上的盛行，对终极价值的追求消失了，代之以满足当下的感官刺激、寻求现实心理满足、愉悦日常生活的文化消费。”而这些“最终会导致公德的衰退、心智的退化、人格的扭曲、文明的沉沦”③。不难看出，这些批评保留着鲜明的精英主义话语范式，以及道德理性主义和审美主义特征。陶东风在2006年反思当时的批判立场时总结道：“在精英文化与大众文化的对峙中，作为否定性范畴的‘文化工业’概念成为精英知识分子维护自己文化权威的最好武器。”④于是，知识界在巨大的共鸣中，持续地使用法兰克福学派的文化工业理论对电视文化进行批判实践。

将20世纪90年代出现的电视文化批判活动当作一个历史事件，并细致考察这场“思想事件”得以发生的相关方面——批判者的身份和处境、批判对象的状态、批判环境的整体样貌和趋向、“批判的武器”的思想资源之后，这场批判活动所提出的电视文化的种种“问题”便被放置在情境化的历史框架之中。

二、20世纪90年代电视文化批判的指向

如前文所说，20世纪90年代中期电视文化批判的主要理论来源是法兰克福学派的文化工业理论，通过嫁接法兰克福学派对“文化工业”的种种批判，完成对电视

① 贺桂梅.人文学的想象力——当代中国思想文化与文学问题[M].开封：河南大学出版社，2005：17-33.

② 刘春.法兰克福学派与大众文化批判[J].北京广播学院学报，1992(3)：62-72；陶东风.新“十批判书”之三——欲望与沉沦——当代大众文化批判[J].文艺争鸣，1993(6)：10-21.

③ 刘春.法兰克福学派与大众文化批判[J].北京广播学院学报，1992(3)：62-72.

④ 陶东风，徐艳蕊.当代中国的文化批判[M].北京：北京大学出版社，2006：76.

文化的批判。本文通过对20世纪90年代中期《北京广播学院学报》(1994年改名为《现代传播》)、《当代电视》、《电视研究》、《中国电视》、《中外电视》、《声屏世界》、《视听界》、《新闻大学》、《国际新闻界》、《中国广播电视学刊》,以及《文化研究》《文艺理论研究》等相关学术杂志的检索,搜寻到大量讨论和批判电视文化的文献。在对这些学术文献进行细读的基础上,发现当时电视文化批判文章的矛头主要指向电视文化的"五宗罪"。

第一,电视文化是一种遵循市场逻辑,按照商品经济的价值规律生产的"节目商品",经济的功利主义渗透至其传播的全部环节和各个方面,在追求牟利的动机下忽视了电视产品的审美价值与艺术品位。一方面,电视文化生产传播的"价值轴心是经济效益"①,即面对文化事业的社会效益和文化产品的经济效益的冲突时,文化工业毫不迟疑地选择谋求经济效益,使得文化传播转变为市场交易。这就需要降低电视节目的文化品位,以便让大多数人能够轻松地观看和消费。由此造成的电视传播现象就如高丙中所描述的,"经济规律和价值规律像魔法一样使得几十年形成的支撑精英文化的体制处于土崩瓦解状态……文化热点已全面转移:打开电视,收视率最高的往往都是些通俗的轻喜剧和娱乐片"②。除了生产制作环节,批评者们也注意到发行推广环节在电视产业链中创造和刺激消费热点的作用:通过代理人的宣发经营活动,制造"热门",以实现对电视市场的预判与控制。例如,通俗电视剧《皇城根儿》等"还未播出就广告做尽,观众的需要已被文化商人预购,观众还没有'使用'过就被预先告之什么是'名牌'"③。另一方面,在节目内容生产和发行的第一次售卖行为之上,更有批评者在第二次售卖的层面,指出电视传播活动因被广告客户这只"无形的手卡住脖子"而丧失了应有的文化品格和文化责任。"电视台为了吸引广告客户,过分热衷于播映一些缺乏社会意义的港、台和某些外国暴力、打斗片子,严重影响青少年的身心健康。"④

第二,商业化的电视文化是对真正文化的反叛,是一种模式化、单调的和平面的大众文化。正如周宪总结的,"高雅文化的话语是一种复杂的审美话语,它有追求

① 陶东风.新"十批判书"之三——欲望与沉沦——当代大众文化批判[J].文艺争鸣,1993(6):10-21.

② 高丙中.精英文化、大众文化、民间文化:中国文化的群体差异及其变迁[J].社会科学战线,1996(2):108-113.

③ 陶东风.新"十批判书"之三——欲望与沉沦——当代大众文化批判[J].文艺争鸣,1993(6):10-21.

④ 卢惠民.媒介的商品属性与"商业化"误区[J].中国广播电视学刊,1995(11):47-49.本文是从作者的《不要被无形的手卡住脖子——进入市场的新闻业》一文中选取的第二部分。原作分为四个部分。

伦理严肃性、创造性、个性风格、历史意识和言外之意的内在规范。因而形成了某种不断超越自身的内在动力；大众消费文化则是一种复制性的话语，它追求标准化、无个性、程式化和媚悦的直接性”[①]。尹鸿以电视剧为代表，批评电视所叙述的内容为“一种自我封闭的叙事游戏：它消除了时间感，排除了历史意识……人性和个性的丰富性、深刻性被压缩成了一个类型化的平面”[②]。这种复制与同质的文化特征不仅体现在一个作品内部的模式化上，还体现在后来作品对先前作品的蜂拥模仿、千篇一律上。邹伏生就讽刺过“太阳影视”的风起云涌：“有从《山那边的太阳》《山梁上的太阳》到《戈壁山上的太阳》；有从《走向太阳》《飞向太阳》到《拥有太阳》《拥抱太阳》；有从《播种太阳》《开采太阳》到《捧出火红的太阳》《送你一颗鲜太阳》……真可谓是五花八门，琳琅满目的了。”[③]另外，周宪也曾将电视文化作为“真正的文化”的对立项，认为真正的文化艺术应当是充满想象力的，而包括电视文化在内的大众文化是“复制性的纪实范畴”，使人们“不再对富有自我意识的自由想象感兴趣”，而深陷于对现实的大批量机械描摹。[④] 这种整齐划一的模式化内容在宗教式微的工业社会里成为宗教的替代品：通过机械复制与重复宣导，消弭人的个性，使其成为“毫无个性差异”“能毫无摩擦地顺利地发挥作用”的劳动力。[⑤]

第三，电视文化不仅自身缺乏“文化性”，更通过盗用高雅的精英文化和淳朴的民间文化，使之“波普化”[⑥]为电视内容的一部分，剥夺了其本身原有的文化价值，造成理想与真理的堕落。首先，精英主义立场认为电视“不断地从高雅文化中攫取成熟的东西，并使之程式化甚至变成俗套”[⑦]，令高雅品格被拉低至最容易为大众所接受的“平均水平”和“最低门槛”，从而造成高雅文化的严肃性与深刻性被电视文化侵蚀。音乐电视（MTV）从20世纪90年代早期开始逐渐成为一种新型电视综合艺

---

① 周宪.审美文化的历史形态及其变异——谈高雅文化与大众消费文化[J].文学评论，1995(1)：96-103.

② 尹鸿.在雅与俗的契合中展示人性的升华——评电视剧《山野》[J].中国电视，1994(6)：45-46.

③ 邹伏生.从“风流”影视到追逐“太阳”[J].声屏世界，1994(6)：48.

④ 周宪.大众文化的时代与想象力的衰落[J].文艺理论研究，1994(2)：20-25.

⑤ 李彬.反观电视——一种批判学派的观点[J].郑州大学学报（哲学社会科学版），1996(6)：29-33.

⑥ “波普”是“pop”一词的音译，即“popular”的缩写，有“流行的”“通俗的”“大众的”之意。“波普文艺”也就是流行的、通俗的、大众化的文艺，而非深奥的、高雅的专家们的文艺。这里的“波普化”指电视等大众传媒通过复制技术、市场等手段将原先的高雅文化与民间文化大众化、流行化、通俗化。可参看杨乃乔.大众艺术的媚俗性与波普艺术的人文主义精神[J].东方论坛·青岛大学学报，1994(1)：47-49；徐佳音.波普文艺之我见[J].贵州民族学院学报（社会科学版），1995(1)：67-72.

⑦ 周宪.审美文化的历史形态及其变异——谈高雅文化与大众消费文化[J].文学评论，1995(1)：96-103.

术。[①] 在初兴阶段，MTV的内容品质确实存在良莠不齐的问题，甚至出现革命歌曲与比基尼画面结合的作品。[②] 但很多批评者规避了这种现象出现的社会性原因，仅在抽象层面上指责"音乐电视化"这种艺术实践趋向本身，认为"好的音乐其实是用不着画面来帮忙的"[③]：作为高雅文化的音乐进入电视媒体后必然会流于三俗，从拥有深刻主题的艺术变成去主题和反阐释的产品，[④]从而将MTV与真正的音乐或"好的音乐"对立起来。[⑤] 其次，除了将电视文化与精英文化对立外，还存在将电视文化与民间文化对立起来的观点，认为以电视为代表的大众文化凭借其资本支持、高普及率和娱乐性内容严重侵害了民间文化这一"真正的大众的文化"。一方面，电视文化是一种被收买的文化产品，看电视挤占了人们自己创造和生产文化的机会，毁灭了民间文化的生长环境；另一方面，电视文化的虚拟性使人们沉溺于光影之中，而拒绝投入到真实的民间文化狂欢之中。[⑥] 而实际上，学者早就注意到，在民间文化进入电视传播的实践中，"电视化"在某些方面具有复兴和激发民间文化生长的功效。《木偶电视剧大有前途》一文中写道："木偶电视剧的诞生，并不意味着淘汰木偶舞台剧，相反，对木偶自身来说有了多方面的促进，电视艺术的手法弥补了木偶体积小的'先天'缺陷，达到了扬长避短的艺术效果，另外还使木偶雕刻有新的突破，因为影视近景镜头要求不同环境中的人物有不同的脸部表情。愿木偶这门古老艺术，插上'电'的翅膀凌空高飞。"[⑦]与此类似的例子还有关于评书、相声等典型的民间文化"电视化"的正面评论。[⑧]

第四，电视通过文化符号的消费，以简单欲望的满足代替了现实行动的发生，在形形色色的视听狂欢中耗尽人们的精力，并以此实现对人们日常生活的控制和操

---

① 巩伟.MTV的艺术魅力[J].黄钟(武汉音乐学院学报)，1996(3)：73-76.

② 关于电视音乐创作的负面现象，可参看林小明.MTV的困惑[J].电影评介，1995(4)：24；陈新.音乐电视我该怎样欣赏你[J].音乐天地，1995(5)：12-13；李国庆.MTV，经典还是垃圾[J].北方音乐，1996(2)：22-24；张永安.MTV：让人欢喜也让人忧[J].福建艺术，1996(5)：23-24.

③ 金兆钧.MTV一个现代梦？[J].电视研究，1994(1)：46.

④ 潘知常.MTV——当代人的"视觉快餐"——当代文化工业的美学阐释[J].南京社会科学，1994(2)：11-17.

⑤ 李皖.小心，别弄丢了你的耳朵[J].读书，1993(7)：104-108.

⑥ 张汝伦.论大众文化[J].复旦学报(社会科学版)，1994(3)：16-22；周宪.审美文化的历史形态及其变异——谈高雅文化与大众消费文化[J].文学评论，1995(1)：96-103.

⑦ 佚名.木偶电视剧大有前途[J].电视研究，1994(6)：54.

⑧ 姚昌民.秦腔在示威——陕西电视台"春节电视戏曲晚会"联想[J].当代戏剧，1993(3)：7-11；李谷鸣，王伟.一次成功的改编与创新——评黄梅戏音乐电视连续剧《桃花扇》[J].黄梅戏艺术，1994(1)：84-98；洪忠煌.戏剧文化与电视文化之间的互补[J].戏剧文学，1994(9)：42-45，64；肖海鹰.传媒艺术的兴起与戏曲艺术的振兴[J].中国电视戏曲，1995(4)：18.

纵。电视视听合一的符号样式，以及还原日常生活的纪实风格，使得观众无需特别训练就可以自如解码。投其所好者不断制作低俗的作品，通过挑逗观众的欲望吸引眼球。因此，过度刺激观众的感官一直是批判者对电视批判的重点。王心语曾将电视评价为："刀光剑影，花拳绣腿，杀声四起，血流遍地；或者是枪声大作，火光冲天，汽车相撞，船艇混战；或者是鬼影幢幢，妖魔横行，神鬼斗法……以媚俗迎合一些人的低级趣味，赚取一些廉价的笑声。"①刘春也认为，长此诉诸感官欲望的满足，电视为观众提供的其实是"虚假的宣泄、安慰、共鸣"②，使得观众对于电视内容抱有"明知是假，宁信其真"的态度，并由此造成一种个人体验上的"替代性满足"，将声画建构出的"感官世界"误认作现实世界。正如尹鸿的总结，观众最终在"文本中那些情与爱、生与死、沉与浮之中释放着他们被抑制的潜意识，满足着在现实环境中屡受挫折的弗洛伊德所谓的'快乐原则'"③。朱青君认为，这种虚假的快乐体验，滋长了"虚假参与感"④：个人在这种虚假的符号狂欢中耗费了大量的精力，既没有机会，也没有动力再投身于日常生活的实践，最终导致人们社会现实行动的缺失，甘愿"让虚假的屏幕来统治自己实际的生活"⑤。至此，电视完成了对观众的"消极的"操纵与控制：电视观众沉浸在形形色色的精彩节目中，满足于官能欲望的宣泄，无意间选择了不再进行现实的社会活动实践。

第五，通过上述诸种作用，电视文化扼杀人们的批判精神，消弭可能存在的反对意见，最终形成了马尔库塞所谓的"单向度社会"。部分深谙法兰克福学派学说的文化理论研究者在讨论电视文化对社会政治进步造成的影响时，提出了"政治波普"这一概念，即以折中主义和适应性的心态，与中国人真实的生存境况贴合不紧密。王干认为"新京味电视剧"就是这种政治波普的文化心态和玩世现实主义与大众电视传媒结合形成的产物，其"以淡化、调侃意识形态为能事……为自己放弃任何精神操守与终极信仰提供'理论基础'"，最终形成一种类似于"单向度人"的"平面人"。"平面人"不再承认或在意"寻找当代文化复兴的立足点"的可能性——最终使得文化与社会政治理想的进步失去被关注和被讨论的机会。⑥ 也有批评者认为，

---

① 王心语.荧屏呼唤返朴归真[J].电视研究，1994(7)：34.

② 刘春.法兰克福学派与大众文化批判[J].北京广播学院学报，1992(3)：62-72.

③ 尹鸿.世纪转型：当代中国的大众文化时代[J].电影艺术，1997(1)：22-26.

④ 朱青君.电视：亦真亦幻的消费视象[J].北京电影学院学报，1993(2)：35-44.

⑤ 蔡毅.电视文化的勃兴对当代审美观念的影响[J].云南学术探索，1993(3)：31-32.

⑥ 王干.新"十批判书"之五——一个幽灵：自省或批判——新潮文艺中的"文革"阴影[J].文艺争鸣，1994(1)：62-66.

电视文化使得社会公众愿意为了低级庸俗的感官刺激而抛弃个性和批判性,将全部注意力投入模式化、同质化的信息汪洋,最终对电视形成一种近乎于宗教的狂热情感——正是这种宗教般的电视狂热实现了对社会大众的操控。在现实中,并不是没有对某个低俗内容或是劣质节目的批评,但是在整体性电视狂热的环境内,批评是无法发展成反思和超越的——批评的结果是愈加狂热,即"越骂越热"。这就扼杀了批评意见实际功能展开的可能性。在这种狂热旨趣的统摄下,观众不可能在政治波普风潮的"放浪形骸"之中从内部产生深刻的反思和批判,还会将来自外部的"明智的"批评意见迅速纳入电视狂欢之中,使之批判力被抹杀。

三、反思 20 世纪 90 年代电视批判的局限

前文梳理了电视文化的五大"罪名"。对于这些指控,在当时的学术论争中就已经有人提出反驳意见,很多热情的批评者也在过去二十多年间修正了自己的观点。因此,我们可以超越对电视批判本身的反驳,去探究这些观点在整体上的局限性,并反思这些局限性的历史原因。

首先,从思维方式来看,20 世纪 90 年代的电视文化批判带有强烈的本质主义倾向。本质主义认为事物拥有不依赖于具体条件而永恒普遍存在的本质。在此思维中,"文化"成为一系列"凝固"的话语——以艾默生、阿诺德、文化学家、艺术家的"文化"表述作为跨越时空的永恒标准,来测量 20 世纪 90 年代中国电视文化的优劣。[①] 例如,张永祎就将电视文化与书籍文化对立起来,认为真正"能推动人类智力走向更加发达并培养出更富有社会价值的迷人品质"的应当是基于阅读的书籍文化,而电视文化是一种与人的心灵只存在浅层次关系的文化。[②] 在类似的观点中,"电视文化"被当作一个整体进行批评,而不去观照其作为规模庞大的传播实践所包含的多样化的具体作品——前文所举的 MTV 例子当中的一些观点就不去正视 MTV 所可能具有的艺术性与创造性,而将质量品格差异巨大的海量 MTV 作品"打包"成内部无差别的同质性整体,并统一贴上"三俗"的标识。可见这种文化观并不是以开放的"语境"思路来探讨电视文化的多样可能性,而是以狭隘的文化概念(书籍文化、高雅文化、古典文化等)去刻板比照,从而得出早已预设好的否定答案。故

① 邱汉初.论文化品位[J].新闻三昧,1995(3):20-21;张激.论我国的大众文化与电视文化[J].中国广播电视学刊,1992(4):10-15.

② 张永祎.电视文化与书籍文化[J].唯实,1996(11):58-60.

而贺桂梅就指出,“这场看起来是如此本土化的文化论战,对大众文化采取了一种相当自然的本质主义态度”①。这种本质主义的态度通过“凝固”的“文化—非文化”二元对立,否认了电视文化本身多面向、不断变化的特点,因此其批判难以深入具体情况的内部,从而失去了“为发展而批判”的现实效力。

其次,电视文化批评者坚持一种文化精英主义的立场。如前文所说,20 世纪 90 年代的知识界在新的社会环境中以批判活动作为参与社会的“入场式”,这是其对电视传播展开批判的内在动力。文化精英声称以启蒙大众为主旨展开电视批判,但实际上却对大众与大众文化进行了双重贬损。大众被庸俗化为“文化白痴”(费斯克语),电视文本被描述为“白日梦”幻境,大众沉溺其中,替代性地满足私人的体验欲望。当我们观看电视剧中“少男少女的青春恋情终于柳暗花明,那些孤胆英雄终于化险为夷、功成名就,那些凡夫俗子竟然也能‘指点江山,激扬文字’‘粪土当年万户侯’时,我们情不自禁地走进了一个集体的梦幻之中,一个对我们自己的人生经验进行了理想化的幻景之中”②。这种批判呈现出精英主义的“话语霸权”。文化精英通过制定文化等级秩序,制定了文化使用者的等级秩序。通过话语霸权,“对流行的通俗的东西表示蔑视和厌恶,才能显示出自己的高品位”③,而这种“高品位”的文化审美类型,即精英文化所代表的一套文化活动方式,才能被表述成唯一有价值的和值得追求的;反之,电视文化是对精英文化的反动,是一种伪文化或反文化。有批评者甚至明确表示:“最好不要养成利用电视消遣的习惯。这是个不好的嗜好。一个知识分子戒电视应该像戒烟一样。”④具体来说,精英立场扶持“高雅文化”和“民间文化”作为电视文化不可调和的反面存在——“严肃的古典音乐被用作广告的陪衬,使其原有的神圣性与崇高性丧失殆尽”,而贝多芬的《命运交响曲》被用于广告就是对神圣价值的亵渎。⑤ 同样,“维护民间文化”的观点看似是为民众发声,其实依旧来自于精英群体,因为所谓“民间文化”也只是精英审美标准筛选出的“民间文化”。这种对文化产品所谓品位的人为区隔类似于布尔迪厄(Pierre Bourdieu)所谓的“美学的排异”,即推崇所谓的合法文化是对不同文化混杂的排斥,其目的正

① 贺桂梅.人文学的想象力——当代中国思想文化与文学问题[M].开封:河南大学出版社,2005:139.

② 尹鸿.为人文精神守望:当代中国大众文化批评导论[J].天津社会科学,1996(2):76-82,86.

③ 徐佳音.波普文艺之我见[J].贵州民族学院学报(社会科学版),1995(1):67-72.

④ 陈信凌.电视:改造他者的禀性[J].北京广播学院学报,1996(6):35-37.

⑤ 陶东风.新“十批判书”之三——欲望与沉沦——当代大众文化批判[J].文艺争鸣,1993(6):10-21.

是将某一种文化及其背后所隐藏的生活方式权威化，进而统摄其他文化。[①] 上述精英主义立场的批判不仅暴露了"文化霸权"的政治偏狭，也阻碍了人类对崭新的文化实践的种种探索，落入文化保守主义的窠臼。实际上，只需静心观赏，精英主义的批评者就能发现电视文化，尤其是被视为文化精品的电视纪录片，不仅与诗歌和哲学一样在思考主题上保持着深刻性，能够负担起"借助真实生活去探究、解答生活之谜、生存之谜、生命之谜的任务"，完成"人类精神领域里生生不息的奥林匹克火炬接力"，更是凭借其普及性"为当今大多数人理解历史、把握历史开辟了更加广阔的道路……把认识历史的权利借助电视手段交还给大多数人"。[②]

最后，从批评语境来看，电视文化批判在调用文化工业及相关理论（如大众社会理论）时，存在着去本土化的倾向，造成了理论在批评实践中的"误置"。法兰克福学派的文化工业理论是对当代中国文化研究影响最大的批判理论。20 世纪 90 年代的批评者们囿于文化工业理论，默认了其学说的"发达工业社会"或"发达资本主义社会"的历史性前提。而实际上，"文化工业"作为一种理论，诞生于法西斯主义盛行的德国，并在对美国繁荣的大众文化的批判中不断完善起来，具有鲜明的历史情境性。而 20 世纪 90 年代中国的电视传播实践则根植于方兴未艾的社会主义改革开放之中。中国电视的国有属性、社会商品经济相对滞后、庞大的农村社会和农业人口等社会历史情境都迥异于 20 世纪 30 年代的德国或者美国。以文化工业理论作为批判武器的中国知识界"实际上还来不及反思中国大众文化与西方大众文化的语境差异，就产生了一拍即合、相见恨晚的感觉"[③]，因而出现了大量对文化工业理论的简单挪用。事实上，等到这场电视文化批判趋于平静的 90 年代末期，就已经有许多学者反思当时批评的局限性。吴炫指出，"由于文化背景的不同，也由于西方各种文明的问题不同，产生于西方各种文明的理论，及由这些理论制造的现实，在其根本上就不能用来解释中国现实，攀比中国现实"[④]；早在 1993 年就撰写文章批判电视文化的陶东风也在后来对自己的法兰克福立场进行了自我批判。[⑤] 20 世纪 90 年代，中国没有发展出自身的电视文化批判理论，在秉承"拿来主义"时需强调中国本土性社会历史，尤其是改革开放这种"新旧转型""内外互通"的特殊社会语

---

① 布尔迪厄.区分：判断力的社会批判：上[M].刘晖，译.北京：商务印书馆，2015：45-52.

② 郑征予.电视纪录片的哲学思考[J].新闻大学，1995(3)：54-56，53.

③ 陶东风，徐艳蕊.当代中国的文化批判[M].北京：北京大学出版社，2006：76.

④ 吴炫.再论"第三种批评"方法[J].文艺理论研究，1998(1)：3-5.

⑤ 陶东风.超越历史主义与道德主义的二元对立——论对待大众文化的第三种立场[J].上海文化，1996(3).

境中中国电视文化的自有特征。否则，不但不能切中中国电视真正存在的文化问题，还会在一定程度上影响电视对于社会经济与政治应有功能的发挥。①

结　论

至此，我们可以看到，在 20 世纪 90 年代中期，在国家现代化道路与市场经济发展的宏大背景下，新闻传播知识界面对商品化的浪潮，在自身重新参与社会的内在诉求的驱动下，以文化批判活动为路径，积极投身于针对方兴未艾的电视文化的大讨论当中。在这场讨论中，新闻传播知识界展现出了高度的社会责任感与文化危机意识，以丰富的思想与理论武器，对新兴的电视传媒做出了积极的文化考察。他们的批判观点具有进步性和合理性，例如，敏感地把握了电视文化的"三俗化"趋向，警觉地指出了电视传媒与消费主义可能结成的"统治联合体"，并引入了"文化工业"的批判视角展开分析。但其批判活动也受到思维方式上的本质主义、批判立场上的精英主义、批判语境上的去本土化的局限，形成对电视文化的过度否定和批判的误置。这种过度否定和批判的误置可能导致我们无法理解在世纪末的中国，在"市场与社会主义""文明终结论""城乡差距"等一系列历史性议题中，电视传播所具有的社会意义和可能发挥的潜在价值。

这场电视文化的学术讨论发生于社会政治经济剧烈变动时期，电视传播代表了大众传播与改革开放的中国社会发展的复杂互动，以及在文化实践上的相互建构。因此，在反思 20 世纪 90 年代电视文化时，应当避免"高低之分"的单调价值评判，还原社会历史情境，以本土化的历史与理论观照，整体性评价中国电视所具有的社会意义。例如，电视的国有属性与市场化改革之间的实践困境，电视在少数发达城市和广大农村地区之间的发展差距，电视之于中国家庭的意义与外国家庭电视收视状况的区别等关键问题都需要深入讨论，重新评估。而对于这些中国电视传播独特议题的关注，在当时的电视批判中普遍缺失。

今天，新兴媒体正伴随着当代文化转型呈现出复杂的传播样貌，通过对一场围绕彼时的新兴媒体——电视的文化批判的历史回顾，研究者也许应该重新检视批判

---

① 如有些文章抽象地指责新闻与广告并行出现在电视上、电视与广播公然创办经济台（频道）和经济栏目等现象。但其所指对象不仅不是构成其所指问题（拜金主义、功利主义）的原因，而且恰好是中国在社会主义市场经济过程中尚不完善，应当加快建设步伐的内容。这种观点就明显带有以发达资本主义社会之"过剩"制约我国之"不足"的缺陷。

的理论框架与历史视野,从而尽可能公允周全地对待当下的传媒文化问题,发挥批判者的文化建设功能。

〔曹培鑫,中国传媒大学新闻学院副院长,教授,博士生导师;薛毅帆,中国传媒大学电视学院博士研究生〕

〔特约编辑:叶明睿〕

网络“伴随文本”生成与传播的符号学试推*

A Semiotic Deduction of the Generation and Communication of the Network Co-text

◎ 刘利刚
Liu Ligang

摘要:随着网络社会与消费社会的崛起,任何传播与消费现象都离不开文化与意义的维度。符号文本暴增成为当今网络社会的显著文化现象。由于现象的变化与研究的跟进之间总是存在时差,所以当前人们对于网络符号文本生成与传播的逻辑进路依然缺乏足够清晰的认识。从符号学的视角,给网络符号文本冠以“伴随文本”之名,既有助于从整体上把握和厘清网络符号文本生成与传播的逻辑进路,又有助于反思和揭示它们泛滥于网络所造成的信息迷航及内在成因。经试推发现,网络符号文本的数字化无损复制属性促成了它们的大范围溢价传播,而受众的“伴随文本执着”又是导致信息迷航的主要内在成因。

关键词:伴随文本;链式生产;溢价传播;信息迷航

Abstract: With the coming of the network and consumer society, any communication and consumption phenomenon would acquire a dimension of culture and meaning. The proliferation of sign-texts has become a significant cultural phenomenon in today's society. Due to the time lag between the emergence of this phenomenon and its follow-up research, many people still lack a good understanding of the logical route of the generation and communication of network sign-texts. From the perspective of semiotics, naming the network sign-text "co-text" is not only helpful in facilitating people's understanding of the logic route of the generation and communication of network sign-texts, but also helpful to reveal and reflect the information loss

* 基金项目:重庆市社科基金规划项目“新三峡生态旅游的影视化传播策略研究(2018YBCB094)”;重庆市教委人文社会科学规划项目“新三峡生态旅游的场景传播策略研究(17SKG161)”。

caused by the flood of sign-texts and its internal causes. It is argued that the digital lossless replication attribute of the network sign-texts has contributed to its wide-spread premium spread and the audience's "co-textual obsession" is the main internal cause of information loss.

Keywords: co-text, chain production, premium spread, information loss

随着网络社会与消费社会的崛起,符号渐欲迷人眼,成为当代网络社会的显著文化现象。但是,由于组成网络文化的符号文本始终变动不居、瞬息万变,而理论和诠释的跟进却相对比较滞后,所以网络符号文本井喷涌现的速度远远超过了我们对其展开冷静思索的速度。故此,网络文化既表现为"繁花似锦为君妍"的一面,又蕴积着"苍山云锁雾凝重"的一面。符号学一直以来是传播学基础研究方法中的主力悍将,而随着网络社会与消费社会的到来,任何传播和消费现象都离不开文化与意义的维度,这便使得符号学与传播学更加紧密地融合在一起。因此,本文首先从符号学的视野对"互联网+"生态的价值和意义进行诠释,并在此基础上,给网络符号文本冠以"伴随文本"之名,让其进入符号学的理论视域;其次对"伴随文本"生产与传播的逻辑进路进行试推分析;最后对"伴随文本"广泛散布于网络生态所造成的"信息迷航"进行反思,并提出有助于走出迷航的策略。

一、"互联网+"生态的诠释与"网络文化"的命名

(一)"互联网+"生态的符号学诠释

2015年3月5日上午,国家总理李克强在政府工作报告中首次提出:制订"互联网+"行动计划。"互联网+"随即成为人们关注和讨论的热点。以前的互联网还只是一个外在工具,而当今的互联网已经作为核心引擎,推动社会创新,为各行各业的转型升级提供重要平台和机遇。互联网只是一种传播工具,但这是传统上对互联网的认识。若把这种认识简化,则可以表达为"+互联网"。而"互联网+"看似是对"+"符号的后置,实则是对互联网认识水平的飞跃,是互联网由从属工具到引擎的升级。这个"+"符号的出现或者后置,不仅意指人们对互联网的认识有了本质性提升,而且还指称了一个不可否认的事实,即互联网已然具有自身比较完备、健康的生态系统。这个新的媒介生态系统之所以能够迅速崛起,在很大程度上与以下两个方面有关。一方

面,“新信息更接近新技术,二者黏合在一起,形成新的话语方式或舆论形态”[①];另一方面,“互联网传播主体的极端多元化,带来密切的信息交换、认知互动、社会交往、情绪互动,成为新的信息生产和传播方式”[②]。

从符号学的角度来看,符号“+”这个“再现体”(representatum)从“互联网”的左边移到右边,不仅表现为空间位置的转变,而且还牵涉其深层意指关系的重构。[③] 这种重构发生在阐释主体即“解释项”(interpretant)对于认知“对象”(object)即各行各业与互联网的意义关系的重新设计之中。在符号学中,“解释项”是一个变量,对应社会关系和意义关系的复杂性。因此,符号“+”在“互联网”左右位置的变化,引起了各行各业对“解释项”的无限衍义,而无限衍义展开的基础意义域,根植于各行各业对本行业与互联网关系不断重估、不断定位的阐述之中。随着国家层面有关互联网基础作用的“意图定点”的落实,各行各业向互联网转移营盘,将互联网作为其新的生存与发展的生态栖居地已然成为现实。

(二)网络“符号文本”被命名为“伴随文本”

“网络文化”是一个相当笼统、模糊的概念,但也是目前使用最多的、抽象层次最高的概念。笔者认为,把构成“网络文化”的“符号文本”命名为“伴随文本”,将其纳入符号学的理论视域,既有助于消除“网络文化”的暧昧不明,又能把对其的研究引向深入。“伴随文本”这一概念,首先由赵毅衡明确地提出,他认为对于“符号文本的解释,依靠文本与文化的关系,依靠接收者与文化签下的契约。但是接收者怎么会知道他已经签下这个契约,而不是那个契约?接收者如何发现这种决定关系呢?因为他在接收时看到某些记号,这些记号有时候在文本内,有时候却在文本外。这些伴随着符号文本一道发送给接收者的附件因素,笔者称作伴随文本”[④]。

不止于此,赵毅衡还对“伴随文本”进行了分类,将它们分为:显性伴随文本(包括副文本、型文本)、生产性伴随文本(包括前文本、同时文本)、解释性伴随文本(包括元文本、链文本、先后文本)。[⑤] 笔者对于“伴随文本”理论术语的运用是围绕“主文本”展开的,并把“伴随文本”和“主文本”作为广义的符号文本而非狭义的书写文本进行理

---

① 陈卫星.媒介域的方法论意义[J].国际新闻界,2018(2):8-14.

② 隋岩.群体传播时代:信息生产方式的变革与影响[J].中国社会科学,2018(11):114-134,204,205.

③ 赵毅衡.符号学[M].南京:南京大学出版社,2011:98

④ 赵毅衡.符号学[M].南京:南京大学出版社,2011:143.

⑤ 赵毅衡.符号学[M].南京:南京大学出版社,2011:144-152.

解。同时，从“解释项”具有无限衍义的可能[①]的角度来说，“主文本”是一个相对性的概念，它也可能是其他文本的“伴随文本”，而且网络符号文本具有无限复制的可能性。因此，在此意义上，构成互联网文化的“符号文本”都可以广义地被命名为“伴随文本”，只是在具体分析过程中，为了论述的方便把符号文本分为“主文本”和“伴随文本”。有关“文本”的概念，早在20世纪80年代，赵毅衡就从符号学的视野，把它定义为“有一定内部结构的，其意义与一定的文化集团的价值观相关联的符号链”[②]，也即“文本就是符号单元的有意义的集合”[③]。笔者正是基于对“主文本”和“伴随文本”广义理解的视角来命名网络文化和分析网络文化的，通过后文即“星形辐射状的链式生产方式”和“‘伴随文本’的溢价传播”两部分的案例试推，笔者会进一步论证“网络文化”之所以被命名为“伴随文本”的自洽性，这里不再赘述。

二、“伴随文本”生产场域的试推分析

（一）从技术聚合到行业聚合

在各行各业展开对“互联网＋”无限衍义之同时，技术巨匠们也在通过万维网的核心语言即HTML（Hypertext Markup Language）界定着自己的核心技术场域。关于各种技术标准制定的战斗打得热火朝天。无论哪个技术公司的标准获得了全体性认同，该技术公司都将成为该项技术的领头羊。万维网（World Wide Web）并不是一个区域性网络，而是一个全球性网络，它使得麦克卢汉提出的“地球村”[④]概念获得了指称对象，确立了意指关系。但是，像TCP/IP（Transmission Control Protocol/Internet Protocol）等Internet的基础协议是容不得各技术猎头执行不同标准的，除非该公司要么想脱离万维网搞自己的局域网，要么想作为黑客破坏万维网的基础协议。

正是通过万维网的基础通信协议，云计算（Cloud Computing）、物联网（Internet of Things）、大数据（Big Data）等技术才聚合到了互联网平台。而这些技术在网络的聚合又直接催逼了许多行业在网络的聚合与转型。例如，京东商城、天猫商城、阿里巴巴、拼多多等电商企业的雄起，让许多实体商店转型成为“物流公司”。移动互联网技

---

① 赵毅衡.符号学原理与推演[M].南京：南京大学出版社，2011：103.

②③ 赵毅衡.文学符号学[M].北京：中国文联出版社，1990：91.

④ MCLUHAN M. The gutenberg galaxy: the making of typographic man[M]. Canada: University of Toronto Press, 1962：31.

术的出现，让智能手机获得了蓬勃发展，进一步刺激了传统行业的升级换代。截至2019年6月，我国网民规模达8.54亿，互联网普及率达61.2%；我国手机网民规模达8.47亿，网民使用手机上网的比例达99.1%；用户月均使用移动流量达7.2GB，为全球平均水平的1.2倍；移动互联网接入流量消费达553.9亿GB。[①] 用户之所以如此青睐智能手机，是因为除体验到使用的快捷性和方便性之外，其窥视欲也得到了最大限度的满足，手机上聚合的各种App提供了许多凝视"他者"的"窗口"。许多实体企业被这种技术倒逼后，跟进、改造、升级，在智能手机有限的屏幕上展开了"场景之争"。"窗口"背后的精彩纷呈，极大地满足了用户的许多欲求。如用户需要读书、看新闻、看电影、购物时，只需要手指触屏即可实现，可谓真正体验到了"顾客是上帝"(Custom is the God)的感觉。

(二)网络化的生产场域

各行各业在登录互联网后，逐步形成了网络化的生产场域。特别是对新闻传媒等内容生产行业的生产方式产生了极大的解放作用。内容的更新、修改、发布都可以通过各种App应用程序来完成。例如：BBC将聊天应用程序用于其报道，它在Viber(一种智能手机用的跨平台网络电话及即时通讯软件，能在3G和Wi-Fi网络上运作)上推出了一个名为"生命线"的应用，以帮助在尼泊尔大地震中的幸存者；在新兴的可穿戴技术、更便宜的虚拟现实设备(如Google Cardboard，纸板虚拟现实眼镜；Facebook OculusRift，虚拟现实头戴设备)的刺激下，游戏和虚拟现实技术正在改变着新闻媒体生产故事的方式；新闻游戏化的著名案例，如，菲律宾社交新闻网站Rappler的"反饥饿计划"(Hunger Project)——Rappler与菲律宾社会福利和发展部以及世界粮食计划署合作推出的在线平台，激励人们采取行动战胜饥饿、解决相关问题；半岛电视台的互动社交网络平台"海盗捕鱼"为半岛电视台网站吸引了80%以上的新增用户。[②] 这些网站或移动智能终端App构筑了内容生产的网络化场域。

同时，互联网及各种App还是实体产品销售的集散地。互联网越来越不虚拟，它已成为一种真实的社会存在。马克思认为"人的本质并不是单个人所固有的抽象物，

---

① 第44次《中国互联网络发展状况统计报告》[EB/OL].(2019-08-30)[2019-10-01]. http://www.cnnic.net.cn/hlwfzyj/hlwxzbg/hlwtjbg/201908/t20190830_70800.htm.

② 张宸.全球新闻编辑部的九大趋势——世界编辑论坛发布《新闻编辑部趋势2015》报告[J].新闻与写作，2015(9):36-38.

在其现实性上，它是一切社会关系的总和”[①]。从马克思对人的本质的论断来看，互联网作为现实社会的一种关系，的确参与了人的本质的再筹划与再定位。人的本质毕竟不是某一个概念可以界定或定义的，而是随时代的发展而发展的。可以进一步地认为，当“现实社会关系”转换为“赛博社会关系”时，人的本质可以说是一切网络关系的总和，这样人民也就实然成为名副其实的“网民”。随着人的社会关系向网络关系转移，现实社会活动所需要克服的“交际距离”也被逐步地拉近，这样，便极大地降低了人与人交流所需要的时间与距离成本了。

当今电子商务发展势头之所以迅猛，是因为人们现实生活中的消费行为正在向网络消费行为转移。同时，随着科学技术的飞速发展，生产力获得了空前的提升。在现实生活用度方面，生产已经能够绰绰有余地满足人们的需求。生产效率已经不再是拉动经济的主要驱动力，消费才是真正有效地推动经济前行的力量。正如赵毅衡所认为的，“在当今，‘大众购物意向’成为经济健康的主要指标，‘消费潜力’成为市场的救星”[②]。在前消费社会中，生产在某种程度上决定着市场运作是否正常，而在消费社会中，情况似乎翻转了过来，只有消费才能决定市场运作正常与否。

1857 年，马克思在《〈政治经济学批判〉导言》中认为，“消费从两个方面生产着生产”[③]，一方面“因为产品只是在消费中才成为现实的产品”[④]；另一方面“因为消费创造出新的生产的需要，因而创造出生产的观念上的内在动机，后者是生产的前提”[⑤]。故而“消费创造出生产的动力”[⑥]。尽管马克思强调了消费的重要作用，但他并没有否认生产在商品流通中的重要作用。生产与消费同等重要，并不是“消费决定生产”[⑦]，只是随着人们的现实生活与互联网之间的关系越来越密切，互联网使得消费更加便捷，即使足不出户，人们的购物欲望也可轻松地被满足，消费与生产之间的真实时空场域被移置到网络空间中了。

（三）星形辐射状的链式生产方式

在互联网所构筑的“消费就是生产或生产力”的场域中，确实还存在着一种“消费

---

① 中共中央马克思恩格斯列宁斯大林著作编译局.马克思恩格斯选集：第 1 卷[M].北京：人民出版社，1995：91.

② 中共中央马克思恩格斯列宁斯大林著作编译局.马克思恩格斯选集：第 1 卷[M].北京：人民出版社，1995：367.

③④ 中共中央马克思恩格斯列宁斯大林著作编译局.马克思恩格斯选集：第 46 卷上册[M].北京：人民出版社，1979：28.

⑤⑥ 中共中央马克思恩格斯列宁斯大林著作编译局.马克思恩格斯选集：第 1 卷[M].北京：人民出版社，1995：29.

⑦ 张骋.符号操控与本体虚无：反思波德里亚的消费社会大众传媒观[J].符号与传媒，2013(2)：75-83.

就是生产”的情况，这就是对“伴随文本”的消费与生产。互联网为“伴随文本”的大量生产提供了生产场域。互联网不仅是交流与传播平台，更是一种生产平台、一种新的生产力，即“网络生产力”。网络生产力把创造、操纵符号的社会过程与生产、分配财富及服务的生产力紧密地联系在一起。网络生产力不仅创造“主文本”，同时也生产“伴随文本”，而且还能进一步通过操纵符号使“伴随文本”成为“主文本”，产生新的话题效应。这里，笔者不妨通过对《一个馒头引发的血案》的深入分析，阐明“主文本”与“伴随文本”之间的关系。2006年初，胡戈根据电影《无极》改编的短片《一个馒头引发的血案》迅速蹿红网络，人们争相观看，其知名度和网络搜索排名甚至超过原片《无极》，因而引发了侵权案。

在此案中，《无极》是《一个馒头引发的血案》的“先文本”，而《一个馒头引发的血案》相对《无极》是“后文本”，同时《无极》是“主文本”，而《一个馒头引发的血案》是“伴随文本”。但是，根据赵毅衡提出的“标出性”理论来看，这场“文本大战”，却是“伴随文本”成功逆袭了“主文本”，即“主文本”与“伴随文本”的主次地位发生了戏剧性“翻转”。也就是说，在处于“中项”地位的网络民意的支持下，处于“异项”地位的《一个馒头引发的血案》成功地逆袭了处于“正项”地位的《无极》，取得了最后庭审判决的胜利。

通过对这一经典案例的符号学试推分析，可以相对有效地厘清“伴随文本”在互联网中的生产方式，即话题的星形辐射状的链式生产方式。在这一生产过程中，一个话题即主文本，到底能产生多少个“伴随文本”即新话题，很难用数学上的“算数级数增长”（如1、2、3、4、5……）或“几何级数增长”（如1、2、4、8、16……）来估算。因为一个话题能生产多少个新话题是难以估计的，而且话题在互联网上的星形辐射状的链式传播也是“各向异性”（方向、性质各有不同）的，摸不准传到哪个节点又会发生什么样的变异与分叉。即使用传播学的量化研究包括大数据挖掘对这一问题展开研究，也可能只是事后诸葛亮式的量化描述，很难做出有效的深描、预测和控制。

那么，该如何掌控“伴随文本”的链式生产方式，让其按照传播者的“意图定点”做到良性争议传播呢？笔者认为，识别“主文本”携带的各种可能的“伴随文本”，并熟悉其特征，预判“伴随文本”衍生的可能逻辑进路，不失为一种有效的策略。具体来说，首先设置话题（主文本），其次让话题有目的地进入预设的网络节点，最后以星形辐射状方式生产各种“链式文本”（伴随文本）。换而言之，网络“伴随文本”的生产，要在掌握“主文本”的热度和受众对该文本的兴奋阈值的前提下，积极采取适当的措施，生产能产生良性争议的“伴随文本”，避免生产能产生恶性争议的“伴随文本”。

三、“伴随文本”传播过程的试推分析

(一)“伴随文本”的数字属性

互联网域名中的“.com”意味着什么?历史上的第一个“.com”域名诞生在1985年3月15日,它诞生之初,就已经意味着互联网让人们共同生活在一起。而com为commercial的简称,表示商业性质,则仅具有原初的意味。自从互联网技术渗透到人类社会文化的建构当中以来,人类便生活在三重世界中了,即现实世界、符号世界、数字世界。现实世界是自然存在,符号世界即符号的世界,数字世界尽管也是符号世界,但却是一个新世界。从李普曼的拟态环境(Pseudo-environment)理论和媒介环境学派的角度来看,目前,数字世界是离人们的生活最近的世界,是人们须臾不离的世界。在数字世界中,人们更乐于用意义的生产代替物质产品的生产。因为意义是通过携带着它的符号才能被感知的,所以意义生产就是符号生产。数字世界的符号生产是从三度展开的:一度符号生产是编写基础软件,二度符号生产是应用基础软件编写高级软件,三度符号生产是运用高级软件编辑各种符号文本。与人们的日常生活最靠近的是三度符号生产。三度符号生产是数字化生产,其产品是呈现于各种终端屏幕上的内容。

数字世界符号生产的三度展开,必然会产生大量的“主文本”及其“伴随文本”。这些文本不同于纸质文本,而是存在于数字世界的数字符号文本。数字符号文本有着三重本质:其一,是他在之物,即被创造;其二,是自在之物,即数字“符号化”世界;其三,是一种实在,即独立于主观意识。数字符号文本是人在实践活动中使其本质力量符号化的结果。它们既是一种真实的存在,同时也定位着我们的存在。举例来说,“我们的城市建设要依靠一系列的规划、模型;我们的家庭布置要根据一定的样板;甚至于我们的人际关系也要根据大众传媒所提供给我们的一些模型”①。不仅这些数字符号文本给我们提供了样板和模型,而且越来越发达的物联网射频技术也把我们的生活世界镜像化了,我们仿佛置身于数字化的镜城中。

作为附件因素的“伴随文本”是帮助“主文本”携带意义的。既然你、我、他镜像化后都成为符号文本,那么你、我、他之间便既互为“主文本”又互为“伴随文本”,“主体间性”也就镜化为了“文本间性”。而且几经镜像来回反射,“文本间性”也就变得模糊了。

---

① 俞吾金.现代性现象学与西方马克思主义者的对话[M].上海:上海人民出版社,2002:273.

解释性的“链文本”也就成为某一网络节点(Node)上的“主文本”了。“镜子迷宫将其他镜子投射的形象反射到无所不在的电视屏幕和意识的屏幕上,而意识的屏幕又反过来将这些形象交还给同样是由仿真式镜子产生的原先的形象仓库中。”①数字世界如同镜子般世界,在来回的若干次反射后,主体与客体、符号与实在、伴随文本与主文本等的界限就会逐渐模糊甚或消失,镜像就是真实,数字世界也就成为现实世界。

(二)“伴随文本”的溢价传播

在互联网中,“伴随文本”具有数字属性以后,就极易在网络中进行溢价传播。根据《英汉证券投资词典》(商务印书馆,2007 年第 1 版)的解释,所谓“溢价”,英文为“Premium Price”,译为“升值”,即升值高出标准价格、标准利率或证券票面价值的部分。而本文所谓的“溢价传播”是指随“主文本”传播的“伴随文本”所带来的额外传播效应。具有数字属性的“伴随文本”的溢价传播效应非常明显,而且成本很低。这怎么讲?“伴随文本”的数字属性让其极易栖身于互联网中。“伴随文本”在互联网上的生产以星形辐射状的链式方式进行,且此生产过程也是传播过程,复制大批量的无损“链文本”可以在瞬间完成,互联网的实时分布系统可以将这些复制文本瞬间传向世界各地。虽然这种复制式的再生产与传播对于传者来说几乎是零成本的,但是其传播效应的价值和意义却是难以估量的。

笔者仔细研究大数据后发现,其数据挖掘的一个主要功能是对“伴随文本”进行挖掘。大数据的聚焦点“不是因果关系,而是相关关系”②。之所以啤酒与纸尿裤能扯上关系,完全是出于大数据对“伴随文本”的关注,进而关联出“主文本”意欲何为的结果。当前互联网上出现的各种堪比或远胜于 19 世纪 30 至 50 年代美国报业商业化时期的“黄色新闻”的各种“八卦”,大多是围绕着某一“主文本”对其“伴随文本”展开挖掘的结果。在前互联网时代,牵一发就是牵一发,而在互联网时代,则是牵一发而动全身。通过挖掘技术探寻“数字脚印”,与“主文本”相关的各种“伴随文本”都可被迅速挖掘出来。

例如,徐峥导演的《港囧》(2015)一上映,围绕着《港囧》的“拿来主义”,“伴随文本”身份考察活动便开始了:副文本(赵薇的加盟、包贝尔是谁)、型文本(公路片与喜剧片的混型)、前文本(粤语金曲、老港片的海报、台词戏仿桥段等)、元文本(上映前的各种

① 凯尔纳,波德里亚.批判性的读本[M].陈维振,等译.南京:江苏人民出版社,2005:13.

② 迈尔-舍恩伯格.大数据时代[M].盛杨燕,等译.杭州:浙江人民出版社,2013:65.

议论，王宝强已确认退出等)、链文本(激发了一大批网络大电影)、先后文本(囧系列电影)。在第五代导演(张艺谋、陈凯歌、冯小刚、姜文等)褪去光环，第六代导演(王小帅、贾樟柯、娄烨等)依然难觅知音之时，徐峥、郭敬明、韩寒等新生代导演能够崛起，与互联网改变了国产电影的格局是分不开的。特别是郭敬明导演的“小时代系列”和韩寒导演的《后会无期》等之所以成功，很大程度上归功于“副文本”等伴随文本在互联上的溢价传播。也可以说，因“副文本”等伴随文本而成功的电影就是“IP电影”。而且，这些“伴随文本”的溢价传播效果，远非花销巨大的广告传播效果所能比拟。毕竟，广告是传者驱动的，而“伴随文本”的溢价传播更多是受众的自愿行为。若将“伴随文本”的溢价传播和传统的广告传播分别看作一种经济模式的话，那么前者可以称为“意向经济”模式，而后者可以称为“注意力经济”模式。当前随着移动互联网终端数量的暴涨，“意向经济”模式正在逐步替代“注意力经济”模式。

然而，如何能把这种依靠互联网的特性而发生的溢价传播变为可控的，并让其效果最大化？目前的研究还相对阙如。笔者认为，溢价传播的过程是符号价值增生的过程，这一过程主要是通过增生“伴随文本”的价值而增生“主文本”的价值。互联网毕竟只是媒介，它仅提供了一个低成本甚或无成本的传播场域，而“媒介完成符号价值的建构任务必然要基于符号”[①]。透析“伴随文本”在互联网中生产与传播的逻辑进路，有助于推动“伴随文本”在溢价传播过程中产生良性增益。这里，笔者只是吹响了集结号，还需要更多的传播学和符号学研究者通过视域融合参与到研究中来。

四、反思“伴随文本执着”导致的“信息迷航”

互联网是信息的海洋，“伴随文本”就浮漂在这样的海洋中，它是人们在借助互联网相互之间以及与周遭世界之间打交道的过程中生成的符号文本，也即唐小林所说的“符号媒介”。在《符号媒介论》一文中，他说：“我在这里写这篇符号媒介论，即在操作媒介，表达意义，亦如我表达意义运用其他媒介一样。但是媒介往往是透明的，我们浸泡其中，却未必知觉、未必自知，除非我们反思地把握它。”[②]受此启发，笔者反思性地提出，虽然“伴随文本”在构建“互联网+”生态圈中具有积极的建设性作用，但是过分执着于“伴随文本”也会导致“信息迷航”。所谓“信息迷航”意指在信息收集过程中，受众从一个位置通过“超链接”到达另一个位置时，经常会被无关信息所吸引，经过多次

① 李军学.消费社会和符码统治：鲍德里亚消费社会理论批判性研究[J].符号与传媒，2014(1)：204-215.

② 唐小林.符号媒介论[J].符号与传媒，2015(2)：139-154.

跳转后难以回到当初的位置，或者忘记了自己开始的目标，进而表现出迷茫、无措、烦躁、焦虑等现象。[①]

那么，从符号学的批判性视野来看，“伴随文本”何以及如何可能导致“信息迷航”？

首先，互联网具有信息放大作用。互联网如同由三极管放大器构成的多级放大电路网，“基极”的任何电压变化，都会引起“集电极”电压的巨大变化。某个文本一旦落入互联网就可能被星形辐射式的多级链式放大。任何“主文本”必然携带各种“伴随文本”。在“主文本”被放大时，其“伴随文本”附带也被放大，而且可能某一“伴随文本”在传至网络某一个节点时，因具有新话题效应，会被更多级地放大，这样反过来，“伴随文本”的受关注度会远远超过“主文本”的受关注度。例如，围绕“电影文本”的被无限放大的“八卦新闻”往往会误导受众的认知方向。

其次，文本之间存在认知差。正如电流产生于电压差，互联网中的意义流动也源自文本间的受关注度差。这里，笔者认为受关注度差也属于认知差。所谓“认知差”，“是主观的认识与对象的特点之间距”[②]。也可以理解为，认知差是主体对所认知对象还存在着“不确定性”，还需要通过进一步的认知来消除这种不确定性。认知差除了“主观的认识与对象的特点之间距”这层意思外，笔者认为“受关注度差”这层意思更能有效地解释网络中的意义流动及迷航问题。例如，在互联网中，“标题党”有意通过制作骇人听闻的标题来吸引受众的注意力，通过提高点击率，以量化的方式标示出自己的文本与其他文本之间的“受关注度差”，进而使受众偏离原来的认知方向。

最后，“伴随文本”执着。赵毅衡把这种过于依靠“伴随文本”，从而忘记了“主文本”本身的现象称为“‘伴随文本’执着”[③]。从文本之间互证的角度来看，“伴随文本”的确有助于受众对于“主文本”的理解，但是过于执着于“伴随文本”而忘记“主文本”时，毋庸置疑会发生认知偏离。例如，这也可以解释，学界为什么一再强调要回到原典阅读的原因。互联网是“伴随文本”的集散地，其超链接功能很容易实现文本间互连、互访。好奇感既是人的本性，也是人探知未知世界的不竭动力，而人们对互联网的使用恰好能极大地满足自己的好奇感。正因如此，人们才对网络中充斥的各种“伴随文本”产生了迷恋，忘记了初心，偏执于在“伴随文本”之间进行跳转式的浅阅读。例如，某大学博士以网络“伴随文本”为依据，解释所谓的成语典故“卧槽泥马”，闹出笑话，从而把自己和刊登了其文的某报推上了风口浪尖。究其原因，正是这位博士没有溯本求

---

① 傅俊，刘利刚．PowerPoint电子讲义的“迷航”问题及其解决策略[J].电脑知识与技术，2007(3)：659，871.

② 赵毅衡.认知差：解释的方向性[J].南京社会科学，2015(5)：111-116.

③ 赵毅衡.符号学[M].南京：南京大学出版社，2011：157.

源,执着于网络“伴随文本”的解释所致。

诚然,遍布于互联网的“伴随文本”难免会分化、误导受众的注意力向度,使其在认知时产生“信息迷航”。但是,从符号学的建设性视野来看,采取适当的积极措施,减少甚或防止迷航现象也未尝不可。

首先,提升受众媒介素养。受众要能够甄别“主文本”与“伴随文本”,以及“伴随文本”中哪些有利于对“主文本”意义的解读;哪些具有认知导向作用,能够把自己导向一个正确的认知航向;哪些可能是认知噪音,使自己迷航。

其次,内容生产要遵守媒介法及媒介伦理道德。作为“伴随文本”的生产者,要遵守媒介法及媒介伦理道德,以清除网络认知噪音为己任,多生产有价值和有意义的符号文本。受众的期待就是我们的追求,尽量为受众做好“一站式服务”。

最后,技术上把好关。管理者要做好技术上的把关人,诚如作为网站的建设与管理者,需要时时问自己一个关键问题:当用户访问我的网站时,他们是否想完成什么事情? 那么你就应当关心可用性。① 也就是说,要做到导航和信息体系结构完整与清晰,匹配站内搜索引擎。

总之,唯有当且仅当以上三个方面都能做到充分准备时,互联网中的“信息流”“意义流”及“影响流”才会以明确的方向进行汇聚,并逐步经营和构造出井然有序的网络文化生态环境。

〔刘利刚,四川大学符号学与传媒学研究所特约研究员,博士,副教授〕

〔特约编辑:叶明睿〕

① NIELSEN J,LORANGER H.网站优化:通过提高 Web 可用性构建用户满意的网站[M].张亮,译.北京:电子工业出版社,2007:11.

从民间艺人到网络红人：

非物质文化遗产行动者的网络影像实践与身份认同*

From Folk Artisans to Online Celebrities:

The Network Image Practice and Identity of Intangible Cultural Heritage Actors

◎ 王婧雯

Wang Jingwen

摘要：国家的在场、商业的暧昧、媒介的参与以及后现代主义的社会心态共同构成了非遗行动者的身份博弈与迷思，非遗行动者开始跳出被动的话语叙事框架，通过网络影像实践进行"主位"影像表达，争夺身份主权。本文以快手短视频社区为例，采用网络民族志的方法进行参与观察，探讨非遗行动者的网络影像实践与其身份认同之间的互动关系。研究发现，从"民间艺人"到"网红明星"，非遗行动者的身份识别正呈现出个体化、去中心化的转向。从物的工具回归到作为人的主体性身份感知，网络影像的参与为非遗行动者提供了更富活力的身份选择，也为解构遗产政治、建构新的非遗身份秩序提供了想象的空间。

关键词：非物质文化遗产；身份认同；网络视频

Abstract: With the participation of the state, commerce, media, as well as the social mentality of postmodernism, the social identity of intangible cultural heritage actors is becoming ambiguous and flowing. In recent years, a mass of "emic" network image practices help the actors break up the passive discourse and master the sovereign of their identity. Taking Kuai Shou short video community as an example, this paper adopts the method of network ethnography to discuss the interactive relationship between the online video practice of intangible cultural heritage actors and their identity. The study found that from "folk artisans" to "online celebrities", the identification of intangible cultural heritage actors is personalized and decentralized. The participation of network images

* 本文为中国传媒大学科研培育项目"纪录片的网络化生存"（CUC18B042）阶段性研究成果。

provides more active identity choices for the actors. Meanwhile, a more imaginative structure for future intangible cultural heritage identity can be expected.

Keywords: intangible cultural heritage, identity, network video

非物质文化遗产(以下称非遗)是一个社群的文化记忆,塑造着社会共同体的历史、观念与身份。它通过多样的文化符号与公共仪式书写着社群的知识与传统,赋予文化遗产实践者系统性合法化的社会身份,强化共同体的认同与归属。在更宏观的时空层面,个体身份的认同与社会过程是互相勾连的,是一种社会实在。①在个体与社会的长期互动中,参与非遗实践的行动者逐步获得了"民间艺人""手艺人""传承人""艺术大师",甚至"企业家"等政治的、文化的、经济的身份设定。而这种多元的身份在液态化的后现代社会语境中变得更模糊不清、充满流动性,身处其中的非遗行动者展现出身份认同的焦虑与社群归属感的消解。

在多元社会身份的矛盾与张力之中,参与非遗实践的个体或群体开始跳出被动的话语叙事框架,借助多种方式积极主动地开展自我身份的建构,而基于网络视频社交平台的影像传播实践就是其中一种富有后现代色彩的身份主权争夺方式。2019 年初,快手发布"非遗带头人计划",吸引非物质文化遗产的参与者进驻快手短视频平台,用互联网影像传播非遗文化。据快手官方统计,中国共有 1372 个国家级非遗项目,截止到 2019 年 3 月,已有 989 项、占比将近 72%的非遗项目在快手上被看到、被传播,每 3 秒钟就有 1 条非遗视频在快手诞生。② 非遗艺人们靠自我的影像行动成为掌握身份话语权的"网络红人",并通过自我身份的建构重新塑造着非遗场域的文化与行为秩序。

对非遗语境中行动者的身份赋予与认同,既是对作为传播者的"人"的要素的尊重,也是非遗保持传承活力的重要内在机制。由此,本文将以快手短视频社区为例,探讨非遗行动者的网络影像实践与其身份认同之间的互动关系。网络视频媒介在非遗行动者的社会身份塑造中扮演着怎样的角色?而非遗行动者又如何通过网络影像实践来实现主体建构,获得身份认同?这将是本文试图回答的主要问题。

由于网络视频社交平台的影像互动复杂多义,呈现出政治、文化、社会与心理的交融,很难单纯透过数据和文本获得全面有效的结论,因此本文采用网络民族志的方法进行参与观察,选取快手平台中富有代表性的非遗行动者,介入其非遗文化的直播、短

---

① 伯格. 社会学同游[M].何道宽,译.北京:北京大学出版社,2014:107-138.

② 邱玥. 助力非遗传承 快手发布"非遗带头人计划"[EB/OL].(2019-03-29)[2019-09-20]. http://www.ihchina.cn/news2_details/18469.html.

视频观看、网上知识学习课堂、衍生品销售等与非遗文化相关的实践情境，通过具身性的观察体验以及与非遗行动者的线上交流，理解非遗“网红”的身份建构机制。鉴于非遗语境中的身份迷思，本文姑且用行动者（actor）来指代从事非物质文化遗产相关文化实践的行动主体，如民间艺人、匠人、艺术家、传承者、快手网红等，以此来强调其在非遗社群实践与身份建构中的能动性与主体性（agency）。[①]

一、身份史：走向液态化的非遗行动者身份

非遗行动者的身份伴随着社会现代性的变迁呈现出液态化的转向，而这一身份流动具有一定的历史性。在传统社会当中，文化遗产往往是特定群体生活所需的民间知识与技艺，其功能与影响范围主要面向“我者”的乡村生活物质空间。而在全球化与现代主义的交织之中，时空被压缩，传统被消解，边界被模糊，伴随着城市空间向乡村空间的入侵，“大传统”对“小传统”的侵蚀，作为文化遗产的民间知识与技艺在现代性的话语洪流中被大量描述为一种失落的“现代性的他者”，[②]沉浸其中的社会共同体也逐渐发生着文化心理的变迁与身份认同的重构。

在现代主流话语的参与下，地方化的非遗文化开始进入更加广泛的城市公共文化空间，成为面向“他者”的“公众艺术”。随着《中华人民共和国非物质文化遗产法》的颁布以及各级别非遗传承人制度的建立，传承人的身份也得到了社会广泛认可。非物质文化遗产语境中的身份秩序虽然在立法与机制规约下被暂时明确和固化，但科层化的体系却加深了官方与民间身份的分野。官方认定的非遗传承人和以手艺为营生的民间艺人之间产生了深刻的身份区隔，进一步加剧了民间非遗实践者的心理焦虑与身份博弈。而在国家主流意识形态话语对传统文化与工匠精神的不断加持下，非物质文化遗产实践被赋予了更为浓重的文化符号意义，其实践者也逐渐获得“匠人”“艺术家”“工艺美术大师”等多重身份定位。[③]

由此，非遗的传承与传播作为一种文化身份的社会实践，也在社会建构下呈现出越发多元化的身份想象。而后现代社会的“不可定义性”则加剧了其多元身份的复杂

① 富小星．作为行动者的摄影机：影视人类学的后现代转向[J].民族研究，2018(5)：56-67.

② 彭牧．技术、民俗学与现代性的他者[J].西北民族研究，2011(1)：111-116.

③ 荣树云．“非遗”语境中民间艺人社会身份的构建与认同——以山东潍坊年画艺人为例[J].非物质文化遗产，2018(1)：91-100.

性与模糊性。个体与社会认同的脱嵌（disembedded）[①]与随之产生的高度的不确定性成为这个时代的普遍感受，无论这个时代被称为晚期现代性、后现代性还是第二现代性。[②] 鲍曼（Bauman）用“液态的现代性”（liquid modernity）来描述现代社会的运行模式。在这一时代中，观念、身份、社群等不再是已知的、固定的、不证自明的，而是流动的、液态化的，而这已成为当今人类社会的常态。在这种状态下，非遗行动者对自我身份的焦虑、对共同体的探寻、对社群归属的渴望更加强烈，他们希望通过身份秩序的建构来消除不确定性，重获安全感，[③]而影像正是这个视觉文化时代非遗行动者身份建构的解困途径之一。

二、身份认同：非物质的行动主体

人类对文化遗产认知的共识经历了从工具性到符号性、从物到人的转变，作为文化实践者与传承者的人的主体性建构成为非遗文化传承的内在机制。2003 年，联合国正式通过《保护非物质文化遗产公约》，对 1992 年的《保护世界文化和自然遗产公约》进行了重要的观念性的修订，将遗产的视角从物质转向非物质，从带有功利性和精英主义色彩的对“物”的青睐转向了对活态的“人”在文化传承中作用的关注。[④] 按照现行的《保护非物质文化遗产公约》的定义，非物质文化遗产是“被各群体、团体、有时为个人所视为其文化遗产的各种实践、表演、表现形式、知识体系和技能及其有关的工具、实物、工艺品和文化场所。各个群体和团体随着其所处环境、与自然界的相互关系和历史条件的变化不断使这种代代相传的非物质文化遗产得到创新，同时使他们自己具有一种认同感和历史感，从而促进了文化多样性和激发人类的创造力”[⑤]。非物质文化遗产作为地方性的文化，应扎根于其所在的社会文化现实，始终观照其文化社区、相关群体与个人。公约规定，在任何保护与管理中，应当追求“社区、群体最大限度的参与，以创造、延续和传承这种遗产”[⑥]。在非遗的传承与保护中，其行动者本身才是

① BECK U, BECK-GEMSHEIM E. Individualization: institutionalized individualism and its social and political consequences[M]. London: Sage,2002.

② 张杰.通过陌生性去沟通：陌生人与移动网时代的网络身份/认同——基于“个体化社会”的视角[J].国际新闻界,2016(1): 102-119.

③ 周睿鸣,徐煜,李先知. 液态的连接：理解职业共同体——对百余位中国新闻从业者的深度访谈[J]. 新闻与传播研究,2018(7):27-48.

④ 埃勒魏因.非物质的问题：视觉人类学与非物质文化遗产记录的方法论[J].民间文化论坛,2018(5):5-12.

⑤⑥ 联合国教科文组织.保护非物质文化遗产公约[EB/OL].(2006-04-20)[2019-09-20].http://www.un.org/zh/documents/treaty/files/ich.shtml.

核心主体。非遗行动者的主体性建构是建立在其自我身份认同与社会身份认同的基础之上的，这集中体现为相关文化实践者对非物质文化遗产的功能、价值、规范、想象等一系列认知观念。因此，从事非遗活动的群体或个人拥有实在的身份认同，广泛地掌控文化权力、参与文化记忆书写至关重要。

身份建构与身份认同是社会学、人类学领域的一个重要研究话题。身份认同是一个复杂的、流动的社会学和心理学范畴。不同的研究取向分别从精神分析、结构功能主义、马克思主义批判理论以及符号互动论等角度探讨个人与自我、他者、社会之间的关系。皮特·伯格(Peter Berger)认为，身份认同是社会授予、社会维持和社会转化的社会心理。身份认同既代表了整体社会的价值和生活模式，是社会化的产物，也会因社会变迁而改变。[①] 米德(George · H. Mead)提出符号互动论，将身份认同解释为一种主体选择与社会关系的互动过程，主体在与社会成员的交往中能够获得个人认同，并行使社会身份。米德指出，自我的产生是群体内部相互作用的结果，个体是社会的。个体脱离他人就不可能形成自我。分析自我的产生，要从分析社会交往过程着手。他把自我形成和发展的过程分为三个阶段："准备阶段"主要是无意识地模仿他人，对符号和意义缺乏理解；在"模仿阶段"，儿童学会了"扮演"他曾模仿过的某个"重要他人"，并从对方的角度来看待自己；"社会角色扮演阶段"或称"竞赛阶段"，个体把自己扮演为某个角色，能从几个"重要他人"的角度来看待自己，并把他们概括为一个"泛化他人"。"泛化他人"可以看作是群体的期待或社会的期望，使社会群体的规范、态度、价值和目标内化于个体，形成自我，使自己所扮演的社会角色被社会认可、接受。[②]

根据米德的观点，"重要他人"是身份认同的关键角色。在当前非物质文化遗产的场域中，"重要他人"的角色一方面来自于官方权力机构，另一方面也来自于在网络影像的交往互动中挖掘出的更具潜力的民间力量。

三、秩序化收编：官方传承人制度

虽然说现代性背景下不确定性本身已成为现代性的一部分，但现代社会恰恰是通过一系列秩序建设的方式来抵消这种不确定性，从而使得秩序和确定性依然是现代社

① 伯格. 社会学同游[M].何道宽，译.北京：北京大学出版社，2014：107-138.

② 张淑华.身份认同研究综述[J].心理研究，2012(5)：21-27.

会自我认同和社会运行的基本前提。[①] 非遗的秩序建设首先来自于官方的立法与非物质文化遗产传承人制度的设立，建立起非物质文化遗产的名录、保护、编目等一系列制度化的规约，通过行政化的手段对非物质文化遗产进行界定与分层。在官方的收编下，非物质文化遗产形成了秩序化的身份系统。权力机构作为“重要他人”是非遗行动者的身份的合法性保障。

(一)宰制性力量：失语的大多数

尽管非物质文化遗产在制度规范层面有着较为系统化秩序化的设计，但这种自上而下的非遗选择制度却仅仅为少数被收编者赋予了文化政治身份，广大的非遗实践群体与个人仍在非遗的生态链中处于边缘化的地位，甚至遭遇着来自外部资本和权力的文化挪用。“传承人”是对非遗行动者文化角色与精神价值的权威话语认可，对传承人来说，这项称号所带来的身份象征实际上暗含着隐形的文化资本与经济回馈。由此，在国家与市场的双重参与下，官方传承人体制形成一股具有宰制性力量的身份垄断，在这垄断之下则是失语的大多数。

(二)行政化规约：文化政治的争夺

随着非遗相关话语对文化符号的日益推崇，出自“什么级别”的非遗成为一项饱含意义和价值的能指。为了实现从“农民”到高级别“传承人”“艺术家”的身份跃升，赢得话语权，非遗行动者之间往往存在着激烈的竞争。要进入体制秩序，获得非遗传承人的身份，民间艺人需要参与由权力机构主导的各类文化实践活动，比如参加集中培训、国内外展演、艺术竞赛等，并经历由县、市、省、国家四级自下而上的行政化审批。然而大多数的非遗民间技艺来自一定规模的社群所共享的知识传统，属于“开放型技艺”[②]，艺人之间的技艺难有非常显性的差别，在很多的非遗评选中存在标准模糊、机会难求的情况。因此，这种科层化的身份建构过程难免带来政治化的利益竞争与权力博弈。

在官方的非遗传承人身份秩序之中，非遗行动者的身份是被他者形塑、赋予的，传承人取得社会身份的同时也要遵守官方秩序的规约。对于少数获得合法身份的传承人来说，其作为真实的自我的能动性十分有限，传承人身份依然是一个模糊的群体。

① 张杰.通过陌生性去沟通：陌生人与移动网时代的网络身份/认同——基于“个体化社会”的视角[J].国际新闻界，2016，38(1)：104-105.

② 张西昌.民间艺人的身份归属与知识权益——以库淑兰及其剪纸作品为个案[J].民艺，2018(1)：33-39.

而对于大多数游离于官方体制之外的民间艺人来说，要建立自我身份的合法性，宣示自我的主体性，他们亟须诉诸其他的权力——网络影像。

四、主位的表达：民间网络影像的实践

机械复制本性与影像建构能力，是电影最为重要的两大媒介特征。① 多年来，从视觉人类学视角出发的民族志影像为文化遗产的记录与研究提供了宝贵的资料，并在对现实的机械复制以外，提供了超越方法论层面的文化表达。这些人类学影像通过视觉的方法嫁接起“我们”和“他们”之间的文化领地，超越物的工具，浸入到多元文化中的人的感知。② 以让·鲁什为代表的影像实践者通过参与与分享的视觉人类学方法，为影像制作者、被摄对象与观众创造了情感交流的空间，促进了彼此间文化的理解以及对身份的反身性的思考。但传统的人类学影像还只是来自拍摄者“客位”的文化表述，文化主体缺乏足够的渠道进行影像的自我表达。此后，一系列将摄影机交付给被摄者的“原住民电影”跳出民族志电影的窠臼，为文化遗产的持有者表达其文化与社会权利诉求。③

而在数字技术、智能技术为影像传播不断加持的今天，主体参与式的网络影像在某种程度上继承了“原住民电影”的影像观念。网络影像是一次“个体激活”④，它令个体的身份开始具有自反性，也让个人更强大、更独立，流露出非遗行动者的个人化转向的趋势。“原生态”的个体以更加丰富的“主位”影像表达、重构文化记忆、视觉形象与身份认同，改写着非遗的文化语境，这股自主的建构性力量甚至将具有宣示非遗文化主权的潜能。对于非遗行动者来说，在快手平台上进行的民间网络影像实践既是对自我身份的一次自主书写，又是对官方话语的仪式性抵抗，其结果是一套非物质文化遗产新秩序的生成。

泰弗尔(Tajfel)提出的社会身份认同理论(Social Identity Theory)认为，一个人的社会群体成员身份和群体类别是一个人自我概念的重要组成部分，并主张人们努力地获得和维持积极的社会认同从而提升自尊。⑤ 这种积极的认同很大程度上来自内

---

① 朱靖江. 景观、方法与主体文化表达：人类学与虚构电影的多元关系[J]. 电影艺术，2018(3)：27-32.

②③ 罗易扉.从物的工具回到人的本身：安娜·格里姆肖的人类学“观看”[J].北京电影学院学报，2018(5)：118-126.

④ 孙黎.身份、组织、生产：网络青年亚文化群体新媒介赋权实践的三重层面解读[J].青年文化，2019(6)：87-93.

⑤ TAJFEL H. Differentiation between social groups：studies in social psychology of intergroup relations [M]. London：Academic Press，1978.

群体和相关外群体的比较。该理论还指出社会认同由三个过程组成,它包括“社会类化”“社会比较”和“积极区分”。社会类化(categorization)是指将对象事件和人进行归类,找出内群体和外群体的区别;社会比较(comparison)是指将自己所在群体和其他群体在社会地位方面进行比较;积极区分(positive distinctiveness)是指在比较的基础上找到自己群体的优势,然后与其他群体积极地进行区分,进而提升自尊水平。①

根据快手“非遗带头人”的官方新闻发布,本文选取了新闻报道中出现的8名“带头人”作为观察对象。这8个对象分属不同的非遗领域,年龄跨越从儿童到老年的各个年龄段,并能够兼顾性别,具有一定的代表性。

表1 快手“非遗带头人”样本观察对象

昵称	快手 ID	才艺内容	粉丝数	关注数	头衔	衍生品
陕北说书张小飞	ZXF13571299389	陕北说书	42.4万	520	中国曲艺家协会会员、陕西省曲艺家协会会员、全国十大名票、陕西省十佳艺人、陕北说书传承人	演出联系手机号
安塞腰鼓三哥哥	wsh18691135235	安塞腰鼓	6.6万	525	感谢党 传播正能量	演出培训、快手商店出售服装道具
浪漫侗家七仙女	langmannvshen	侗族歌舞、文化	25.2万	586	人类心灵疲倦的最后家园	侗族传统食品
皮影王访	wangpiying666	川北大皮影	14万	3	四川阆中“王皮影”的第七代传人、国家级非物质文化遗产“川北大皮影”传承人	无
萧占行面塑	xiaozhanhang	面塑	79.4万	868	“面塑萧”;太爷爷在清朝光绪年间给达官贵人捏像,传承至今	面塑工具、业务联系电话
非遗竹编工艺	lei58888888	竹编文化	9.7万	160	感谢官方平台,支持正能量	竹编工艺品
唱戏阿杰	303384145	曲剧	110.1万	264	7岁曲剧神童	戏曲化妆品
陈力宝唢呐	KS428742641	唢呐	21.4万	202	中央民族乐团唢呐演奏家、中国电影华表奖音乐奖获得者,代表作《百鸟朝凤》	唢呐在线视频零基础课程

(注:观察数据统计截止到2019年7月1日)

① 张淑华.身份认同研究综述[J].心理研究,2012(5):21-27.

(一)社会类化:技术包裹下的非遗语境定制

在快手平台,非遗行动者的社会类化首先体现在技术化的语境定制上。AI 算法是快手内容管理的核心科技。在程序的计算下,快手平台将为非遗锁定目标受众,为其构建与传统文化相关的影像语境,定制推送符合受众兴趣的非遗文化内容。在最初登录快手平台时,用户需根据兴趣选择个性化的标签类别,而随着视频浏览量的增加,算法推送的内容属性也更加聚类。由此,互联网技术的工具理性为非遗行动者初步划分了身份界限,让技术包裹起非遗文化的精准化社群。面向该社群的持续兴趣推荐,则培养了网络受众对非物质文化遗产的黏性,加固了相关文化社群的凝聚力。而类似的非遗行动者账户的聚类推荐,也为快手社区的民间艺人们建立起虚拟空间的共同体。在艺人与观众以及艺人之间良好的传受交互过程中,非遗行动者的社会类化逐渐形成,不仅为“群体内”和“群体外”划分了界限,也在社群内部形成了共享的情感体验,行动者的身份认同被进一步强化。

同时,社会类化是以边界的互融来提升社会身份的适应性与身份认同的包容度。人类学家雷德菲尔德(Redfield)用“小传统”与“大传统”来区分大众民间文化与高雅精英文化。“大传统”是以城市为中心的社会上层知识分子所代表的文化,而“小传统”是以农村为典型空间的非正式的民间文化。[①] 在快手网络空间中,非物质文化遗产的社会类化不再遵守“大传统”与“小传统”的二元框架,而是呈现出二者合流的融合文化形态。快手艺人们致力于将非遗技艺按照“雅俗共赏”的影像审美进行文化融合,期待适应多层次、多元化的网络大众文化,以此来提升非遗行动者的身份张力。

(二)社会比较:来自粉丝数字的迷思

对比 8 位快手艺人在个人主页上对自我头衔身份的描述可以看出,“感谢党”“支持正能量”等主流话语以及官方艺术协会、官方艺术评级等体制内身份,依然在非遗行动者的自我身份认同当中占据重要的地位,但粉丝关注度所代表的社会身份认同却以鲜明的量化比较改写着非遗行动者的身份观念。

粉丝数、关注数是快手平台对用户的主要量化评价方式。在本文所深度观察的 8 个快手账户中,业余唱戏出身的 7 岁曲剧神童“唱戏阿杰”粉丝量最大,已达 110.1 万

① 雷德菲尔德. 农民社会与文化——人类学对文明的一种诠释[M].王莹,译.北京:中国社会科学出版社,2013:52-53.

人,而粉丝量最少的却是在官方传承人体系中级别最高的国家级非物质文化遗产"川北大皮影"传承人王访。市级的陕北说书传承人张小飞虽开通快手账户不久,也已拥有了42.2万的粉丝。量化评价在很大程度上已成为信息时代数字化生存的价值共识。在流量经济驱动的量化思维逻辑中,高流量意味着高能见度与高收益,因而成为身份地位评价的重要指标。快手粉丝数字对非遗行动者身份的量化评价呈现出与主流视域中传承人体系截然不同的景象,在官方评价体系中处于金字塔顶端的国家级传承人在快手平台上却不及尚无头衔的儿童。而仅取得市级头衔的传承人张小飞由于专注于经营与粉丝的影像互动,也取得了超越体制内身份级别的互联网影响力。只要没有特殊的演出安排,张小飞每天都会花1—2小时在快手上直播,与同时在线的两三千粉丝进行互动。而与娱乐明星的影响力相比较,拥有百万粉丝的"唱戏阿杰"已具有"网络红人"的身份地位,阿杰的表演获得粉丝簇拥,一方面是由于儿童的参与对传统非遗来说具有传承性的象征,而另一方面更吸引粉丝的是小男孩滑稽的表情以及曲剧与Rap等流行文化的接合。

在互联网亚文化的浸润之下,非遗身份的社会比较不再是技艺水准的高低和官方级别的标签,非遗影像实践正呈现出一种游戏化、娱乐化展演的趋势,娱乐与休闲价值成为超越主流传统的非遗身份评价标准。在网络影像空间中,非遗行动者所建构起的粉丝数字迷思,正成为一种影像文化的仪式性抵抗,对官方非遗的运作机制、生态秩序以及其隐喻的文化产生消解。① 通过与传统非遗秩序的社会比较,非遗行动者进一步获得了主位影像表达的快感与信心,快手短视频的影像身份赋权正挑战着既有的文化权威,形成与主流非遗秩序分庭抗礼的网络新秩序。

(三)积极区分:自我身份的能动性改造

快手平台上非遗行动者的影像实践是一个充满着建构与被建构的过程。非遗行动者在被"他者"技术分类、量化评价的过程中,也对自我进行着能动性的改造,以此来巩固身份地位。为了在视觉化的互联网影像空间获得更积极的身份认同,非遗行动者需要对自身的外在形象、行为模式、作品创作、话语风格进行有意识的重塑,一方面为了实现自我对身份设定的观念,另一方面则是为了满足大众对"网络红人"的期待。在互动交往中,自我的认同与他人的认同相互影响,共同塑造了非遗行动者的身份认同。斯图亚特·霍尔认为,身份认同是话语实践所建构起来的临时附属物,在此过程中,

① 陈霖,邢强.微视频的青年亚文化论析[J].国际新闻界,2010(3):95-107.

“意义实际上产生于几个不同的场所,并通过几个不同的过程或实践(文化的循环)被传播。意义就是赋予我们对我们的自我认同,即我们是谁以及我们‘归属于’谁的一种认知的东西”①。在快手网络平台,非遗行动者通过影像话语实践来建构身份认同,其影像的拍摄、剪辑、特效、音乐与文字口号均作为一种文化符号的意义表达,标识其对自我身份特征的诠释。“浪漫侗家七仙女”的短视频不仅仅是侗族歌舞、刺绣手工等非遗技艺的影像呈现,而是将其展演空间定义为“人类心灵疲倦的最后家园”,将非遗文化与原生态乡村生活的田野语境相勾连。乡野瓜果、金黄麦收、农家柴火饭,这些日常生活影像迎合了城市人“逃离现代性”的田园想象与期待。“浪漫侗家七仙女”的网络影像实践超越了非遗本体,完成了文化意涵的浪漫化表述。

由此,非遗行动者利用视觉符号优化身份象征,激发与释放了自我的主体性。民间艺人不再只是非遗的载体和工具,其身份也不再是被动建构的他者想象,民间艺人通过网络影像实践对自我身份进行自反性的干预,真正以行动者的姿态伸张文化主权。

(四)身份的再生产:文化资本的变现与反哺

社会身份需要一定的文化资本来获得社会认同,体现身份价值。而由文化资本带来的物质收入也在继续反哺着非物质文化遗产的实践,形成非遗文化身份的再生产。在官方语境下,要获得非遗文化资本,需要较高的传承人身份门槛,而在快手平台搭建起的公共场域中,文化资本有着更加灵活的获取方式。

粉丝的关注是非遗行动者在网络空间的一种新型文化资本,它直接反映出行动者的身份地位。而身份以文化资本为中介,将进一步实现非遗影像实践的经济效益。本文所观察的8位快手艺人中,“皮影王访”已在官方非遗秩序中享有最高文化身份,因此刻意与网络平台保持距离,在快手平台上没有任何商业信息。除此之外的其他艺人均提供了商业合作的联系电话,并依托快手的交易平台出售相关文化衍生品。比如“安塞腰鼓三哥哥”承接腰鼓演出的培训,并出售演出服装道具;“浪漫侗家七仙女”的“快手小店”里经营着传统的侗族美食。此外,拥有专业艺术家头衔的“陈力宝唢呐”虽然在影像互动的粉丝数量上不及很多乡村艺人,却已通过知识付费课程取得了40万元的收益。由此看出,在严肃的非遗知识共享中,文化遗产的工具性作用再次凸显,由传统主流定义的身份依然体现着文化权威。

---

① 霍尔.表征:文化表象与意指实践[M].北京:商务印书馆,2003:3.

网络影像实践为非遗行动者赋予了新的社会身份,在文化资本的功利性转化之下,社会身份拓展了商业空间与实质性的财富,而经济利益的回报又必将反哺非遗主体身份观念的再建构,并指导行动者的影像生产策略,这一套循环的身份运作逻辑构成了快手平台上非遗网络影像传播的自洽秩序。社会身份在媒介转化、市场竞争、艺术生产等多重行动中形成一种新的生产性力量。

五、结论与讨论:走向网络影像的田野想象

国家的在场、商业的暧昧、媒介的参与以及后现代主义的社会心态共同构成了非遗行动者的身份博弈与迷思。从“手艺人”到“网红明星”,非遗行动者的身份识别正呈现出个体化、去中心化的转向。以快手为代表的网络影像社区,为原生文化社区提供了非遗的虚拟语境,成为非物质文化遗产的行动者宣示文化主权的新晋空间,也为解构遗产政治、重构非物质文化遗产民间艺人的身份认同提供了想象的空间。从物的工具回归到作为人的主体性身份感知,网络影像的参与为非遗行动者提供了更加富有活力的身份选择,行动者在观看与被看、表演与评论中对自我身份进行思考与干预。与此同时,非物质文化遗产行动者的身份认同的建构也形塑着非遗的文化特征,使其从过去“小传统”社会中富有使用功能的生活工具转变为后现代社会具有文化符号功能的身份象征。

阿斯特吕克在1948年提出的电影主张——“当影像成为自来水笔”,为影像的观念建构能力提供了早期的想象,而当视觉化生产、影像化传播真正成为一种思维方式和观念逻辑时,非物质文化遗产的网络影像实践必然与身份认同发生深刻的互动,并且在更广泛的文化心理层面,成为滋养非物质文化遗产的未来田野。

〔王婧雯,中国传媒大学电视学院教师〕

〔特约编辑:叶明睿〕

青年视点

Quantify 测量法在融合媒介效果研究中的应用研究

An Exploratory Study on Quantify Method Applied in Media Effect Study

◎丁 迈 董光宇

Ding Mai Dong Guangyu

摘要：在融合媒介背景下，基于问卷、实验方法的媒介效果测量方法，在测量行为、技术、成本和用户体验方面都面临着新的挑战。本研究尝试使用了一种名为"Quantify"的新测量方法，在结合实验、问卷的情况下，面向数字媒介对传统测量手段进行了改进，并以"情绪指标"为测量对象，探索了这种方法在融合媒介传播效果研究中的应用可能性。本文认为，Quantify 方法能够通过简单的用户行为，经过统计方法输出更高级别的测量结果，适用于当前用户时间碎片化、测量成本升高、传统方法信息价值下降的现实情境，适合融合媒介背景下跨屏幕效果测量的实际应用。

关键词：Quantify；TrueSkill；效果研究；融合媒介

Abstract: Methods for measurement of media effects like survey and experiment face more challenges in convergence media, especially on the process, technics, cost, and user experience. This article tries to apply the Quantify method which combines both advantages of survey, experiment and web technology to communication study, and takes emotional strength as the measurement object, to explore its availability in media effect research. The conclusion is that the Quantify method can output more detailed data via users' simple activity, and it fits the situation that users' attention is fragmented, traditional measurement has a high cost and low efficiency. The method is also practical to effect studies on cross-screen experience.

Keywords: Quantify, TrueSkill, media study, convergence media

一、融合媒介背景下传统测量工具的局限性

对于社会科学领域的研究问题，将问题（定义）操作化为变量并进行测量，是构建和验证理论模型的基础工作。尽管在实际研究工作中，这两个步骤难以感知或从研究流程实体中脱出，但其对社会科学研究的重要性已多有讨论。[①] 在典型的传播学效果研究中，受研究对象和研究问题的影响，问卷和实验法是更多研究者采纳的量化方法，包括这两种方法在内的大部分量化方法，其分析手段都更偏向统计传统。[②] 问卷和实验两种方法在受众研究中发挥了极大的作用，从经典的电影与儿童暴力、使用与满足理论等相关理论构建过程中可见一斑。

问卷法和实验法代表了效果研究中对于研究对象的两种测量取向，一者是基于研究对象自身主动的“自陈”生成数据，另一者则是将研究对象置于被观察的情境中，令其在控制变量环境下生成数据。两种方法代表了亚里士多德“感觉论”和柏拉图“理念论”两种基本的认识论二分取向，在可见的未来，这两种方法仍是现代社会科学研究的重要工具。

随着信息传播渠道和承载介质的发展，问卷和实验两种方法在“融合媒介”背景下，在具体执行上显现出局限性，主要表现在测量行为、测量技术、成本控制、被访（被试）用户体验四个方面。

首先是测量行为信息价值的下降。以问卷为例，网络问卷平台的兴起使问卷制作和传播成本进一步降低，大量缺乏规范性与科学性的问卷充斥在人们眼前，使问卷失去原有的密集注意力。尤其是给予被访者回报较少的在线问卷显示出了较高的拒访率和无效率，在影响样本量的同时，也影响数据质量[③]，提高了样本偏态分布的可能性，使分析结论的可推广性受到影响。

其次是测量技术限制。这一限制主要体现在三个方面：一是问卷的自陈体系使问卷不可避免地在一定程度上暴露研究问题，随着被访者教育水平的逐渐提升，问卷作为研究工具，类似物理学中“测不准原理”的效应愈加明显，即随着被访者教育水平的

① 董海军，朱东星.社会调查中高质量问卷的设计[J].晋阳学刊，2019(5)：115-120.

② 罗杰斯.大众传播经验研究在认识论上的发展[M]//洛厄里，等.大众传播效果研究的里程碑.北京：中国人民大学出版社，2009：2-3.

③ 张木子，李君轶，张高军.孰优孰劣：旅游在线调查与田野调查对比分析[J].旅游学刊，2015，30(4)：95-104.

逐渐提升，其对研究目的的理解可能促使被访者选择更具"社会称许性"的答案。[①] 二是问卷对于社会心理相关指标的测量一般使用量表或等效的测量手段，常见的五级、七级李克特量表在测量精度上存在局限性；同时，为获得足够的测量信度与效度，有时需要较多的量表条目和测量级数，这些都可能造成被访者的倦怠感。[②] 三是常见题目，无论是开放式问题还是闭合性问题都可能带来误差，影响研究结果。[③]

再次是成本控制。实验法在效果研究中往往被认为更具说服力，然而其设计需要一定的样本支持和严格的实验环境，这使得实验的执行成本难以控制在合理水平，尤其对于缺少经费支持的中小型研究来说，更是难以具备实现的条件，遑论实验面对的外部效度等问题。[④] 而就调查问卷来看，在符合一定精度要求的情况下，调查问卷不仅需要一定数量的样本量，而且要求抽样设计的合理性，而随机抽样的实施成本常使研究者望而却步，这些都使得到达被访者的成本随着样本量的增加而成倍上涨。

最后是被访者（被试者）的用户体验问题。随着中国互联网产业的迅速发展，包括计算机、平板电脑、手机和电视在内的屏幕终端已经成为日常生活的重要工具。因此，屏幕更是量化研究的重要数据源。以目前用户的媒介接触行为来看，越来越多的调查或实验必须依靠移动端设备或计算机来实现，而如果让用户以自助方式通过计算机完成问卷或实验，应用程序界面的用户体验则是不可忽视的问题。具体来看，用户体验主要涉及的是测量情境统一问题：一方面，在跨介质，尤其是横跨多样屏幕尺寸、操作系统和 Web 环境的情况下，如何构建均一的被试情境，让用户在被试情境中达到另一种意义上的"同源"；另一方面，如何构建均一的交互情境，使被试的交互行为在融合媒介下达到一致。

面向网络和融合媒体环境，对问卷等相关数据收集手段进行改进的相关研究业已出现。这类研究的典型特征是，尝试将互联网产品的设计生产流程引入数据手机手段，如使用以用户为中心的研究方法（human centered design）[⑤]或是利用交互设计流

① 郭菲，赵琳，连志鑫.大学生自我报告的学习投入可靠吗——大学生群体的社会称许性反应及对自陈式问卷调查的影响[J].华东师范大学学报（教育科学版），2018(14)：53-61，163.

② 吴永泽，王文绢.不同应答等级对 Likert 式量表特性的影响[J].中国慢性病预防与控制，2010(2)：215-217.

③ 李珊英.以问卷方式进行民意调查的局限性[J].国际新闻界，1988(2)：27-30.

④ 巴比.社会研究方法[M].北京：华夏出版社，2005：231.

⑤ 周雪，等.以用户为中心的问卷设计——深度访谈和可用性测试方法在问卷质量控制中的应用[J].北京邮电大学学报（社会科学版），2014(2)：83-89.

程完成问卷设计①，提高被试、被访者在整个研究阶段的浸入程度。

基于类似思路，可以推出几种提高测量质量的方式。首先，对于测量行为本身的信息价值下降，需要提高测量工具，尤其是问卷和实验的创新性，保证测量工具的“创新溢价”，以此保持测量工具本身的传播价值；其次，对于可用的测量技术，可以通过变量转换遮蔽研究问题和目的，提高测量结果单位的细粒度；再次，需要使用数学工具提高将测量结果转换为研究问题的效率；最后，需要利用屏幕设备广泛共享的 Web 环境，将测量工具实现为基于 Web 的应用，利用响应式 Web 和通用的交互行为（如点击、拖动等）一致化用户的跨平台、跨介质体验，最大化地获得同源、非同源样本和对应数据。

基于上述理由，本文尝试探讨一种结合问卷、实验技术构建的测量技术——Quantify，并在实际应用中探索了这一测量技术的实际效用。

二、Quantify 方法的原理与构建

该方法的实现由三个元件组成，分别是：(1)用于数据收集、直接面对被试者的用户界面；(2)用于储存用户填答结果的数据库；(3)用于将原生数据转换为定量数据的算法部分。本部分将对这几个元件分别进行描述。

(一)Quantify 原型

Quantify 方法最初由 MIT Media Lab 建立，是一套基于机器学习技术构建的通用框架，使用 JavaScript 实现。② 该框架能够将用户主观生成的行为数据“多维地”转换为高级的测量级别，能够将定类变量转换为定序甚至定距变量。由于变量的测量级别提高，更多高级的统计分析方法得以运用，也给发现变量关系、构建理论模型带来更多可能。

Quantify 外显的测量界面如图 1 所示。在用户界面中（Web 或其他 GUI），主要有四个元件，分别是上方的问题陈述，中间的待比较对象 A、B，以及下方的一个标注有“哪个也不是”(Neither)的按钮。用户需要根据问题陈述，做出三种选择：

---

① 胡蓉，等.行动研究视角下多维交互式问卷设计探索——以老年人度假信息需求问卷设计为例[J].情报资料工作，2017(1).

② MIT Media Lab. Quantify project overview[EB/OL].(2016)[2019-10-15]. https://www.media.mit.edu/projects/quantify/overview/.

(1) A 比 B 更符合问题陈述,即选择 A;

(2) B 比 A 更符合问题陈述,即选择 B;

(3)在同样的水平上,A 和 B 都符合问题的陈述,选择"Neither"。

可以看到,Quantify 较大地简化了用户的交互成本,只通过点击或触摸,即可完成对目标指标的测量。

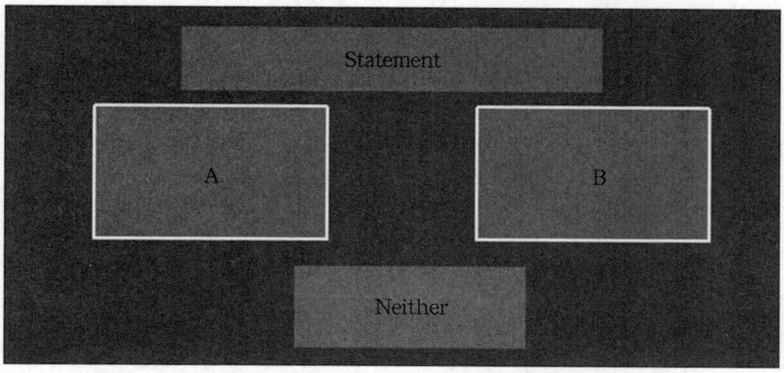

图 1 Quantify **测量方法界面原型**

(二)测量指标的转换

将用户定类行为转换为测量数据有多种方法,一般问卷调查、实验测量的最终结果推断一般基于先验概率的置信区间来估计,但是先验概率一般需要较大的样本量(一般 N>30)。另一种方法是使用贝叶斯等基于后验概率的方法对测量结果进行处理,得到最终指标。Quantify 使用了一种名为 TrueSkill(真实技能)的算法,能够在更小样本量的情况下,相对稳定地推断测量指标的取值范围。

TrueSkill 算法评分系统是由微软开发的一种基于后验概率的评分系统,最初是针对评估 XBOX 游戏平台的用户游戏能力而设计的。该方法使用贝叶斯推断算法,量化用户的"真实游戏技能",其英文名"TrueSkill"即由此而来。[①] 这套评分系统假定研究对象个体(Players)的水平呈正态分布,通过样本多次的成功/失败(胜/负)记录动态修正评分。经验数据表明,该算法可以通过几次游戏的胜负情况,推断团体游戏(二对二、多对多)、单挑游戏(一对一)用户的游戏技能,并输出相应结果供系统评判

① HERBRICH R, MINKA T, GRAEPEI T. TrueSkill™: a bayesian skill rating system[M]//SCHÖLKOPF B, et al. Advances in neural information processing systems 19: proceedings of the 2006 conference. Boston: MIT Press, 2006: 569-576.

使用。

TrueSkill 算法将个体水平的初始分布定为 $N\left(25,\left[\frac{25}{3}\right]^2\right)$，其中 $\mu=25$ 是个体在游戏中的水平，$\sigma=\frac{25}{3}$ 表示个体水平的稳定程度。在 95%的置信区间内，个体的真实水平评分为 $\mu\pm2\sigma$ 。当个体具有更高的 β 时，它将有 76%[$\Phi\left(\frac{1}{\sqrt{2}}\right)$]的概率获胜。一般来说，一个“游戏用户”的获胜意味着它的 μ 的上升，胜负水平的变化则意味着 σ 水平的波动。①

已有的研究证实，对于游戏水平的评估，TrueSkill 算法相对之前的游戏评分系统，能够更好地体现出游戏者的水平，当比较达到一定频率后，指标便趋于稳定。② 一般地，在一对一比较的情况下，“游戏用户”随机与 12 位用户比较后，便可了解自身的“游戏水平”。③

对于 Quantify 测量和 TrueSkill 算法来说，“游戏”与“选手”与常规游戏情境相比，是相互倒置的：整个测量的游戏和规则分别是真实的人(研究中的被试者)和问题陈述，而测量中 TrueSkill 的“选手”则是待比较的对象 A 和 B。可见，由于被试者的涉入，Quantify 测量方法仍是基于自陈的，不同的是，由于 TrueSkill 算法的使用，简单交互代替了复杂的问题陈述和回答，研究问题在一定程度上被交互行为所遮蔽。

(三)效果评估

为了评估 Quantify 测量法在实际应用中的效力，本研究尝试以“表情贴图的情绪比较”(下称“GIF 图”)为主题，利用 Quantify 方法，对被试者的表情比较结果进行测量。下面，本文将通过实际测量效果评价该方法的效用。

1.试测研究概述与设计

试测研究的主要测量目标是被试者对 GIF 图(即动态图片)在各个情感维度上表现水平的判断(强度，即被试者认为图片传达的哪种情感更强烈)。为了比较该方法对于同一测量指标的稳定性，研究使用 MIT Lab 对于 GIF 图的部分图片进行测量信度验证对比。由于 Quantify 原有方法库已不可用，研究者利用 Node.js，按照 Quantify

① LEE H.TrueSkill — TrueSkill 0.4.4 documentation[EB/OL].(2017)[2019-10-15].http://trueskill.org/.

② 吴霖，等.基于 TrueSkill 模型的围棋棋手排名方法及评估[J].昆明理工大学学报(自然科学版)，2013(3):47-55.

③ LEE H.TrueSkill — TrueSkill 0.4.4 documentation[EB/OL].(2017)[2019-10-15].http://trueskill.org/.

测量方法的设计复刻了该方法的实现。

图2即为研究使用的程序界面,界面会根据用户使用的实际设备进行适配。被试者进入实验画面后,后台将自动从样本图库(共150张)中随机抽选两张图片(下称图A、图B)进行展示,并从17个情绪描述词中随机抽取一个作为题目。页面加载完成后,被试者将看到这两张图片以及问题"哪一张图更好地表达了××这个情绪",其中情绪词组××亦从17个情绪词组中随机挑选。面对这一问题,被试者需以点击对应图片的形式完成回答,被点击的图片将被视作比另一张图片更好地表达了这个情绪。

图2　试测界面示意图(PC、手机)

由于每张图片可能无法同时展现17种情绪,因此在选项设置方面,每次点击共可能产生三个回答,即"图A""图B"以及"哪个也不是"。在转化为量化数据时,对应图片的点击量将转换成对应图片在不同情绪上的胜率(wins),而"哪个也不是"将被视为这组图片在这一情绪上"势均力敌"(ties)。

在被试招募方面,研究使用自愿者法招募样本,通过朋友圈、社交媒体等方式散发测试链接,以便吸引数量更多的被试者参与测验。为了积累足够多的样本,吸引更多的被试者参与测试,程序在迭代版本中增添了抽奖功能。

2. 被试样本用户行为概述

根据网页统计脚本[①]记录,复刻的Quantify平台研究在开放的90天内,共接受5327位用户(unique viewer)的6681次访问请求(page view),平均页面停留时间为482秒,绝大部分用户(99.22%)为一次性访客,仅访问页面一次。1626位有效用户共产生点击数据25,900次;作为对比的MIT Quantify平台数据库中,图片数n=6188,点击数Votes≈3,100,000。

① 页面访客信息统计使用了友盟旗下的CNZZ统计服务。

研究者借助人际传播渠道,通过微信、微博和QQ空间三个渠道发出了实验邀请。从统计情况来看,绝大部分用户通过这三个渠道进入实验页面,其中通过移动设备(包括搭载苹果、安卓系统的手机和平板电脑)访问页面的用户比例达98.05%,仅有少量用户通过桌面端设备访问页面(见图3)。

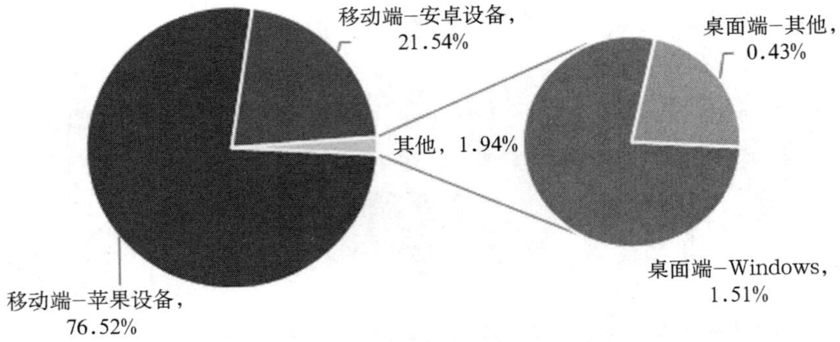

图3 被试者设备使用情况

在发送测试邀请链接过程中,受研究者人际关系的限制,微信实际上成为用户进入测试的最主要入口。在邀请链接在微信中传播的过程中,短时间的大量访问导致微信内置浏览器对测试链接采取重排版机制①,使得用户自发的链式转发行为受到影响。如图4所示,从用户访问量情况来看,测试页面的传播基本不具有延续性,需要研究者作为传播源反复刺激,才能保证足够的数据量。

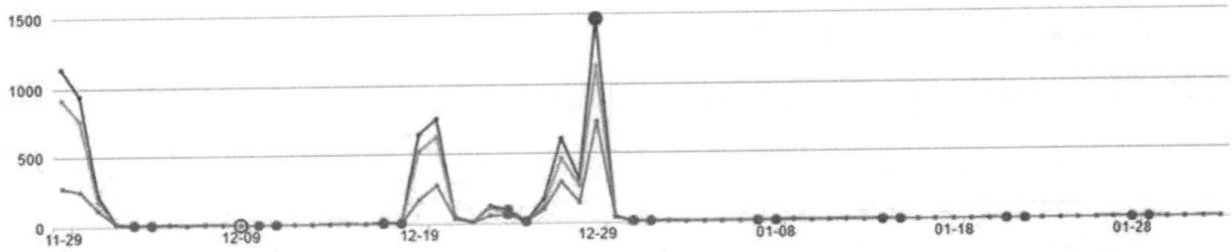

图4 被试参与量变动情况

在研究过程中,研究者在三个时间点对传播行为进行刺激,以保证样本量充足。从图4易见,三个时间点分别是11-29、12-19和12-29三个节点。

---

① 重排版是微信对微信中未认证网址超过传播阈值时开启的一项内容转换流程。在本研究中,重排版功能会导致测试无法正常进行,阻碍用户继续转发。

用户在测试页面的每一次点击行为，除须提交必要的投票信息外，还会针对提交设备产生对话的唯一识别码。以此计算，平台共获取来自1636台独立设备提交的共25,900次点击数据，满足TrueSkill算法所需要的预期平均点击数。

产生点击行为的用户进入测试页面后，一次性点击数最大值为277次，最少为1次，单次点击少于25次的用户贡献了总点击量的80%，4.72%的用户单次点击超过50次。

受传播渠道的影响，产生答题行为的用户在地域分布上呈现了明显的偏向，大部分点击行为来自北京、天津、上海、广州等城市。此外，来自海外用户的点击也占有少量比例。

3. 测量方法效用评价

(1)样本分布

在对各个指标进行标准化后，Quantify在各个情绪测量指标上的最终分布如表1。

表1 单样本 Kolmogorov-Smirnov 检验

		开心	愤怒	轻蔑	知足	厌恶	尴尬	兴奋	恐惧	内疚
数字		150	150	150	150	150	150	150	150	150
正态参数[a,b]	平均值	24.927	24.763	25.023	25.052	24.804	24.924	25.548	24.920	24.996
	标准偏差	4.965	3.174	3.670	3.367	2.820	2.881	4.784	2.798	2.511
最极端差分	绝对	.143	.205	.130	.084	.105	.126	.178	.174	.181
	正	.143	.132	.130	.084	.054	.126	.178	.174	.181
	负	-.090	-.205	-.089	-.057	-.105	-.074	-.113	-.123	-.126
检验统计		.143	.205	.130	.084	.105	.126	.178	.174	.181
渐近显著性（双尾）		.000[c]	.000[c]	.000[c]	.011[c]	.000[c]	.000[c]	.000[c]	.000[c]	.000[c]
		快乐	愉悦	骄傲	放松	悲伤	满足	羞耻	惊讶	
数字		150	150	150	150	150	150	150	150	
正态参数[a,b]	平均值	25.405	25.157	24.987	24.776	25.341	25.099	25.317	25.057	
	标准偏差	4.676	4.979	2.983	3.567	3.255	3.847	2.373	3.575	
最极端差分	绝对	.138	.139	.111	.119	.158	.088	.121	.205	
	正	.138	.139	.046	.119	.158	.088	.121	.205	
	负	-.107	-.089	-.111	-.085	-.087	-.041	-.090	-.150	
检验统计		.138	.139	.111	.119	.158	.088	.121	.205	
渐近显著性（双尾）		.000c	.000c	.000c	.000c	.000c	.006c	.000c	.000c	

注：a. 检验分布是正态分布；b. 根据数据计算；c. Lilliefors 显著性校正。

可以看到,由于 Quantify 利用的 TrueSkill 算法,最初是从固定的正态分布出发判断“选手”水平的,因此在比较中,其各维度指标的平均水平不会偏差太多,但是其分布性质发生了改变。单样本 K-S 检验结果显示,无论在研究者的复刻平台上(n=150)还是在 MIT 的原有平台上(n=6118),样本在各个指标上均未能达到较严格的正态分布($p < 0.012$)。导致这种情况可能出于两个原因,一是情绪分布本身就不是正态的,二是 TrueSkill 的算法实现倾向于扩大差异而不是对称差异。但这种分布形态并不影响后续分析的进行。

(2)测量稳定性

研究使用的图片样本中,有 61 张图片与原 Quantify 平台的图片样本同源。利用对应图片在 GIF 数据库中的情绪水平,对情绪识别的一致性进行检验。通过计算 Pearson 相关水平,检验结果如表 2 所示。

表 2 一致性检验结果(Pearson)

	Amusement(开心)	**Anger(愤怒)**	**Contempt(轻蔑)**	**Contentment(知足)**
Pearson 相关性	.820**	.891**	.783**	.862**
显著性(双尾)	0.000	0.000	0.000	0.000
N	61	61	61	61
	Disgust(厌恶)	**Embarrassment(尴尬)**	**Excitement(兴奋)**	**Fear(恐惧)**
Pearson 相关性	.718**	.753**	.936**	.871**
显著性(双尾)	0.000	0.000	0.000	0.000
N	61	61	61	61
	Guilt(内疚)	**Happiness(快乐)**	**Pleasure(愉悦)**	**Pride(骄傲)**
Pearson 相关性	.880**	.893**	.825**	.817**
显著性(双尾)	0.000	0.000	0.000	0.000
N	61	61	61	61
	Relief(放松)	**Sadness(悲伤)**	**Satisfaction(满足)**	**Shame(羞耻)**
Pearson 相关性	.603**	.886**	.818**	.841**
显著性(双尾)	0.000	0.000	0.000	0.000
N	61	61	61	61

续表

	Surprise（惊讶）
Pearson 相关性	.845**
显著性（双尾）	0.000
N	61

注：** 在置信度（双测）为 0.01 时，相关性显著。
* 在置信度（双测）为 0.05 时，相关性显著。

从表 2 可以看到，即使是对于受跨文化因素影响的情绪识别，Quantify 量化结果也能够达到较好的一致性；在较小样本量的情况下，Quantify 方法也获得了较好的测量效果，可见这种测量方法具有较好的测量效力。

三、Quantify 方法的应用与局限性

从上述试测项目中能够看到，Quantify 测量方法通过非常简单、用户行动成本低的点击判断法，对用户的“偏好”进行测量，最后将点击行为转换为更高测量级别的变量。整个执行过程类似实验与问卷的复合体。结合适当的用户界面设计方法，Quantify 方法能够较好地完成融合媒介，尤其是跨屏幕的主动数据采集。本部分将尝试讨论这一方法的应用、要求与局限性。

（一）Quantify 方法的潜在适用情境

从上文可以看到，由于 Quantify 方法的用户交互成本低且执行简单，可以适用于以下需要采集数据的情境：

屏幕尺寸较大，用户与介质保持一定距离的使用情境，如电视或幻灯机。对于这类尺寸大的屏幕介质，基于身势的交互行为，如点击或触摸的用户行动成本过高，因此无法在测验中应用更多的交互行为，尤其对于智能电视来说，遥控器的控制界面也已相当简化，无法执行更复杂的选择的操作。而 Quantify 方法只需三个选择就可以完成数据生成，可以轻易地将三种选择映射在遥控器的方向键上，而无须用户输入更多信息。

融合媒介的非同源效果测量情境。由于操作简单，Quantify 方法可以很容易地移植到手机、平板、计算机和电视上，只需简单地将交互行为变更为点击或触摸，借助

人际渠道或大众传播渠道传播后，就可以最大限度地扩大样本容量，使测量效果更加稳定可信。

非浸入式的测验情境，如单纯的用户内容喜好判断。这种情况下，问卷、实验需要用户花费固定的注意力时间，而这在日常生活中很难做到。根据本研究的试测结果，绝大多数用户不会有足够耐心完成大量点击（当然也有极少数用户点击次数极多）。因此，可以利用媒介的闲置碎片时间（如屏幕保护、进入、退出等情境），占用最少的时间采集主动数据，在保证用户体验的前提下完成测量。

大样本、复合的多 AB 测试情境。现在的 AB 测试一般通过随机化创造基于不同人的两个“平行时空”，对于网站传播效果核算十分适用，但这种方法忽略了用户主动选择“喜好”的影响。与 AB 测试结合，可以进行多变量的 AB 测试设计，通过 Quantify 最终确定不同设计的效果，通过多变量方差分析等方法探索控制变量间的影响，以便更深入地分析效果。

自资的小成本研究情境。Quantify 方法基于的 TrueSkill 算法对样本量要求比先验概率推断更低，一般 12 个样本以上，即 12 次比较，便可得出比较稳定的结果。

（二）Quantify 方法对研究本身的要求

作为在线收集数据的一种方式，若样本是被访者驱动抽样并达到理想数量，即具备一定的概率样本特性①，就可以用来推广结论。使用 Quantify 方法时，若要使被试群体具有一定被访者驱动抽样的特征，研究应具备以下基本特征：

面向研究问题设计的具体测量手段，即被试要完成的“任务”应尽可能简单可行，不能过于复杂。由于 Quantify 方法的整体框架对测量问题只有三个固定选择，应使测量方法尽量符合这一设定，对于过于复杂的问题，可以将其拆分为多个二元问题，再通过 Quantify 方法进行测量。

面向公开环境（如互联网社交媒体等）发布的研究，应对研究设计进行包装，以增强被访者向他人推广该研究的动力。具体来看，对于公开的研究信息和研究设计等的描述，需要增强相关文本的可读性和趣味性，由于在传播这类研究测试时，往往要面对媒介环境中复杂的图片、视频等“注意力竞品”，因此可考虑通过经济手段吸引被试者执行实验任务。以本研究为例，在使用抽奖手段刺激传播后，研究最终的参与抽奖者大约占全体被试者的 5%，在平衡了研究成本的情况下较有效地扩大了样本来源。

---

① 刘林平，等.被访者驱动抽样在农民工调查中的应用：实践与评估[J].社会学研究，2015(2)：149-173，244-245.

此外，为了达成有效传播和样本收集，Quantify 方法要求其实际交互形态尽可能游戏化。这类以研究为目的的传播内容，类似媒体融合背景下产生的“新闻游戏”，其游戏形态能够有效提高公众对于这类内容的关注度。[①]

(三)Quantify 方法的局限性

虽然 Quantify 方法具有诸多优势和适用空间，但它也有一些局限性。研究者认为，该方法的局限性主要体现在：

该测量方法仍是基于大样本的测量，对大众“共识”存在的前提假设是这一方法有效的基础。也就是说，Quantify 方法更适用于公众存在意见一致性的研究问题或测量指标(如图片情绪、节目受欢迎程度)，而对于争议性问题，可能导致测量结果的 σ 发生较大波动，影响对结果的分析。

由于测量级别上升，该方法可能导致社会科学中一些常用的信度指标偏低，如常用于测量李克特量表信度的 Cronbach's alpha 系数。由于该系数的计算以离差为基础，定距以上的测量势必带来方差的扩大，进而导致该系数意义上信度的降低，因此，有必要使用其他信度测量方法(如重测信度、相关系数等)进行修正。

该测量方法的被试者数量依据研究涉及的测量对象而定，但在被试者数量众多的情况下，实验可能必须降格为准实验或更简单的实验形态。可以见到，就本研究的测量对象(图片×17 个表情维度)来看，每多出一张图片，就需要增加 255 次点击，如果被试者数量较多，实验环境的管理将变得不可行，因此，Quantify 方法更多地适用于面向大众推广的、较少控制变量的研究情境，而不适用于严格的实验室环境。

综上，在面向跨屏体验的融合媒介时代，媒介效果测量方法也面临着进步与升级的新空间，Quantify 作为一种算法驱动的测量方法，为媒介效果研究带来了新的可能性。而其背后的研究设计哲学，亦值得研究界关注和吸纳。

〔丁迈，中国广视索福瑞媒介研究有限责任公司总经理，中国传媒大学博士生导师；董光宇，中国传媒大学传播学博士研究生〕

〔特约编辑：崔林〕

① 曾祥敏，等.新闻游戏：概念、意义、功能和交互叙事规律研究[J].现代传播(中国传媒大学学报)，2018(1)：70-77.

民间传说的嬗变与动画传播:

“白蛇”故事的多意性转译

The Evolution and Animation Communication of the Folklore:

Various Interpretations of White Snake

◎ 姚 睿 曾正一

Yao Rui Zeng Zhengyi

摘要:作为中国经典民间传说的《白蛇传》经过多部影视剧的诠释和转译,已经成为当代被消费和传播最为广泛的《聊斋》故事之一。白素贞角色也由早期被妖魔化的负面形象转化为新时代对爱忠贞的形象符号。角色定位的重置标志着《白蛇传》内容的不断革新与填充;故事主旨的内涵变迁赋予《白蛇传》丰富的阐释空间,折射着不断变迁的文化审美思潮与社会历史印记。当代动画电影《白蛇:缘起》为白蛇与许仙的偶然相遇建构出合理前史,通过风格化的舞武奇观(打斗场面)和东方韵味的场景氛围,为民间传说/传统观念注入现代视听/当代镜语,也为传统文化的延续和传播提供了崭新的经验与借鉴。

关键词:民间传说;动画传播;白蛇;改编;转译

Abstract: As a Chinese classic folklore, *White Snake* has been adapted and interpreted by many movies and TV series, and has become one of the most widely consumed and disseminated stories in *Liao Zhai*. The figure of White Snake has also been transformed from the negative image demonized in the early stage into the image symbol of love and loyalty in the new era. The reset of character marks the continuous innovation and filling of the content of *White Snake*. The connotative changes of the main idea of the story give the *White Snake* a rich interpretation space, reflecting the ever-changing cultural aesthetic trend of thoughts and social and historical marks. The animation film *Baishe: Yuanqi* (*White Snake: The Origin*) constructs a reasonable backstory for the accidental encounter between Xu Xian and White Snake, and inject modern audio-visual elements into the folklore and traditional value by showcasing the stylized spectacle of dancing, martial arts and scenes of oriental charm, which provides brand-new experience and reference for the spread-out and communication of traditional culture.

Keywords: folklore, animation communication, *White Snake*, adaptation, interpretation

在悠远的历史中,中国文化孕育了风采各异的文学流派分支,它们彼此关联协同发展。王国维先生曾说,“凡一代有一代之文学”①。仰赖于文化的流变,与之融合相生的电影语境也在不断更新重构,展现蓬勃生机。在全球语境和多元文化的共同作用下,国产动画电影在吸取和借鉴美、日动画创作的叙事经验和类型模式后,在内容和形式上展现出浓郁的“中国风”,体现了新时代创作者独特的本土文化自觉意识。

正如福柯所说:“你以为你在说话,其实是‘话’在说你。”民间传说折射出民族在一个时代的心灵秘史,它的魔力在于:它借由流传和叙说,将民族心理和价值观念潜移默化地根植于民族骨血之中,繁衍生息,代代相传,展现和影响着全民族的集体记忆。新时代创作者的文化自觉意识体现为对民间传说叙事材质的创造性运用。无论是取材于《平妖传》的《天书奇谈》,还是来源于敦煌壁画《鹿王本生图》的《九色鹿》,又或是鸦片战争后民众将反抗情绪借由想象抒发而诞生的《渔童》,都是将民间传说改编为动画电影的成功范本。与《西游记》《封神榜》等重要的文学经典相比,民间故事没有固定统一的文本格式,它们的传播形式是口头和文字的不断转换。即使是留下书面记录,民间传说本身依旧处于不断流动和填充的状态。某种程度上,民间传说即罗兰·巴特认定的理想的“可写文本”。它的延展性和“可写性”为改编自民间传说的动画电影赋予了转译和创新的广阔空间,予求予舍,潜力无限。

自 2015 年《西游记之大圣归来》创下 9.56 亿元票房至今,中国动画电影产业呈断层式发展,大量动画电影作品相继诞生,但既叫好又叫座的优秀作品却并不多见。②这个现象被《白蛇:缘起》打破了。2019 年 1 月 11 日,由追光动画和华纳兄弟共同制作的动画电影《白蛇:缘起》在中国内地上映, 20 天后获得了 3.5 亿元票房,在前有好莱坞电影《大黄蜂》后有《死侍 2》的夹击下杀出一条血路,并于 1 月 30 日获得单日票房第一的好成绩。中国电影家协会二级研究员饶曙光表示:“《白蛇:缘起》在故事层面很有创意,技术层面的精良程度已经不亚于国外动画电影大片;中华美学精神、风格成

① 王国维.宋元戏曲史[M].上海:上海古籍出版社,1998:序言.

② 票房数据来源:中国票房网,http://www.cbooo.cn/m/630887。

为底色处处可见。”①作为本土动画制作界的新任翘楚，追光动画公司在使用成熟 3D 技术绘制的基础上最大限度地在银幕上留下了中国传统文化的精髓。《白蛇：缘起》的成功打开了中国动画电影发展的新思路，成为具有范式意义和研究价值的文本规范。

在依托民间传说“白蛇传”的故事前提下，《白蛇：缘起》以新的角度切入，讲述了五百年前白素贞与许仙前生——许宣之间展开的刻骨铭心的爱恋。《白蛇：缘起》的票房突围和上映后不断的优势口碑为民间传说改编动画指明了另一条“成功学配方”——为耳熟能详的民间传说撰写前史故事并注入现代视听奇观。

一、前史故事与“陌生化”处理

丰富的文学资源为电影产业的发展提供源源不断的题材。故事在时空中流动，不断打磨、更迭与进化，交融出新的内容与意义。“新的开始、复兴总是以对过去进行回溯的形式出现。它们意欲如何开辟将来，就会如何制造、重构和发现过去。”②基于此，由民间传说改编而成的动画电影往往需要建立“现在”“历史”“颠覆”“逆转”的理念和阶段。《白蛇：缘起》在不改变人物关系和故事构架的前提下，为“白蛇传”提供了新的前史，展现了邪不压正、打破枷锁追求真爱的现代寓言。

荣格认为神话“埋藏着人类自身永恒绵延的集体无意识原型系统，如精灵、魔力、地狱、天堂、神怪等”③。与神话类似，民间传说也以一种多元融合的姿态来描绘生活，以一种比拟的语法传递情感。千万年的传说过程中凝聚了万物有灵、神仙崇拜、因果报应、轮回转世等诸多价值理念。而将这些价值理念转译成直观形象的具体方法就是为情感找到“陌生化”的处理方式，用一种前所未有的方式呈现人类共通的思想观念、情感体验和情绪状态，实现内容与形式交融的高光时刻。

《白蛇：缘起》便是最为典型的例子。白蛇故事随着时代发展而不断进化。它最初源自一千多年前的唐代禅宗典故，到宋代形成《李黄》和《李琯》两个版本，收录在小说总集《太平广记》中。虽然这两个故事在情节上稍有不同，但青白蛇精、公子哥这几个最重要的人物及其关系奠定了故事基础。此时“白蛇传”的主旨在于告诫世人不要贪

---

① 人民网.《白蛇：缘起》凭口碑实现逆袭　国产动画不低幼也大有作为[EB/OL].(2019-01)[2019-06-10]. https://baike.baidu.com/reference/22887865/968etZ0U2T4wfgDvANBaZJQ8wx5sk0NOW7jnXWtl7Ws8xWfxyiNy_l-FSzOK0iKvAqjqp4E2llgMqv_YAWRhGXQGo1HIRLexRjHP_ngAaeyBmDsnW9Y.

② 阿曼斯.文化记忆：早期高级文化中的文字、回忆和政治身份[M].金寿福，黄晓晨，译.北京：北京大学出版社，2015：33.

③ 荣格.心理学与文学[M].北京：生活·读书·新知三联书店，1987：52.

恋美色，妖精是邪恶的化身和吃人的怪物，因此必须远离。随后，宋朝话本《西湖三塔记》呈现出“白蛇”故事的另一重时空。故事讲述了公子奚宣赞于断桥边偶遇迷路的小女孩白卯奴并将其送回家。在其家中，奚宣赞见到白卯奴的两个同伴：美貌的白娘娘和神秘的黑衣老妪。奚宣赞被白娘娘的美貌吸引遂与其成亲。不想一段时日后白娘娘另结新欢，意欲将奚宣赞剜心食之。奚宣赞虎口脱险，逃出生天。奚宣赞请求叔叔奚真人施法，将白卯奴（乌鸦精）、白娘娘（蛇精）、黑衣老妪（獭精）打回原形，并将其镇压在西湖三塔下。“白蛇传”发展至此，故事的结局由最初的人被妖吃转变为收服妖怪惩恶扬善，使得故事在植入更多戏剧冲突的同时具有宣传教化意义。此时，道家角色（奚真人）主要以正面形象出现，承担着拯救者的宣教意义。

到了明代，在冯梦龙的《警示通言》第二十八卷《白娘子永镇雷峰塔》中，主角改名为许宣，身份转变成平凡百姓，得道高僧法海的高大形象塑造也基本完整。在冯梦龙笔下，《白娘子永镇雷峰塔》延续了降妖伏魔的故事逻辑，但与前几版不同的是，冯梦龙并没有将白蛇描绘成凶残而肆意夺取他人性命的妖怪，而是塑造为一个性格率真，虽然依旧以色惑人，偶尔暴露出嗜血的妖性，但却渴望真情、勇敢追求所爱的复杂形象。

在许仙和白娘子的爱情故事日渐演进的过程中，青蛇的角色形象也在不断进行更多元的补充。在京剧《白蛇传》第一折《双蛇斗》中，青蛇呈“净”角扮相，以男性形象出现在观众面前。在电视剧《新白娘子传奇》中，青蛇最初到人间幻化成男子，偶遇化身为白娘子的白蛇，一见倾心意欲结为夫妇但遭到白蛇拒绝。而后青蛇化作女子，甘愿变成丫鬟与其姐妹相称，相伴永久。在徐克导演的电影《青蛇》(1993)中，青白两蛇之间的情感有了更大胆暧昧的阐释。世人都知晓白蛇痴情，而青蛇的痴情同样值得挖掘。清代戏曲家方成培的改编作品《雷峰塔传奇》奠定了现代版《白蛇传》的基础，具备了我们所熟悉的《白蛇传》中的所有情节。故事不再以降妖除魔作为主旨，而更多聚焦于对一段旷世爱恋的谱写。因为爱情故事的戏剧冲突的本质是阶级斗争：阶级和种族差异损害爱情，无论是中国古典戏曲《梁山伯与祝英台》、莎士比亚的戏剧《罗密欧与朱丽叶》，还是詹姆斯·卡梅隆导演的《泰坦尼克号》都没有突破阶级斗争的藩篱。爱别离、求不得、怨憎会成了阶级斗争的结局，顽强地在今天的爱情故事中发挥作用。因此，《白蛇传》“人鬼情未了”的故事不仅承袭了本土审美意涵，还带有平权意识和种族议题等世界范围的吸引力。

而法海的形象也有了嬗变，从早期捍卫正义、功德无量的凡人道士到寻前世仇恨未果而躲入蟹壳的蟾蜍精，再到佛祖派下凡间传佛教、察善恶的使者，最终发展成为阻挠他人真爱的呆和尚，并随着《法海你不懂爱》的歌曲成为大众文化的消费对象，走红互联网。白蛇故事的动态发展仰赖社会思潮的流变，角色定位和故事内核反映了不同时代的审美流变。

白蛇故事的源起经过历代的流传，不断地转译变化。而《白蛇：缘起》则是集取了前文中所提到的几个故事的合集。正如导演赵霁在采访中所说："影片从前世的角度切入，来探寻白素贞坚贞不渝的理由，找到爱情的起点。"①《白蛇：缘起》将场景设置在柳宗元笔下《捕蛇者说》的发生地湖南永州，借用明代冯梦龙小说里主角的名字，把青白两蛇的关系描绘得暧昧模糊，在电影的结尾处埋下蟹壳和尚的伏笔，而电影主题曲《春问》虽只有短短的三句话，却集合了唐代贺兰进明《行路难五首》、南北朝鲍照《拟行路难十八首其五》以及唐鸟窠道林禅师的禅语。

正如王国维所言："盖文体通行既久，染指逐多，自成习套。豪杰之士，亦难于其中自出新意，故遁而作他体，以自解脱。"②白蛇的故事流传已久，按照既定的文本不断翻拍将失去新意，从熟悉到陌生意味着对经典叙事形态的变形，是对故事结构的解构和超越。基于陌生化的策略而实现离间效果，带给受众微妙的新鲜感，使"白蛇源起"借《白蛇：缘起》实现从"单向度民间爱情故事"向"多维度综合叙事"的审美转变，展现更具艺术张力的影像力量。

二、文化符码的挖掘与国际传达

作为一种大众媒介，电影是对人生的暗喻和修正。与《大头儿子小头爸爸》《喜羊羊与灰太狼》等"低幼化"的少儿动画电视剧不同，作为"成人童话"的《白蛇：缘起》的目标受众是成年观众。影片用道教元素和中国传统水墨画建构出人妖共存的中国古典神话世界，旨在讲述冲破阶级/种族斗争的爱情神话。如果说迪士尼用《美女与野兽》《公主与青蛙》和《灰姑娘》在描述真爱的同时携带并传播了美国冲破阶层差异的主流价值，那么《白蛇：缘起》则通过增添道教元素，在爱情故事之外建构出中国神话世界的境界与风貌。这种抽象的精神内核通过视觉的二元对立得以彰显。

传统"白蛇"系列故事中的法海角色在《白蛇：缘起》中被国师太阴真人所替代。国师太阴真人的外貌似妖魔鬼怪般丑陋狰狞，以除魔卫道的名义捕蛇敛财，以牺牲他人

---

① 人民网：中美合拍动画片《白蛇：缘起》讲述白蛇前世爱情[EB/OL].(2019-04-18)[2019-06-12].https://baike.baidu.com/reference/22887865/074bRZ62iqXaMNxHy1o-jXo6Ihqh1-T90Uq55bP4dVamu2XVgoIx4bC9mluqzxByfeQj3tDoA0mwJI388jpY5CRNhC0Q6lPNsk9yFs87lu2Y7F27fM6iSzs.

② 王国维.人间词话[M].上海：上海古籍出版社，1998：33.

性命为代价修炼有悖天道的“太阴真功”,最终走火入魔,被吸取法力而亡。而影片中的许宣为了真爱自我牺牲甘愿成妖,青白两蛇心怀慈悲,似妖实人。这种对人与妖的反差化处理旨在打破两者固有的刻板印象,探索善恶的内在真理。

作为一部动画电影,《白蛇:缘起》对暴力进行了“风格化”与“形式化”的处理,为动作场面注入传统文化内涵,用五行八卦相生相克的中国道教哲学观打造出别具一格的美学观念。在影像世界中,正邪交锋的时刻往往最具有震撼力。《白蛇:缘起》呈现了画符成兵、剪纸为人、三清铃响等常在香港僵尸片中呈现的道家法术,并在出现这些玄门法术的基础上对阴阳、五行等宗教文化符码进行艺术加工。比如,国师用“离火、艮土”两句咒语施法化鹤抗击蛇母一族,便展现了五行相克的道家理论,再现了鹤蛇相斗的情境。鹤蛇相斗是道家太极以柔克刚的思想渊源。鹤蛇相斗的情境在《西游记》中体现为孙悟空和二郎神的变换斗法,到了电视剧《新白娘子传奇》,则嬗变为白素贞为盗取仙草与白鹤童子交手的桥段。仙鹤与蛇的形象和典故还在印度神话中转变为迦楼罗(大鹏金翅鸟)与那迦(蛇)之间的斗争。道教中的鹤代表圣洁祥瑞,一般只有道行深厚的仙人才能驾驭。而在《白蛇:缘起》中,仙鹤为国师所幻化驱使,呈现出狰狞邪恶的一面,可以视作影片对道教元素的反向运用,具有一丝讽刺意味。

若想在内容上表达文化符码,必先为之找到相得益彰的外在形式。正所谓“大象无形,大音希声”[①],中国美学之道擅长大道至简,用意境的空灵来展现宇宙的浩瀚。《白蛇:缘起》开篇就是用黑白的水墨画风格表现小白在修炼时的“三华全乱,周天动摇,坠落虚空”。大片留白的画面一方面代表着角色纯善温柔的性格特征和其内心的空洞,另一方面使得观众更加注意动画作品运动线条的流畅性,同时在声音的配合上使用传统乐器古筝所演奏的曲调,虚实相生,意味无穷。电影将小船流水、落英缤纷、云雾缭绕、烟雨朦胧等景色作为环境空间景象,来创造人在画中游的浪漫情景,将东方古典美学的特点和魅力以动画的形式发挥到极致。

文化的传统性与电影的现代性和谐共通一直是各国电影产业不断探寻、挖掘的,因为影像的媒介属性使其可以成为文化形象的载体,其传播属性又承载着文化输出的作用。美国电影《达·芬奇密码》传播了圣经故事,韩国电影《哭声》揭示了教派纷争,日本电影《情书》则图解了日本传统文化中的“物哀”美学。在阐释文化普适性的层面上,《白蛇:缘起》通过传统文化及宗教符号的复现建立了自身的艺术体系,消解了文化的隔阂,实现了国际范围的传播。

---

① 老子.道德经[EB/OL].(2011-04-24)[2019-06-15].https://www.daodejing.org/laozi.

三、物象隐喻与奇观展示

刘勰在《文心雕龙》中提到“物有恒姿，而思无定检，或率尔造极，或精思愈殊”①，旨在表明客观物体形貌是不变的，而创作者的思想与情感会随之不断变化。电影中物象的隐喻具有发散性和不确定性，会依据观者心境的变化而改动。并不是所有呈现在电影中的道具都具有重要意义，当道具推动电影情节转折变化时，它就成为电影叙事中不可忽视的构成部分。作为现实社会的投影，电影表达物象的方式往往有两种，一种是对物质现实的模仿，通过再现的方式助推电影的真实情境；另一种则是带有假定性的创造表达，其意在多元化与诗意性的内涵展现。

“物象”一词在《辞海》中被解释为“物体的形象；事物的现象”，在“物象芸芸，知几许、功夫来格”②“独驰思乎天云之际，无物象而能倾”③等诗词中，表示为事物形象或自然景观。在影片《白蛇：缘起》中，白蛇所持有的发簪是整个电影的关键道具，它不仅实现叙事转折，还折射出精神世界，使得物象成为意象。影片中的发簪通体碧绿，造型设计为两条相互缠绕的蛇。从情节叙事的角度讲，发簪是线索道具，它的留存庇护了许宣仅剩的魂魄，开启了白蛇的前世记忆，为后世轮回中两人的相遇提供契机；从人物塑造的角度讲，发簪是性格道具，它表现了许宣和白蛇两人的情感纠葛；从观念呈现的角度讲，发簪是主题道具，它在电影中暗喻了祸福相依、得失相依，凡事皆在相互对立的矛盾中转化的中国传统哲学观念。影片中展现的“天之道，有所得必有所失”与老子的得失观相契合。而这句话也是对发簪最恰当的描述，它所拥有的法力令人向往，但同时也会带来危险。发簪带来功力的同时也会抹除宝贵的记忆，蛇母使用发簪夺走了所有徒弟的法力，但最后却倒在国师宝伞阵法中。国师屠杀千万条蛇换取道行，却被发簪吸干而死。同样，在前文提到的鹤蛇相斗桥段中，国师的咒语“离火、艮土”本来能够协助他在打斗中获胜，但发簪的出现打破了天定法则，逆天而上使得结局产生变数，最终导致国师法力尽失。

如果将“道具”视作物象，那么场景空间便是无数物象的集合所造就的物质世界，在动画中则指向更为广泛、抽象的精神世界。在电影《白蛇：缘起》中，宝青坊这一景观精巧玄妙的设计满足了受众的猎奇和窥视欲望。《奇门遁甲》是中国古代术数著作，被

---

① 刘勰.文心雕龙[EB/OL].(2011-04-07)[2019-06-15].http://so.gushiwen.org/guwen/bookv_4061.

② 出自南宋诗人魏了翁的《满江红·物象芸芸》。

③ 出自魏晋诗人曹植的《七启》。

称作黄老道家最高层次的预测学，其中包含天文、历法、哲学、兵法等内容，也被看作是帝王之学。宝青坊作为妖怪法器锻造工厂，是影片关键道具发簪的诞生之地，其本身就是一个依照《奇门遁甲》所建构的奇观。在中国传统文化中，天干地支、五行八卦相互结合互换可以包罗万象，推演出二十四节气、六十四卦象，可占卜凶吉，等等，宝青坊主据此守护和储存众多宝器，只要按照坐标的编排就能搜索到所要的信息。宝青坊连接着人界和妖界，做着人妖互换、偷天换日的交易。宝青坊主是一只身形婀娜、容颜娇媚的双面狐妖，一面是人一面是妖，可任意切换；同时，宝青坊主还操纵着两个言听计从、不通言语的傀儡，他们形似佛教中的欢喜罗汉和开心罗汉。罗汉作为一种神位，本该六根清净、教化众人，却贪恋美色、与妖共存。宝青坊的存在亦正亦邪，虽然阴阳颠倒却能在危机中帮助许宣，在混沌异界中找到独善其身的平衡法则，从而引发观众对善恶美丑更深刻的思考。

从《白蛇:缘起》的物象生成和呈现来看，关键道具及特殊场景将物象与剧情有机融合。物象被呈现为直观的、可以承载情感的实体，它通过隐喻移情，使客观物象转化为主观意象。同时，《白蛇:缘起》通过多样化的物象系统呈现建构出富有中国传统气质的文化意境，实现了传统文化、古典审美与动画娱乐性三者的结合。

结语:构建国产动画电影的文化传播

当下中国电影在市场驱动和消费升级的影响下，成为超越美国的世界第一大票仓。从产业的角度来看，中国电影的销量有了飞跃，但从艺术、文化承载的角度来看，中国电影依旧处在一个重要的转折关口。国产动画电影同样正在经历来自受众和市场的双重考验，产量和票房的成功只能代表产业成就，而文化成就则体现在动画电影故事的艺术性和完整性上。动画电影还需要学会讲好中国故事，形成隽永的意味。即使从院线下线，它的生命依旧可以得到延续。

由此，具有民族性话语特点的动画电影脱困的关键在于将文化内核置于故事的核心，而不是仅从造型经验上体现传统文化的韵味和美学形式。由于产业对于资本的扩张有本能的欲望，而跨文化文本作为他者的猎奇性和经济效应的特殊性使得美国、韩国、日本等他者借用“中国故事”“中国题材”制作的动画作品也不在少数。他国的挪用在某一方面确实能达到文化宣传的作用，但却很难完成文化根源性带来的国民特点的自我架构和辩证革新。《白蛇:缘起》中虽然有符合时代背景的服饰、建筑、景色，但若将故事精简到极致，抽离出的依旧是一个爱情故事。从辩证的思想来看，抽象的理念通过否定之否定,在曲折中螺旋式上升,从而展现更高层次的指导意义。《白蛇:缘起》中所谓的“核心”是在寻爱的路上排除万难,没有经历过内在的矛盾和否定,最终依据因果轮回再续前缘。不涉及人物内心思想的深层次转折是一种变向的文化身份取消,传统文化与现代产业同样需要在碰撞中融合,在融合中迸发更多生机。炫目的视觉传达会给受众带来体验的升级,同样也会麻痹人们对于单一剧情的感知。为此,业界和学界的谨慎对待和思考是对经典 IP 改编重要的把关。《白蛇:缘起》的票房逆袭是对中国动画电影的肯定,取其优势,去其劣势,方能使后来者更加符合中国的文化环境,实现对效益的追求,从而更好地服务于大众。

电影产业的升级革新使得 IP 的翻拍改编手段呈现多样化趋势。如前所述,《白蛇:缘起》是多个文本的综合,在形式上具有拼贴特性,而在内容层面与观众所熟知的《白蛇传》故事存在时间上的倒置。这样的创作形式与常规的临摹翻拍不同,它既没有背离原作,也没有偏离观众内心的共识,而是剥离出最核心的剧作元素,拼凑出个性鲜明的仿体。在对前作的反叛过程中,《白蛇:缘起》搭建了属于自身的话语体系。在对原文本疏离的态度中,《白蛇:缘起》以时间的回溯和历史的架空遮蔽了社会语境,碎片性的整合充满了现代人对于过去的遥想,带有纯粹的审美意义。

动画电影中的民族性有着纷繁多样的表象性传达,仅通过一两个故事或是具有代表性的角色很难将民族性格及文化内核完整地表现出来。取材的宽泛、参照元素的多样是中国动画电影展现民族文化的优势,同样也是挑战。其原因在于故事的创意、角色的设置以及投入的持续性如果没有前瞻性的视角和统一的风格,很难成体系。中国动画产业的崛起带来了《白蛇:缘起》《大圣归来》《大护法》《罗小黑战记》等优秀作品,有着百花争妍的趋势。但是以系统形态谋划国产动画电影发展是在完成对 IP 保鲜的同时吸引更多受众,从而形成产业链条。光线传媒以《哪吒之魔童降世》为开端,通过《姜子牙》《凤凰》《杨戬》等人物故事,意图启动中国的“封神宇宙”,在《哪吒之魔童降世》的“彩蛋”中还将哪吒与大圣联动,意图产生新的创意碰撞。而在《白蛇:缘起》中同样留有许多未完成的故事线索,例如双面狐妖的前史、小青的情感线索,以及蛰伏在西湖里的妖怪的真实身份,这些支线情节为影片的情节延宕出深厚韵味,也为未来形成“系列电影”和“白蛇宇宙”作了铺垫,制造了噱头。

中国动画电影的发展也许还有很长的路要走,但是借用漫威影业总裁凯文·费吉的话来说:“别为宇宙操心,为你的电影操心。我们当初不是为了宇宙而开始的,我们只想从一部伟大的钢铁侠电影开始。”①匠心打磨，砥砺前行，中国动画产业必将生产出更多优秀作品，将其汇聚成一股力量，在世界动画产业中传播具有中国特色标识的文化软实力产品。

〔姚睿，广州大学新闻与传播学院教授，广东省珠江学者，广州市青年文化英才；曾正一，广州大学新闻与传播学院硕士研究生〕

〔特约编辑：崔林〕

① 动漫：助力漫威宇宙十年成功的十大黄金法则[EB/OL].(2018-08-31)[2019-06-20].http://m.sohu.com/a/251247427_271243.

论媒体转型对中国当代文学机制变革的影响*

On the Influence of Media Transformation on the Change of Chinese Contemporary Literature Mechanism

◎张 宏

Zhang Hong

摘要:媒体转型是影响中国当代文学机制变革的重要因素。中国当代文学机制先后发生了三次重要变革,分别是电子媒体时代的市场化文学机制变革、数字媒体时代的网络化文学机制变革和媒体融合时代的自媒体文学机制变革。在这三次变革中,中国当代文学的作者身份与发表平台、文学形态和叙事策略、传播路径与读者地位都发生了明显的变化。对于这些变化进行系统解读和正确评估,需要跨学科的研究视野和多元立体的知识准备,这也与当下的新文科建设彼此呼应。

关键词:媒体转型;中国当代文学;新文科建设

Abstract: The transformation of media is an important factor influencing the change of Chinese contemporary literature mechanism. Three important changes have taken place in Chinese contemporary literature mechanism. They are the market-oriented literature mechanism change in the electronic media age, the network-oriented literature mechanism change in the digital media age and the self-media literature mechanism change in the media convergence age. In these three changes, the author's identity and publishing platform, literary form and narrative strategy, communication path and reader's status of Chinese contemporary literature have changed obviously. To make a systematic interpretation and correct evaluation of these changes requires interdisciplinary research vision and multi-dimensional knowledge preparation, which should be applied to the construction of new liberal arts.

* 本文系国家社会科学基金一般项目"中国当代文艺实践中的人民性研究"(项目编号:16BZW148)的阶段性成果。

Keywords: media transformation, Chinese contemporary literature, new liberal arts

近年来，以文学机制为方法对文学进行“外部研究”成为一种新的学术生长点。作为文学社会学和文学发生学中的一个重要的研究领域，文学机制指的是文学创作和传播过程之中各个元素的运行方式及其内在关联，主要包括文学的创作与生产、发行与传播、批评与评价、阅读与接受等几个主要方面。本文认为，在媒介转型的影响下，中国当代文学机制先后发生了三次重要变革，文学的作者身份与发表平台、文学形态和叙事策略、传播路径与读者地位等文学机制要素也都发生了深刻与明显的变化，而只有具备跨学科的研究视野和包括文学、新闻传播学等在内的多元立体的知识准备，才可以对这些变化进行全面系统的解读和合理有效的评估。

一、媒体转型与中国当代文学机制变革的发生

艾布拉姆斯在其经典著作《镜与灯：浪漫主义文论及批评传统》中曾经提出“文学四要素”理论，认为所有的文学理论和批评都应该建立在对世界、生产者（艺术家）、作品、欣赏者（听众、观众及读者）这四个要素及其内在关联的研究之上。为了说明“文学四要素”之间的关系，他用一个三角形做了模型示意图（见图 1）。①

世界

↓

作品

↙ ↘

生产者　欣赏者

图 1　文学四要素

从图 1 可以看出，艾布拉姆斯将艺术作品放在了文学元素的核心位置，即认为所有的文学活动都应该以作品为中心。不过，因为对媒介元素的忽视，“文学四要素”理论也受到了学界的质疑。实际上，所有文学作品的生产和传播，都应该建立在媒介平台之上。从这个层面上说，媒介才是一切文学活动的中心元素。由此，一些国内学者在“文学四要素”的基础上，又提出了 “文学五要素”论，认为“当代社会文学发展还需要重视媒介要素的动力机制作用及其文学传播机制推力，并逐步将其视为‘文学第五

① 艾布拉姆斯. 镜与灯——浪漫主义文论及批评传统[M].郦稚牛，张照进，童庆生，译.北京：北京大学出版社，2004：5.

要素’，由此构成文学机制的综合推力及其文学机制论主要内容”①。

基于这一思路转换，近年来，以媒介传播为中心考察中国当代文学机制变革已经成为当下文化研究的一个热点。在研究依据上，这一研究深受哈罗德·伊尼斯、马歇尔·麦克卢汉与尼尔·波兹曼等人的影响，认为传播技术与媒介的变化对文学的形态、生产与传播有着至关重要的影响。在研究思路上，该研究则以美国学者拉斯维尔的“五W模式”为基本出发点，重点考察文学在媒介传播过程中，文学作者、文本叙事、流通路径、读者接受与传播效果等几个主要元素的运行情况及其内在关联。从研究方法来看，这一研究改变了以前单一的文本内部的作品分析研究和文本外部的文学制度研究之间的割裂和对立，从而保证了文学研究的系统性和整体性。

对于中国当代文学而言，在70多年的发展过程之中发生了三次重要的文学机制变革。在纸媒时代，长期占主导地位的是传统文学机制。这种文学机制以专业作家为主要创作者，以报纸、文学杂志和书籍等纸媒为主要发行与传播路径，以各级作家协会和学院派的评论为主要评价标准，而处于文学机制末端的读者地位则相对较低。20世纪90年代以来，在影视等电子媒介的冲击与影响下，伴随着中国文化体制的市场化改革，中国当代文学机制发生了第一次重要变革，业余作者、个体书商和民营出版公司以及读者在文学机制中的作用日益凸显，文学的功能也开始从“以文化人”“陶冶情操”等教化主旨向“有趣”“好看”等消费主旨转化，与之对应的内在于中国当代文学机制的各个元素及其地位也发生了明显的变化，但文学的生产和传播仍然过于依赖单一的纸质载体。21世纪前后，随着数字媒体的快速发展，网络文学强势兴起，传统文学机制开始向网络文学机制转变，这也是中国当代文学机制发生的第二次重要变革。当下随着媒体融合时代的来临，特别是“两微一抖”等自媒体新兴网络社交平台的出现，人们的文学认知和阅读偏好正在被再次改变，中国当代文学机制的内在要素再次发生明显和深刻的变化，中国当代文学机制的第三次变革俨然已经开启。

二、网络化写作与多元跨界的文学载体

科技的发展和媒体的转型，给文学创作带来挑战的同时也带来了机遇。在纸媒统治的时代，长期占主导地位的是体制化的传统文学机制。这种文学机制以专业作家为主要创作者，以“文联”“作协”等单位组织为主导文艺创作机构，以文学期刊、报纸副刊

① 周淑婷.文学机制理论研究与实践探索[N].文艺报，2014-08-27(3).

和文艺出版社为主要发表平台。无论是作家的收入，还是文艺组织和作品发表平台的日常运营，都主要依靠国家的文化行政经费。在20世纪90年代中国文化体制改革之后，文学创作中的作者身份和发表平台发生了明显变化，非专业作家、个体书商和民营出版公司不断涌现，但文学的生产和发表平台仍然以报纸、文学期刊和书籍等平面载体为主导。

21世纪前后，随着互联网媒介的崛起，网络文学强势兴起，文学的主导机构和发表平台发生了根本性变化。在网络文学机制之中，文学网站替代传统的"文联""作协"单位，成为组织网络作家写作的主要机构和创作平台。著名的大型网络文学网站包括"榕树下""起点中文网""创世中文网" "红袖添香""幻剑书盟""纵横中文网""潇湘书院""天涯"等。这些网络文学网站不仅为众多网络写手提供了写作和发表平台，而且还举办大型网络文学比赛，推动了网络文学的繁荣，催生了一系列广为人知的网络文学作品。

在运营方式上，网络文学网站主要以市场化的模式生存、整合和发展壮大。许多文学网站背后都有雄厚的新媒体财团背景，如纵横中文网是百度文学旗下的大型中文原创阅读网站，而"榕树下""起点中文网""红袖添香""创世中文网" "潇湘书院"等大型网络文学网站都隶属于国内最大的数字内容综合平台——阅文集团。2003年，起点中文网与腾讯、新浪、网易等门户网站开始实行网络文学的付费阅读模式，作品到一定章节之后就会开始收费。此后，国内各个文学网站开始实行原创文学的网络版权签约制度，网站把收到的钱和作者分成。这一年因此被称为"IP元年"。2018年，连尚文学首次推出了免费阅读模式，希望通过免费模式吸引更多的用户，然后用广告实现赢利。此后，众多网络文学免费App开始出现，包括阅文集团的飞读免费小说、趣头条的米读小说，以及番茄小说等。但无论是实行付费阅读模式还是免费阅读模式，网络文学网站的运营都高度依赖点击量，这也促使网络文学作品从高雅的严肃文学向大众的流行文学转化。

在作者队伍方面，以网络写手为代表的业余作者成为网络文学的主导创作者，先后涌现出以台湾的痞子蔡，大陆的李寻欢、宁财神、邢育森、安妮宝贝、慕容雪村、天下霸唱、当年明月、南派三叔、江南、唐家三少、天蚕土豆等为代表的知名网络写手。这些知名网络写手通常都是非文学专业出身的业余文学爱好者。凭借着网络媒介的平台和市场化的创作模式，他们很快成为众多粉丝追捧的网络"大神"，其中很多人已经签约为大型文学网站的"白金级"作家，甚至成为作家财富排行榜的常客。

在纸媒时代的文学界，年长的资深作家往往更有名望。而网络文学的特征却是

“逆龄发展”，年轻化的作家更容易走红。近年来，一些90后甚至95后的网络作家不断脱颖而出，因为他们最理解年轻读者群体的阅读心理和价值观念，因此在创作中更容易“圈粉”和“铺梗”，从而提升自己的粉丝黏性和个人热度。

随着网络技术的升级，自媒体——一个更加快捷的文学发表平台出现。“自媒体”一词源于英语“We Media”，其最大特征是个人用户在以网络化和数字化为技术手段的新媒体传播中的独立性。这一特征也导致了文学机制的变革。早期的自媒体主要指博客、BBS和QQ，现在自媒体的主体则包括微博、微信、今日头条、豆瓣、知乎等网络社交媒体。其中，在微博和微信上发表的文学分别被称为微博文学和微信文学，它们和其他自媒体平台上的文学作品被统称为自媒体文学。和以专业文学网站为平台的文学传播方式不同，自媒体文学可以通过微博、微信朋友圈、公众号等简易和私密的新媒体平台进行传播，避免了专业网站的注册、审核和过滤等烦琐流程，因此更加具有自主化、快捷化、普泛化和草根化的特征。

与之前的文学创作以作者为中心不同，自媒体文学的创作主体以ID(账号)为中心。注册ID和公众账号成为创作者存在和阅读者关注的主要标志，这就隐匿了创作者背后真实的人。在这一创作特征的主导下，自媒体文学的创作可以通过CO-WRITER的方式，让多人对同一部作品进行创作和修改，甚至可以选择由创作团队进行集体创作和经营，从而打破创作者的唯一性。与此同时，由于自媒体在传播过程中具有互动性与参与性，自媒体文学在创作和传播过程之中一般都有作者设置的投票、评论和点赞功能，而阅读者的建议也往往会被创作者采纳，改变创作走向，形成“陌生人入侵”的局面。可以说，由于自媒体文学传播的独特性，其文学创作往往不再是独立的个体行为，而是多元参与合成的结果。从这个层面上来说，自媒体文学真正实现了罗兰·巴特意义上的“作者已死”，大量潜在的匿名者在“众声喧哗”之中，影响甚至支配了文学的形态，成为不是创作者的创作者。

三、媒体转型下的文学形态和叙事策略

特里·伊格尔顿认为，不同的时代有不同的文学。他因此指出：“有人认为文学就是一系列具有可靠的、不会改变价值的作品，明显地具备某些共有的内在特征，其实这样的文学根本不存在。”[①]特里·伊格尔顿这里强调的是时代的变迁对文学的影响，但实际上，媒介的转型对文学的形态同样具有不可低估的作用。在口述文学中，占据主

① 伊格尔顿.文学原理引论[M].刘峰，译.北京：文化艺术出版社，1987：13.

流的是短小精悍的诗歌。在纸媒时代，领军文学的则是小说，特别是长篇小说。不过，由于媒介的限制，这一时期一个作家要创作篇幅宏大的文学作品往往要花费数年时间，一些长篇巨著甚至直到作家去世都没有完成。而随着网络媒体的出现，文学的形态再次发生巨大的变化。在网络文学中，由于文学网站对市场的追求，流量和点击率成为衡量文学作品价值的主要标准。这也导致网络文学创作向超多字数的巨文本转化。在网络文学中，供读者免费试读的“起跳”文本一般为20万字，而作品的完成字数往往多达数百万字。为了刺激读者的阅读兴趣，文学网站通常鼓励作者快速更新，并且将更新情况和薪酬联系在一起。为了完成这一任务，很多网络写手都会以日写万字的速度进行创作更新。例如，阅文集团的“白金作家”唐家三少，曾经创下连续96个月每日不停更新网文的写作纪录，他也因此被称作“行走的打印机”。

从表1可以看出，在网络文学的消费文化运营机制之中，文学创作对篇幅和字数都提出了更高的要求，而在这一繁重的工作过程中，创作者的体力和脑力劳动都已经达到人类极限，作品注水似乎已经成为必然，这也严重影响了作品的质量。因此，相较于纸媒时代的高雅文学、“纯文学”和严肃文学对思想性、文学性和艺术性的追求，网络文学更接近于以商业化和功利化追求为目标的通俗文学、大众文学和流行文学。而其具体的创作过程也体现了类型化小说的书写模式。通常的网络文学书写包括“玄幻”“仙侠”“灵异”“青春”“校园”“耽美”“同人”“盗墓”“穿越”“后宫”等题材类型。

表1　唐家三少部分作品更新情况表(2005—2010年)

作品	标签	上架日期	完结日期	历时(日)	字数(万字)	平均每日更新(字)
《惟我独仙》	仙侠、修真文明	2005/9/30	2006/3/2	153	180.91	11,824.18
《空速星痕》	都市、异术超能	2006/2/26	2006/8/1	156	152.57	9,782.12
《冰火魔厨》	奇幻、现代魔法	2006/7/27	2007/3/10	226	203.93	9,023.45
《生肖守护神》	都市、异术超能	2007/3/2	2008/1/20	324	259.07	7,995.79
《琴帝》	奇幻、现代魔法	2008/1/14	2008/12/30	351	302.49	8,617.95
《斗罗大陆》	玄幻、异世大陆	2008/12/14	2009/12/13	364	291.62	8,011.54
《酒神》	奇幻、现代魔法	2009/12/7	2010/11/28	356	262.65	7,377.81

数据来源：起点中文网

与严肃文学经常被赋予的启蒙、教化等功能不同，从消费文化角度看，网络文学无疑是享乐主义与媒介转型共同作用下的产物，因此更加符合法兰克福学派批判理论中文化工业的生产特征。而从叙事策略来看，网络文学大多数都是按照商业化、标准化和模式化生产出来的市场“订货”，在书写上有着明显的类型模式和叙事成规，并且以迎合或满足某些特定读者群的阅读趣味为目的。其文本更多地依靠想象、意淫（YY）而不是以对现实的呈现与思考为叙事内容，体现了中国当代文学在思想和审美上从现实向虚拟的变化，并且通过“虚拟现实主义”这一书写方式表现出来。有学者认为，从现实主义到“虚拟现实主义”的写作变化，意味着“人类进入后现代，特别是网络时代以来，认识世界、体验世界、表现世界的方式，发生了根本性的变化”①。笔者以为，所谓“虚拟现实主义”的叙事策略，其实反映了当代文学不断“景观化”的创作趋势。法国思想家德波在其名著《景观社会》中指出：“景观是对人类活动的逃避，是对人类实践的重新考虑和修正的躲避。景观是对话的反面。”②而景观化的社会，就是让社会成为一种远远观望的符号性景观，而不是生活于其中的具体现实。人们因此化身为游客化的观看者，而不是介入现实的参与者。鲍德里亚因此对“景观化”进行了激烈的批判，认为“景观是一种绥靖和去政治化的工具，它是一种‘永久的鸦片战争’，这一战争麻痹了社会主体，并使它们脱离真实社会生活的最急迫的任务”③。对于中国当代文学来说，网络文学通过“虚拟现实主义”的方式，将社会“景观化”，结果是在书写“现实”的同时遮蔽了真正的现实面貌和时代诉求，其作品“在创作中表现出来的则是对现实的遮蔽、虚构和意义真空，从而成为不及物的‘空洞能指’”④。

近些年来，随着现代社会生活节奏的加快，大字节的网络文学难以满足当下碎片化的阅读诉求，这也为自媒体文学的崛起提供了机遇。与传统网络文学中的“虚拟现实主义”叙事不同，自媒体文学的写作关注现实，并且采取了一种“日常生活审美化”的叙事策略。英国学者迈克·费瑟斯通在论及“日常生活审美化”的时候指出，消费文化和后现代主义的兴起在把“生活转换成艺术”的同时，也把“艺术转换成生活”，其特征是“艺术与日常生活之间界线的消解，高雅文化与大众文化之间明确分野的消失，总体性的风格混杂及戏谑的符号混合”⑤。在新媒体文学的创作上，这一特征则体现为以日常生活为主要书写内容，并且呈现出“碎片化”“微创作”和“小叙事”的叙事特征。通常的新媒体文章以一到三个短句为一自然段的文体结构为主要叙述方式，并且通过将

---

① 邵燕君，吉云飞．“古典时代”迈向“巅峰”，“二次元”展开“新纪元”——2016 年度中国网络文学新趋向[N]．文学报，2017-01-05(9)．

② 德波．景观社会[M]．王昭风，译．南京：南京大学出版社，2006：6．

③ 鲍德里亚．批判性的读本[M]．陈维振，陈明达，王峰，译．南京：江苏人民出版社，2005：17．

④ 张宏．论现实主义创作在中国的历史嬗变与当下意义[J]．文学评论，2010(2)：67．

⑤ 费瑟斯通．消费文化与后现代主义[M]．刘精明，译．南京：译林出版社，2000：94．

关键句子改色加粗来突出重点，而文章的论点则被加粗后放在开头或结尾。在内容上，这类文章讲述的或者是捕风捉影的八卦趣闻，或者是真假难辨的个人与朋友经历，甚或是平淡无奇的日常生活，但前提是其讲述内容要触及读者的关注点、兴奋点或痛点，能够增加读者的代入感、引起读者的共鸣或者释放其情绪。通常这类文章的观点不需要完整的内在逻辑、严谨的论述和有信服力的论述材料支持，甚至跳过一段也不影响其阅读效果，以适应当下人们碎片化、速度化的阅读特点和快餐文化的消费模式。

和篇幅浩瀚的网络文学一样，自媒体文学也需要通过点击率和流量来获取关注和经济变现，因此具有明显的消费文化特征。2015 年，微信的公众号开通了“打赏”功能，系统自设的金额从 2 元到 200 元不等，公众号运营者也可以自定义赞赏面额。商业化的诉求导致自媒体平台更加青睐能够带来流量的“爆款”文章。微博、微信公众号、今日头条、豆瓣、知乎等自媒体平台上的文学叙事大多数都为言简意赅的短篇软文，为了博人眼球，增加点击量，这些作品或者采用大肆渲染的夸张标题，如著名的头条体“震惊！……”等套路化题目来引人注意；或者将一些敏感和热门词语与文章内容糅合在一起，通过设问、反问、说教等形式，制造出一个“醒目”“吸睛”的标题；更有甚者，一些软文使用了许多与文章内容无关的低俗词语作为标题，仅仅是为了通过受众的猎奇心理来增加文章点击量。从文学批评角度来看，无论是网络文学中的“虚拟现实主义”，还是新媒体文学中的“日常生活审美化”，都造成了文学实践与现实观照的脱节，进而造成文化反思和批判功能的退化。于是，“文化批判的大众”变成了“文化消费的大众”，“批判的公共讨论功能不断遭到破坏。文化商品市场成为不断扩大的消闲市场”①。

在媒体融合的时代语境下，随着新媒体的技术更新和微信等社交媒体软件的不断升级，自媒体文学在创作和传播过程之中也出现了语图互文等“类直观”的新文类特征。文学作品和其他类型的文化产品的界限也越来越模糊。在微信文学中，创作者可以根据情节呈现和情感表达的要求，将文字与图片、音乐、歌曲、视频等形式结合起来，及时快捷地发表于朋友圈和公众号等自媒体平台。同样，微博文学在创作的时候也可以添加图片、视频等多元互动的表达方式。与传统的文学创作和传播相比，自媒体文学真正实现了文学文本从平面化文本界面到立体式虚拟界面的转化，更能直观立体地表达创作者的情绪、思想，创新和丰富了文学文本的形态。

对于新兴媒介对文学的改变，早在 2000 年的时候，希利斯·米勒就已经关注，并

① 汪晖，陈燕谷.文化与公共性[M].北京：生活·读书·新知三联书店，1998：132.

且发表了“文学终结论”的言论。他认为“新的电信时代正在通过改变文学存在的前提和共生因素(concomitants)而把它引向终结”①。但是也有学者提出了不同的观点。邵燕君认为，面对文学和文学性的思考，“必须跳出印刷文明的局限”，媒介的改革必将引发文学的变革，新的媒介必将引发新的文学形态，未来的文学“在电子游戏君临天下的那一天”，主要将以“游戏文本”的形态存在。这也启示我们，在对文学进行界定和评价的时候要引入“新的尺度”，传统的“文学性”也需要重新定义。② 邵燕君的观点实际上来源于一种早已存在的“泛文学”论观点，即认为在现代化的时代，传统的纸媒文学虽然日益式微，但文学和文学性仍然以另外一种方式存在于广告、影视、游戏等其他文化形态之中。不过，笔者以为，当文学无处不在的时候，也许就真的不存在了。或者说，“泛文学”还是文学吗？显然，在媒介融合的今天，这仍然是亟待研究的一个课题。

四、文学的网络化传播与读者的“粉丝”化

新媒体的出现不仅改变了文学的创作形态和叙事策略，也改变了文学的传播范式、评价标准和读者地位。传统文学以报纸、文学杂志和书籍等纸媒为主要发行与传播路径，以各级作家协会和学院派的评论为主要评价标准，而处于文学传播末端的读者地位则相对较低。20 世纪 90 年代以来，随着中国文化体制的改革与消费文化的兴起，体制化的文学传播方式开始向市场化的文学传播方式转型，叙事内容也从严肃文学向消费文学转化，但文学的流通路径仍然以纸媒为中心，这在一定程度上造成了文学传播过程中的延时性。

21 世纪以来，随着新型媒体的不断出现与技术升级，文学的传播更多地依靠网络化的方式进行，从而让文学传播的渠道更加丰富、快捷和自由。自媒体文学更是呈现出网状发散传播模式。文学创作者通过自媒体平台进行一级传播，而粉丝通过转发、点赞、话题、分享行为进行二次传播，使文学逐级传播开来，形成一个金字塔式的不断扩展的传播模式，从而快速实现文学文本传播的普泛化和大众化。与此同时，自媒体文学还借助媒介融合的平台进行跨媒介传播，通过公众号等方式与其他媒体互动关联，从而提升和扩大了作品的传播速度和范围。

随着文学传播路径的不断丰富，新媒体文学的接受对象也发生了变化。根据阅文集团 2019 年发表的一份报告，网络文学的读者日趋年轻化，Z 世代(95 后)用户正在

---

① 米勒.全球化时代文学研究还会继续存在吗？[J].国荣，译.文学评论，2001(1)：132.

② 邵燕君. 媒介革命下，文学性需重新定义？[N].中国文化报，2014-07-17(3).

成为网络文学的主导力量。数据显示,“2018 年 Z 世代网文用户规模同比提升近 20%,付费用户规模同比提升近 15%”①。接受对象的变化也改变了阅读者在文学传播中的地位和作用。90 后特别是 Z 世代读者已经不满足传统单一阅读过程中的被动接受地位,而是寻求在文学传播过程中发挥更大的能动性作用,而其身份也从被动性的受众转化为主动性的粉丝。这一变化也体现了新媒体文学的商业价值,同时带动了粉丝文化和粉丝经济的发展。在各大文学网站,每天都有数百万的粉丝为自己追捧的文学作品点赞。粉丝们通过自己的“送花”“灌水”“拍砖”和“打赏”,不仅提升了相关文学作品的人气,也影响了创作者的创作思路,甚至改变了作品以后的走向。在付费阅读群体中,也不乏为自己心目中的“大神”买单的“迷妹”和“盟主”。与此同时,读者地位的提升也推动了网络文学社交化阅读的流行。在“本章说”等文学阅读 App 中,读者可以在阅读过程中随时发表自己的意见、评论或者吐槽。而“10 万+”的评论量也已经成为“爆款”文学作品的标配。同样,在自媒体文学中,文学粉丝往往是一群有共同趣味和需求的人,他们因为相同的爱好聚合在一起,通过创建粉丝群、“超话”等方式为创作者宣传,其在文学传播中的作用更加突出。

在对“粉丝文化”的研究中,美国学者詹金斯借用了法国学者德赛都提出的“盗猎”概念。德赛都指出,读者对文本的积极阅读是一种“盗猎”行为,是对文本意义的“挪用”而不是“误读”。詹金斯认为,德赛都的“盗猎”模式“强调了意义制造的过程和大众阐释的流动性”,并且“为我们提供了另外一个关于粉丝文化的重要洞见:读者不单单是‘盗猎者’,他们还是‘游牧民’,总是在移动,不断向其他文本挺进,挪用新的材料,制造新的意义”②。而在“盗猎者”的视角观照之下,我们可以发现自媒体文学的传播与接受并非单向度的模式,文学粉丝也并不是被动的受众,而是具有能动性和创造性的主体。在对文学文本的接受和传播过程之中,他们凭借网络社交媒体等新媒体平台,以自身的经验、喜好和想象力对文本进行了多元化的解构和重构,从而赋予文本新的意义。从这个层面上说,文学创作完成了由单项输入到双向甚至多向互动的转变,粉丝不仅是读者也是作者,而文本在传播过程中的意义也变得流动、多元和变动不居起来。

詹金斯的观点与费斯克的“粉丝文化”理论异曲同工。按照费斯克的“粉丝文化”

① 2018 网络文学发展报告:用户规模超 4 亿　Z 世代占比提升[EB/OL].(2019-02-18)[2020-05-15]. https://tech.sina.com.cn/i/2019-02-18/doc-ihrfqzka6877519.shtml.

② 詹金斯.大众文化:粉丝、盗猎者、游牧民——德赛都的大众文化审美[J].杨玲,译.湖北大学学报(哲学社会科学版),2008(4):65.

理论，粉丝作为大众阅读群体中“过度的读者”，“其对文本的投入是主动的、热烈的、狂热的、参与式的”①。或者说，粉丝是以主动参与相关文化符号的生产，并且从中获取意义与快感为特征的。因此，粉丝对于偶像的崇拜前提是对方必须满足自己在参与文化符号生产过程中的意义与情感诉求。同样，在网络文学和自媒体文学等新媒体文学中，创作者也必须关注粉丝的创作参与及情感诉求，甚至会为了迎合粉丝意愿而不断修改自己的创作主旨与叙事策略，否则，便会导致“掉粉”甚至粉丝变为黑粉，遭到反噬。

五、媒体融合下文学的跨学科研究与新文科建设

在媒体融合的新时代，文学已经不再单纯是“文字的艺术”，而是广泛通过文字、图形、图像、动画、声音、视频等各种表意符号和传播路径进行书写和传播，文学文本因此日益呈现出多元化和跨界化的特质。而文学研究者也需要跨学科的研究视野和多元立体的知识准备，才能够对媒体转型语境下的文学生产、传播、形态、接受与批评等进行全面系统的解读和深入有效的评估。

作为一种科学研究的新范式，跨学科研究在20世纪以来得到了广泛的应用。不过，现有的跨学科研究多强调科学与技术领域的相互渗透，而对文学等人文社科领域的融合不够，这也成为当下跨学科研究发展的一个短板。在学科割据、不相往来的传统专业建设模式下，文学的研究空间日益狭窄，这导致研究者视野单一、创新意识匮乏、理论联系实践能力不足，难以满足新媒体时代下年轻学生的课堂需求，更无法应对媒体融合语境下文学发展的理论诉求和现实关切。这也是当前文学日益边缘化的一个重要原因。

与此同时，由于受到长期存在的僵化学科体制的影响，一些研究者也形成了单一的学科知识储备和故步自封的保守学术心态。在文学研究中，一些学者仅仅满足于传统的文学作品，却对当前正在发生的文学变化不感兴趣，甚至在对新媒体的发展状况所知甚少的情况下，就匆忙得出“网络文学不是文学”的断语和结论。但实际上，唯物辩证法的一个基本原则就是认为事物是普遍联系和永恒发展的，反对片面、静止和孤立的观点。如果研究者具有马克思主义哲学的理论视野，用普遍联系的观点和发展的眼光进行文学研究，就不会草率得出如此结论，而是可能得出“网络文学是新媒体时代的主要文学形态”这样完全不同的观点。

---

① 菲斯克.理解大众文化[M].王晓珏，宋伟杰，译.北京：中央编译出版社，2006：163.

实际上，中国当代文学的学科困境在其他人文社会科学领域也都广泛存在，而要改变这一现象，就需要对现有人文学科进行创新性建设和融合性发展。2019年4月29日，教育部、中央政法委、科技部等13个部门在天津联合召开“六卓越一拔尖”计划2.0启动大会，提出发展“新工科、新医科、新农科、新文科”的“四新”学科建设。在此时代语境下，作为新文科领域重要组成部分的文学也应该在以下三个方面有所创新：(1)在学科技术和方法层面的创新。在互联网时代，虚拟现实、人工智能和5G技术不断发展，文学教学和研究需要提升自己的跨学科能力，把新兴的技术、方法和理念有效融入自己的专业领域中。特别是在媒体转型和科技发展的过程中，文学的生产和传播方式日益多样化：一方面，传统体制内的职业作家写作和纸媒传播仍然存在；另一方面，业余作者通过文学网站、自媒体平台和移动终端等新媒体创作和传播文学作品的方式大量涌现。与此同时，在媒体融合的大背景下，文学作品还可以通过相关链接、转发、点赞、话题、分享行为进行二次传播和逐级扩展的分裂式传播。而要对这一现象进行分析，就需要研究者对新媒体技术和传播学方法有充分的了解。(2)在研究领域和研究对象方面的创新。文学研究要敢于突破传统文科专业分割的思维定式，全面推进与新闻传播学、影视艺术学等其他学科的多元交叉与深度融合，实现学科之间的互动与创新、协同与共享，推动传统文学研究的升级与转型。(3)教育和科研理念的创新。人文教育应该“以人为本”，以“立德”“树人”为己任。文学教育更要遵循“文学即人学”的理念，避免功利性思维，为社会培养具有家国情怀、高尚情操、健全人格和社会担当的高素质人才，而不是输入一些“精致的利己主义者”。

当前，随着互联网技术的不断发展，一个媒体融合的全媒体时代已经到来，这一变化不仅是人类社会的一次里程碑式的飞跃，而且也成为推动新文科建设的时代动力。面对新的媒介生态，包括文学、新闻传播、影视艺术、编辑出版等专业在内的各行各业都产生了空前密切的互动关联。这也意味着我们只有通过大力发展新文科建设，才可以培养出更多具有跨专业能力的复合型人才，从而满足全媒体时代的发展要求，更好地服务于新时代具有中国特色的社会主义现代化建设。

〔张宏，中国传媒大学人文学院副教授，博士生导师〕

〔特约编辑：崔林〕

图书在版编目(CIP)数据

中国新闻传播研究:媒体融合与传播 / 高晓虹主编. --北京:中国传媒大学出版社，2020.10
(传媒集刊)
ISBN 978-7-5657-2800-6

Ⅰ.①中… Ⅱ.①高… Ⅲ.①新闻学—传播学—研究—中国 Ⅳ.①G219.2

中国版本图书馆 CIP 数据核字(2020)第 202805 号

中国新闻传播研究:媒体融合与传播

ZHONGGUO XINWEN CHUANBO YANJIU:MEITI RONGHE YU CHUANBO

主　　编 高晓虹
副 主 编 刘　宏　赵淑萍　曾祥敏
策划编辑 王雁来
责任编辑 王雁来
封面设计 拓美设计
责任印制 李志鹏

出版发行 中国传媒大学出版社
社　　址 北京市朝阳区定福庄东街1号　**邮　　编** 100024
电　　话 86-10-65450528　65450532　**传　　真** 65779405
网　　址 http://cucp.cuc.edu.cn
经　　销 全国新华书店

印　　刷 北京玺诚印务有限公司
开　　本 787mm×1092mm　1/16
印　　张 16
字　　数 285千字
版　　次 2020年10月第1版
印　　次 2020年10月第1次印刷

书　　号 ISBN 978-7-5657-2800-6/G·2800　**定　　价** 79.00元

本社法律顾问:北京李伟斌律师事务所　郭建平